2021年度版

中小企業診断士
最速合格のための
第1次試験
過去問題集

3 運営管理

TAC中小企業診断士講座

TAC出版
TAC PUBLISHING Group

は じ め に

　中小企業診断協会の発表によれば、令和2年度までの過去5年間の第1次試験の各科目の「科目合格者」等の平均値は次のようになっています。

	科目受験者数(①)	科目合格者数(②)	科目合格率(①／②)
経済学・経済政策	11,599	2,998	25.8%
財務・会計	11,851	1,927	16.3%
企業経営理論	12,858	1,923	15.0%
運営管理(オペレーション・マネジメント)	12,305	1,847	15.0%
経営法務	13,605	1,133	8.3%
経営情報システム	12,176	2,711	22.3%
中小企業経営・中小企業政策	12,873	1,756	13.6%

　科目ごとに、科目合格者数および科目合格率は異なりますが、いずれにしても、「科目合格者」の存在は、同時に「科目不合格者」を生じさせる結果となっています。

　初学者はもちろんのこと、不合格科目を残した受験経験者にとって、第1次試験の合格を果たすには、各科目の出題傾向を把握し、その対策を立てるということが必要となります。

　受験生の皆さんは、次の言葉を一度は耳にしたことがあると思います。

> 知彼知己者　百戦不殆（彼を知り己を知れば、百戦して殆からず）

　これは「孫子（謀攻篇）」にある名文句ですが、前段の「彼を知(り)る」ためには、これまでの受験生が戦ってきた「過去問」を活用することが必要です。

　戦う相手を研究して熟知することは、スポーツや企業活動などの「戦いの場」では当然必要だ、ということはよくご理解いただけると思います。これは試験においても同様で、戦う相手である「試験委員」が作成した「問題」の研究は、勝つためには必要不可欠な作業だと考えてください。

　また、「過去問」の活用目的として「己を知る」ということがあります。本試験の出題傾向や内容は極端に変化するものではありません。ですから、受験生の皆さんが常日頃取り組まれている学習の成果を測定するためのひとつの手段として「過去問」

を活用し、その成果をさらなる実力向上につなげていくことが必要であると理解してください。

　先程引用した「孫子」の名文句の後には「不知彼不知己　毎戦必殆（彼を知らず己を知らざれば、戦う毎に必ず殆し）」という文が続いています。受験生の皆さんが取り組む戦いでこのような事態にならないように、相手である「本試験（過去問）」をよく研究し、さらに、普段の学習成果の目安として「過去問」を役立てていただければ、本試験での「勝利」は間違いないと確信しています。

2020 年 10 月
ＴＡＣ中小企業診断士講座
講師室、事務局スタッフ一同

本書の利用方法

　本書には、過去 5 年分の第 1 次試験の問題と詳細な解説を収載しています。

1．本書の問題には、学習における目安として、以下のマークを付していますので、参考としてください。

　　★重要★　基本的な論点だったり、過去に繰り返し出題されたりするなど、重要度の高い問題です。過去問はひと通り解くことが望ましいですが、時間的に余裕のない方は、このマークのある問題を優先的に解くとよいでしょう。

　　参考問題　出題年度以降に法律や制度改正があり、正解肢が変わったり、なくなったりした問題等を示しています。これらの問題は、今年度の第 1 次試験対策としてふさわしくない問題となりますので、出題形式や出題論点を確認する程度の利用にとどめていただければよいでしょう。

2．各年度の解説の冒頭に、解答・配点・ＴＡＣデータリサーチによる正答率の一覧表を載せています。学習の際の参考としてください。

3．巻末に、「出題傾向分析表」を載せています。出題領域の区分は、弊社刊の「最速合格のためのスピードテキスト」の章立てに対応しているので、復習する際に便利です。

中小企業診断士
第 1 次試験
運 営 管 理

▶ 目　次 ◀

	問　題	解答・解説
令和 2 年度	1	31
令和元年度	77	101
平成 30 年度	141	167
平成 29 年度	207	231
平成 28 年度	275	299
参　考　資　料		341

令和 2 年度問題

令和2年度 問題

第1問 ★重要★

管理目標に関する記述として、最も適切なものはどれか。

ア　産出された品物の量に対する投入された主原材料の量の比によって、歩留まりを求めた。
イ　産出量に対する投入量の比によって、生産性を求めた。
ウ　単位時間に処理される仕事量を測る尺度として、リードタイムを用いた。
エ　動作可能な状態にある作業者が作業を停止している時間を、遊休時間として求めた。

第2問

ある工場では、下図に示すように、3つの配送センターを経由して6つの店舗に製品を配送している。工場、配送センター、店舗の上の数値は、それぞれの拠点にある現時点の在庫量を示し、矢印の上の数値は現時点における配送中の製品量を示している。
配送センターBの現時点におけるエシェロン在庫量として、最も適切なものを下記の解答群から選べ。

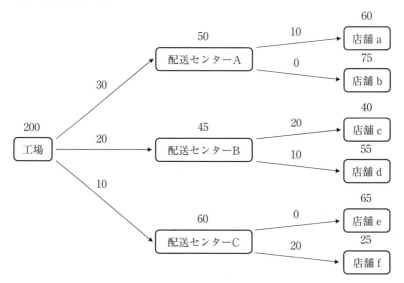

［解答群］

ア　45　　イ　75　　ウ　170　　エ　265　　オ　390

第3問　　★重要★

　　工場レイアウトの設計における体系的な進め方として、システマティックレイアウトプランニング（SLP）が知られている。

　　以下のa〜dは、SLPの各ステップで実施する事項である。SLPの実施手順として、最も適切なものを下記の解答群から選べ。

a　必要スペースと使用可能スペースの調整を行う。

b　生産品目と生産数量との関係を分析する。

c　実施上の制約を考慮して調整を行い、複数のレイアウト案を作成する。

d　物の流れとアクティビティを分析し、各部門間の関連性を把握する。

［解答群］

　ア　a → b → d → c

　イ　a → c → b → d

　ウ　b → a → d → c

　エ　b → d → a → c

　オ　d → c → a → b

第4問

　　品質表に関する以下の文章において、空欄A〜Cに入る用語の組み合わせとして、最も適切なものを下記の解答群から選べ。

　　下表は、スマートフォンについて作成した品質表である。この表において表側aは　A　、表頭bは　B　を表す。それらの対応関係は、◎と○で示される。

　　新製品を開発する状況において、　A　に重要度を付けて　B　に変換する場合、◎を5点、○を3点とすると、最も重要な　B　は　C　となる。

4

a \ b	データ容量	充電性	形状寸法	質量	重要度
いろいろな用途に使える	○				1
操作しやすい			○		4
長時間楽しめる	○	◎		○	3
運びやすい			○	◎	2
頑丈である			◎	○	5

[解答群]

ア　A：品質特性　　B：要求品質　　C：形状寸法

イ　A：品質特性　　B：要求品質　　C：充電性

ウ　A：要求品質　　B：品質特性　　C：形状寸法

エ　A：要求品質　　B：品質特性　　C：質量

オ　A：要求品質　　B：品質特性　　C：充電性

第5問

立体造形に係る技術に関する以下の文章において、空欄A～Cに入る用語の組み合わせとして、最も適切なものを下記の解答群から選べ。

立体造形に係る技術は、金属、セラミックス、プラスチック、ガラス、ゴム等さまざまな材料を所要の強度や性質、経済性等を担保しつつ、例えば、高いエネルギー効率を実現するための複雑な翼形状や歯車形状等を高精度に作り出したり、高度化する医療機器等の用途に応じた任意の形状を高精度に作り出したりする技術全般を指す。

これには、鋳型空間に溶融金属を流し込み凝固させることで形状を得る　A　技術や、金属粉末やセラミックス粉末の集合体を融点よりも低い温度で加熱し固化させることで目的物を得る　B　技術、三次元データを用いて任意の形状を金型等の専用工具を使わずに直接製造できる　C　技術も含まれる。

[解答群]

ア　A：融体加工　　B：射出成型　　C：研削加工

イ　A：融体加工　　B：粉体加工　　C：積層造形

ウ　A：溶接加工　　B：射出成型　　C：積層造形

エ　A：溶接加工　　B：粉体加工　　C：研削加工

第6問

工場での加工品の長さを測定して、そのヒストグラムを作成した結果、下図の①～③が得られた。その原因を調べたところ、おのおのについて以下のa～cの事実が明らかになった。

【原因】と【結果】の組み合わせとして、最も適切なものを次ページの解答群から選べ。

【原因】

a　2つの機械で生産した加工品が混合していた。
b　規格を超えている加工品について手直しをしていた。
c　一部の工具に破損が見られた。

【結果】

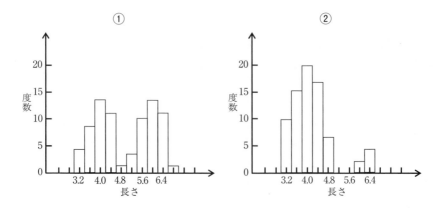

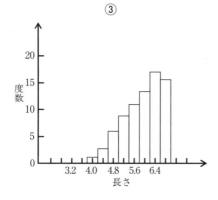

[解答群]
ア　aと①　　bと②　　cと③
イ　aと①　　bと③　　cと②
ウ　aと②　　bと③　　cと①
エ　aと③　　bと①　　cと②
オ　aと③　　bと②　　cと①

第7問　★重要★

　ある製品の生産の流れは、部品倉庫に保管された部品が第1工程に運ばれて切削をされ、その後、第2工程に運ばれて穴あけをされ、製品倉庫に運ばれる。各工程の後では、質の検査が行われる。

　この生産の流れに対して製品工程分析を行った場合の工程図として、最も適切なものはどれか。

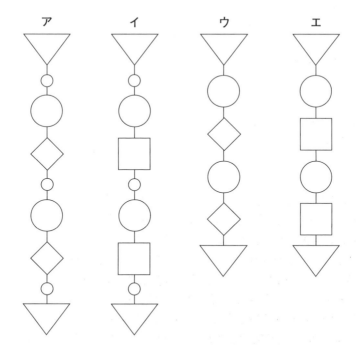

第8問

製番管理方式の特徴に関する記述として、最も適切なものの組み合わせを下記の解答群から選べ。

a 製品の組み立てを開始する時点で、すべての部品に製造番号を割り当てる。

b ロット生産の工場でも利用可能であり、特にロットサイズが大きい場合に適している。

c この方式を用いると、部品が1点でも遅延すると組み立てが開始できない。

d 品質保証を行う上で必要な情報のトレースが容易にできる。

[解答群]
ア aとb　イ aとc　ウ bとc　エ bとd　オ cとd

第9問

需要量の予測に関する記述として、最も不適切なものはどれか。

ア 季節変動を説明するモデルには回帰直線を利用する方法がある。

イ 景気変動などのように周期が固定されない変動は循環変動と呼ばれる。

ウ 傾向変動を説明するモデルにはロジスティック曲線を利用する方法がある。

エ 産業連関モデルでは、最終部門に生じた需要の変動が生産部門に及ぼす波及効果が表現される。

第10問

下表に示す7日間の需要量（個）に対する生産計画を考える。製品を生産する日には、生産に先立ち段取りが必要で、1回当たり段取り費3,000円が発生する。また、生産した製品は当日以降の需要に充当することが可能であり、当日の場合は在庫保管費は発生しないが、翌日以降に繰り越す場合は、繰越在庫量に比例して、1個1日当たり10円の在庫保管費が発生する。

生産計画の案0は1日目に7日間の総需要量900個を生産する計画で、総費用（段取り費と在庫保管費の合計）は31,300円になる。

案1〜4は総需要量900個を複数回に分けて生産する計画である。これらの中で総費用を最小にする案として、最も適切なものを下記の解答群から選べ。

8

日	1	2	3	4	5	6	7	総費用 (円)
需要量	150	80	120	130	70	260	90	
案 0	900	0	0	0	0	0	0	31,300
案 1	350	0	0	550	0	0	0	
案 2	300	0	300	0	0	300	0	
案 3	230	0	320	0	0	350	0	
案 4	150	80	120	130	70	260	90	

[解答群]

ア 案1　　イ 案2　　ウ 案3　　エ 案4

第11問

下表は、あるプロジェクト業務を行う際の各作業の要件を示している。CPM（Critical Path Method）を適用して、最短プロジェクト遂行期間となる条件を達成したときの最小費用として、最も適切なものを下記の解答群から選べ（単位：万円）。

作業名	先行作業	所要期間	最短所要期間	単位時間当たりの短縮費用 (万円)
A	–	5	4	10
B	A	6	2	50
C	B	7	3	90
D	A	9	7	30
E	C, D	5	3	40

[解答群]

ア　440　　イ　510　　ウ　530　　エ　610　　オ　710

第12問

ある工場では、3台の機械を用いて2種類の製品X、Yの生産が可能である。下表には、製品を1単位生産するのに必要な各機械の工数と製品を1単位生産して得られる単位利益、および現状で使用可能な各機械の工数が示されている。また、下図は、下表に示した各機械における使用可能工数の制約を図示したものである。

総利益が最も高くなる方策として、最も適切なものを下記の解答群から選べ。

	製品X	製品Y	使用可能工数
機械A	1	0	2
機械B	0	2	8
機械C	4	2	12
単位利益	3	5	

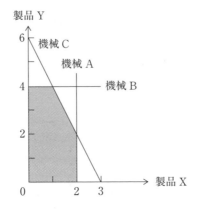

[解答群]

ア　機械Aの使用可能工数を現状から4引き上げて6とする。

イ　機械Bの使用可能工数を現状から4引き上げて12とする。

ウ　機械Cの使用可能工数を現状から4引き上げて16とする。

エ　機械Bの使用可能工数を現状から2引き上げて10、機械Cの使用可能工数を現状から2引き上げて14とする。

第13問　　★ 重要 ★

発注方式に関する記述として、最も適切なものはどれか。

ア　あらかじめ定めた一定量を発注する方式は定量発注方式と呼ばれる。

イ　定期的に発注する方式は適用が容易であり、ABC分析におけるC品目でよく用いられる。

ウ　毎回の発注量を2ロット（ビン）ずつに固定する発注方式はダブルビン方式と呼ばれる。

エ　毎月第1月曜日に発注するなど発注する時点が固定される発注方式は発注点方式と呼ばれる。

第14問

ある工場では、製品Aの加工精度のバラツキを抑制する目的で新設備を導入した。バラツキが抑制できたかどうかを仮説検定により確認するために、新設備を用いて生産した製品10個の加工精度を測定した。

このときに行う仮説検定の手順に関する記述として、最も適切なものはどれか。ただし、従来の設備では、加工精度の分散が23.5であった。

ア　10個のデータの分散が23.5よりも小さいかどうかを調べる。

イ　検定統計量がF分布に従うことを利用して検定を行う。

ウ　検定統計量は10個のデータから計算される偏差平方和である。

エ　対立仮説、有意水準、データ数に基づいて、帰無仮説の棄却域を設定する。

オ　対立仮説を $\sigma^2 \neq 23.5$ と設定する。

第15問

工場レイアウトを分析する手法の1つとして、DI（Distance-Intensity）分析がある。DI分析に関する記述として、最も適切なものはどれか。

ア　Distanceは工程間の運搬頻度を表す。

イ　Intensityはレイアウトを変更すれば、それに伴い変化する。

ウ　DI分析では、現状レイアウトの弱点を発見することができる。

エ　DI分析で右下にプロットされた工程間の運搬については、ベルトコンベアを利用する。

第16問 ★ 重要 ★

　ある製品の梱包工程の作業内容は下表に示すとおりである。

　この工程を3名の作業者で分担して作業を行う案として、単位時間当たりの生産量が最も多いものを下記の解答群から選べ。

　ただし、各作業者間の移動・搬送の時間は無視でき、スペースの制約は考えない。

作業名	作業内容	優先作業	作業時間 （DM）
A	箱を組み立てる	－	10
B	品物にシールを貼る	－	10
C	箱に品物を入れる	A，B	30
D	箱に緩衝材を入れる	C	15
E	箱のふたをテープでとめる	D	10
F	箱にバンドを3本かける	E	50
G	製品置場に箱を運ぶ	F	25
合計			150

[解答群]

ア　作業者①がA・B・C・D、作業者②がE・F、作業者③がGを担当する。

イ　作業者①がA・B・C・Dを担当し、作業者②がEを実施したのち、作業者②と③が組作業によってFを実施（作業時間が25DMになる）したのち、作業者③がGを担当する。

ウ　作業者①がB・C・D、作業者②がE・F、作業者③がA・Gを担当する。

　　ただし、あらかじめいくつかの箱を組み立てておく。

エ　作業者①がC・D・E、作業者②がF、作業者③がA・B・Gを担当する。

　　ただし、あらかじめいくつかの箱を組み立てて、品物にシールを貼っておく。

12

第17問　★ 重要 ★

　標準時間の設定に関する記述として、最も適切なものの組み合わせを下記の解答群から選べ。

a　作業を遂行するために必要と認められる遅れの時間が余裕時間で、観測時間に占める余裕時間の割合が余裕率である。

b　正常なペースと観測対象作業のペースを比較してレイティング係数を求め、ストップウオッチを用いて観測された観測時間の代表値をレイティング係数で割ることによって正味時間を求める。

c　PTS法では、人間の作業を基本動作に分解し、その基本動作の性質と条件に応じてあらかじめ決められた時間値を組み合わせて作業の標準時間を算出する。

d　その仕事に適性をもち習熟した作業者が、所定の作業条件のもとで、必要な余裕をもち、正常な作業ペースによって仕事を遂行するために必要とされる時間が標準時間である。

[解答群]
　ア　aとb　　イ　aとc　　ウ　aとd　　エ　bとc　　オ　cとd

第18問

　下表は、作業分析手法に対応した作業の分割区分に基づいて「旋盤を用いてワークを切削する」作業を展開したものである。

　この表に関する記述として、最も適切なものを下記の解答群から選べ。

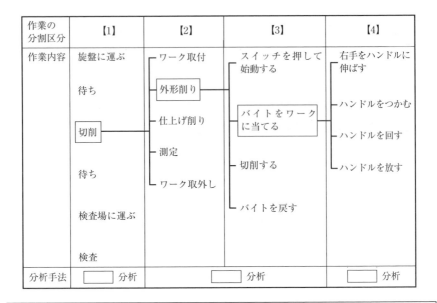

[解答群]

ア　工程分析の対象となるのは分割区分【1】で、各作業を加工・組立・検査・運搬の4つに大別して記号化する。

イ　時間分析の対象となるのは分割区分【3】や【4】で、各作業を遂行するのに要する時間を、ストップウオッチを用いて直接測定する。

ウ　動作要素は分割区分【4】で、作業を行う身体部位として手と腕を対象とし、その動きに着目して分析することで、より少ない無駄のない動きに改善することを目的としている。

エ　分割区分【1】に対応する分析手法には、対象が作業者の場合と物の場合があり、それによって図記号が表す意味が異なる。

第19問

保全体制と保全費に関する記述として、最も適切なものの組み合わせを下記の解答群から選べ。

a　故障が頻発しているような状況では費用の多くが故障の修復に使われるため、保全費のうちでは改良のための費用の比率が高い。

b　設備が安定稼働するようになると状態監視保全によって不具合の原因を事前に処置できるようになるため、事後保全費が下がる。

c 状態監視保全の結果の解析が進むと、時間計画保全の周期が短くなり、保全費全体は減少する。

d 設備保全活動に必要な費用で、設備の修理費、点検・検査にかかる保守費用、保全予備品の在庫費用等の総称が保全費である。

[解答群]
ア aとb　イ aとc　ウ aとd　エ bとc　オ bとd

第20問

設備総合効率に関する記述として、最も適切なものはどれか。

ア 作業方法を変更して段取時間を短縮すると、性能稼働率が向上する。

イ 設備の立ち上げ時間を短縮すると、時間稼働率が低下する。

ウ チョコ停の総時間を削減すると、性能稼働率が向上する。

エ 不適合率を改善すると、性能稼働率が低下する。

第21問　★重要★

生産の合理化に関する記述として、最も適切なものはどれか。

ア ECRSの原則とは、作業を改善する際に、より良い案を得るための指針として用いられる問いかけの頭文字をつなげたもので、最後にする問いかけはStandardizationである。

イ 合理化の3Sとは、標準化、単純化、専門化で、これは企業活動を効率的に行うための基礎となる考え方である。

ウ 単純化とは、生産において分業化した各工程の生産速度や稼働時間、材料の供給時刻などを一致させる行為である。

エ 動作経済の原則とは、作業を行う際に最も合理的に作業を行うための経験則で、この原則を適用した結果としてフールプルーフの仕組みが構築できる。

15

第22問

環境保全に関する記述として、最も適切なものはどれか。

ア ISO14001の基本的な構造は、環境マネジメントを継続的に改善していくためのPDCAサイクルで、トップが定めた方針に基づいた現場における取り組みを重視し、ボトムアップ型のマネジメントを想定している。

イ エコアクション21とは、環境マネジメントシステム、環境パフォーマンス評価および環境報告を1つに統合したもので、中小事業者でも環境配慮に対する取り組みが展開でき、その結果を「環境活動レポート」として取りまとめて公表できるようにするための仕組みである。

ウ 環境会計とは、物品等の調達に当たって価格や品質などとともに環境という視点を加えて、環境負荷の低減に努めている事業者から購入する活動を促進するため、各製品の環境負荷に対する影響を可能な限り定量的に測定し公表する仕組みである。

エ 環境マネジメントシステムとは、環境保全に関する取り組みを進めるに当たり、国が定めた環境に関する方針や目標の達成のために、工場や事業所内に構築された組織の計画・体制・プロセスのことである。

第23問　★重要★

大規模小売店舗立地法に関する記述として、最も適切なものはどれか。

ア この法律では、店舗に設置されている消火器具や火災報知設備などの機器点検は、6か月に1回行わなければならないと定められている。

イ この法律の主な目的は、大規模小売店舗における小売業の事業活動を調整することにより、その周辺の中小小売業の事業活動の機会を適正に確保することである。

ウ この法律の対象は店舗面積が500m²を超える小売業を営むための店舗であり、飲食店は含まれない。

エ 市町村は、大規模小売店舗の設置者が正当な理由がなく勧告に従わない場合、その旨を公表することができる。

オ 大規模小売店舗を設置するものが配慮すべき事項として、交通の渋滞や交通安全、騒音、廃棄物などに関する事項が挙げられている。

第24問

　市町村は、都市計画法に規定される区域について、都市再生基本方針に基づき、住宅および都市機能増進施設の立地適正化を図るための計画を作成することができる。

　国土交通省が平成28年に公表している『都市計画運用指針における立地適正化計画に係る概要』における立地適正化計画に関する記述として、最も適切なものはどれか。

ア　居住調整区域とは、住宅地化を抑制するために定める地域地区であり、市街化調整区域に定める必要がある区域である。

イ　居住誘導区域とは、医療・福祉・商業等の都市機能を都市の中心拠点や生活拠点に誘導し集約することにより、これらの各種サービスの効率的な提供を図る区域である。

ウ　都市機能誘導区域における誘導施設とは、当該区域ごとに、立地を誘導すべき都市機能増進施設である。

エ　立地適正化計画では、原則として、市街化区域全域を居住誘導区域として設定する必要がある。

オ　立地適正化計画では、原則として、都市機能誘導区域の中に居住誘導区域を定める必要がある。

第25問

　A市とB市との2つの市の商圏分岐点を求めたい。

　下図で示す条件が与えられたとき、ライリー＆コンバースの法則を用いて、B市から見た商圏分岐点との距離を求める場合、最も適切なものを下記の解答群から選べ。

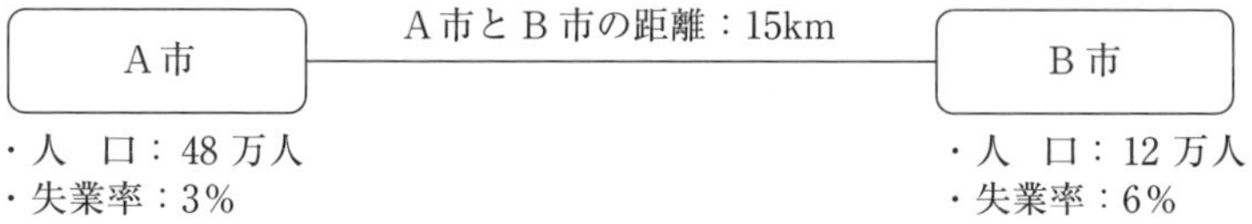

A市	A市とB市の距離：15km	B市
・人　口：48万人 ・失業率：3%		・人　口：12万人 ・失業率：6%

[解答群]

　ア　2.5km　　イ　3km　　ウ　5km　　エ　7.5km　　オ　10km

第26問

中小企業庁『平成30年度商店街実態調査報告書』から確認できる記述として、最も適切なものはどれか。

ア　1商店街当たりのチェーン店舗数は、前回調査（平成27年度調査）よりも減少している。

イ　1商店街当たりの店舗数は、前回調査（平成27年度調査）よりも増加している。

ウ　外国人観光客の受け入れについては、過半数の商店街が取り組みを行っている。

エ　商店街組織の専従事務職員は、0名の商店街の割合が最も低い。

オ　商店街の業種別店舗数では、飲食店の割合が最も高い。

第27問

近年、空き家が増加傾向にある中で、住宅をそれ以外の用途（店舗等）に変更して活用することが求められている。また、木材を建築材料として活用することで、循環型社会の形成等が期待されている。そのため、建築物・市街地の安全性の確保および既存建築ストックの活用、木造建築を巡る多様なニーズへの対応を背景として、平成30年に建築基準法の一部が改正された（平成30年法律第67号）。

この改正された建築基準法に関する記述として、最も適切なものはどれか。

ア　維持保全計画の作成等が求められる建築物の範囲が縮小された。

イ　既存不適格建築物の所有者等に対する特定行政庁による指導および助言が条文から削除された。

ウ　戸建住宅を、一定の要件（延べ面積200m²未満など）を満たす小売店舗に用途変更する場合に、耐火建築物とすることが不要になった。

エ　耐火構造等とすべき木造建築物の対象が見直され、高さ16m超または地上階数4以上が含まれなくなった。

18

第28問

以下のグラフは、経済産業省の商業動態統計における小売業の業態別の販売額推移を示している。グラフ内の空欄A～Dには、百貨店、スーパー、コンビニエンスストア、ドラッグストアのいずれかが入る。

空欄に入る語句の組み合わせとして、最も適切なものを下記の解答群から選べ。

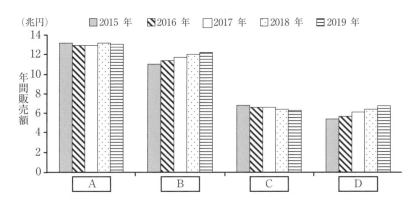

[解答群]
ア　A：スーパー　　　　　　B：コンビニエンスストア
　　C：百貨店　　　　　　　D：ドラッグストア
イ　A：スーパー　　　　　　B：ドラッグストア
　　C：百貨店　　　　　　　D：コンビニエンスストア
ウ　A：スーパー　　　　　　B：百貨店
　　C：ドラッグストア　　　D：コンビニエンスストア
エ　A：百貨店　　　　　　　B：スーパー
　　C：コンビニエンスストア　D：ドラッグストア
オ　A：百貨店　　　　　　　B：スーパー
　　C：ドラッグストア　　　D：コンビニエンスストア

第29問

店舗における売場づくりに関して、以下に示す【陳列手法】と【陳列の特徴】の組み合わせとして、最も適切なものを下記の解答群から選べ。

【陳列手法】

① レジ前陳列

② ジャンブル陳列

③ フック陳列

【陳列の特徴】

a 商品を見やすく取りやすく陳列でき、在庫量が把握しやすい。

b 非計画購買を誘発しやすく、少額商品の販売に適している。

c 陳列が容易で、低価格のイメージを演出できる。

[解答群]

ア ①とa ②とb ③とc

イ ①とa ②とc ③とb

ウ ①とb ②とa ③とc

エ ①とb ②とc ③とa

オ ①とc ②とa ③とb

第30問 ★ 重要 ★

下表の5種類の商品を仕入れて販売することを計画している。

商品A～Eの中で、同じ売価に設定される商品が2つある。この2つの商品について、仕入れた数量をすべて設定した売価で販売したときの粗利益額の合計として、最も適切なものを下記の解答群から選べ。なお、それぞれの商品の売価は、売価値入率により設定されるものとする。

	仕入単価	仕入数量	売価値入率
商品A	480円	50個	20%
商品B	300円	60個	40%
商品C	300円	100個	50%
商品D	800円	30個	20%
商品E	600円	40個	50%

20

[解答群]

ア　12,000円

イ　36,000円

ウ　42,000円

エ　60,000円

オ　90,000円

第31問

　店頭販促物に商品情報等を記載する場合、景品表示法を遵守しなければならない。小売店の店頭販促物の表示に関する記述として、最も適切なものはどれか。

ア　POPに通常価格と併記して「価格は店員に御相談ください」と価格交渉に応じる旨の表示をしても不当表示に該当しない。

イ　仕入先からの誤った情報に基づいて小売店が景品表示法に抵触する不当表示をしてしまった場合、表示規制の対象は仕入先であり、小売店ではない。

ウ　商品の効果、性能に関する表示を小売店がする場合、裏付けとなる合理的な根拠を示す資料があったとしても、小売店が自ら実証試験・調査等を行う必要がある。

エ　商品を値下げして販売する際、値下げ前の価格で1日でも販売していれば、その価格を値下げ後の価格の比較対象価格として二重価格表示をしても不当表示に該当しない。

第32問

　以下は、土産物店の店主X氏と中小企業診断士（以下、「診断士」という。）との間で行われた会話である。

　会話の中の空欄A〜Cに入る語句の組み合わせとして、最も適切なものを下記の解答群から選べ。

X　　氏：「私が経営する店舗の商品在庫は適切なのでしょうか。」

診断士：「商品在庫量を管理する指標はいくつかあります。売上と在庫の関係を表すものに　A　があります。数値が大きいほど在庫の効率が良いということになります。」

X　　氏：「同じ売上で在庫が少なければ、　A　が高まるということですね。それでは、もっと在庫を減らすほうが良いですね。」

21

診断士：「単純に在庫を減らせば良いということではありません。在庫が少なすぎる
　　　　と欠品が起こりやすくなり、販売機会ロスが発生してしまいます。適度な商
　　　　品在庫を維持することが必要です。」

Ｘ　氏：「　Ａ　以外に、どのような指標を参考にすれば良いでしょうか。」

診断士：「商品に投下した資本がどれだけ効率的に粗利益を出すことができたかをみ
　　　　る指標に　Ｂ　があります。これは、期間中の粗利益額を原価の平均在庫
　　　　高で除した数値で、Ｘさんの店の前期の数値を算出すると、業界として適正
　　　　な水準にあると思います。また、期間中の粗利益額を売価の平均在庫高で除
　　　　した数値を　Ｃ　といい、販売面での生産性を評価する指標です。」

［解答群］

ア　Ａ：GMROI　　　　Ｂ：交差比率　　　Ｃ：商品回転率

イ　Ａ：交差比率　　　Ｂ：GMROI　　　　Ｃ：商品回転率

ウ　Ａ：交差比率　　　Ｂ：商品回転率　　Ｃ：GMROI

エ　Ａ：商品回転率　　Ｂ：GMROI　　　　Ｃ：交差比率

オ　Ａ：商品回転率　　Ｂ：交差比率　　　Ｃ：GMROI

第33問

　下表は、同じ地域に立地するＸ商店、Ｙ商店、Ｚ商店の品ぞろえである。表
中の○は販売中、×は取り扱いをしていないことを示したものである。

　各商店の品ぞろえに関する記述として、最も適切なものはどれか。

　なお、価格帯は、「低」が千円以上３千円以下、「中」が６千円以上８千円以
下、「高」が１万円以上１万２千円以下の売価の商品を対象とする。

商品カテゴリー	対象性別	対象世代	価格帯	Ｘ商店	Ｙ商店	Ｚ商店
婦人服A	女性	ヤング	低	○	○	○
婦人服B	女性	ヤング	中	×	×	○
婦人服C	女性	ヤング	高	×	○	×
婦人服D	女性	シニア	低	○	○	×
婦人服E	女性	シニア	中	×	○	×
紳士服A	男性	ヤング	低	○	×	○
紳士服B	男性	ヤング	中	×	×	○
紳士服C	男性	シニア	低・中	○	×	×
服飾雑貨A	女性	ヤング	低・中	×	○	×
服飾雑貨B	女性	ヤング	高	×	○	×
服飾雑貨C	男性	ヤング	低・中	○	×	×

［解答群］

ア　3店舗の中で、最も総合的な品ぞろえをしているのはY商店である。

イ　3店舗の中で、プライスゾーンが最も広いと考えられるのはZ商店である。

ウ　X商店が品ぞろえを変えずにEDLP政策をとった場合、プライスラインは1つとなる。

エ　Y商店が婦人服Bを追加して取り扱うことは専門性を高めることになる。

オ　Z商店で紳士服Cを追加して取り扱うと、関連購買による来店客の買上点数増加が期待できる。

第34問　　★重要★

最寄品を主に取り扱う小売店舗における在庫管理に関する記述として、最も適切なものはどれか。

ア　ある商品の最大在庫量を2倍にした場合、販売量を一定とすると、安全在庫量も2倍必要になる。

イ　前日の販売量を発注量として毎日発注する商品の販売量が減少した場合、当該商品の在庫量は減少する。

ウ　定期発注方式を採用した場合、販売量を一定とすると、1回当たりの発注量は発注間隔を短くするほど少なくなる。

エ　定量発注方式を採用した場合、適正な在庫量を表す理論在庫は安全在庫に一致する。

オ　定量発注方式を採用した場合、販売量の減少が続くときに発注点を変更しなければ、発注間隔は短くなる。

第35問

需要予測に関する記述として、最も適切なものはどれか。

ア　これから発売する新商品の需要の予測を行う場合には、移動平均法が適している。

イ　指数平滑法を用いた需要予測は、当期の実績値と前期の実績値を加重平均して、次期の予測値を算出するものである。

ウ　重回帰分析による需要予測では、適切な変数を選択すれば、需要に影響を与える各変数の影響を回帰係数として推定できる。

エ　重回帰分析を行うに当たって説明変数を選定する際には、各説明変数の間に高い相関が認められるものを選ぶ方が良い。

オ　直前の需要の変化に対応した予測を行う場合には、指数平滑法を用いることができない。

第36問　★ 重要 ★

輸送手段等に関する記述として、最も適切なものはどれか。

ア　RORO（roll-on roll-off）船は、フェリーと同様に、トラックと運転者を一緒に輸送することができる船舶であり、いわゆる旅客船のことである。

イ　中継輸送とは、長距離あるいは長時間に及ぶトラック輸送のときに、1人の運転者が輸送途中で休憩しながら発地から着地まで一貫して輸送することをいう。

ウ　鉄道輸送には、トラック輸送に比べて、荷主が出発時間を自由に指定することができるという長所がある一方で、輸送トンキロ当たりの二酸化炭素排出量が多いという短所もある。

エ　トラックの時間当たりの実車率を高める方策の1つは、納品先での納品待機時間など手待ち時間を削減することである。

オ　トラック輸送では、1台のトラックに荷主1社の荷物だけを積載する貸切運送しか認められていない。

第37問　★ 重要 ★

物流におけるユニットロードおよびその搬送機器に関する記述として、最も適切なものはどれか。

ア　コンテナは、複合一貫輸送をする際には使用することができない。

イ　平パレットには、長さと幅についてさまざまな種類があり、日本産業規格（JIS）で規格化されているものはない。

ウ　平パレットを使用する場合は、使用しない場合に比べて、積み込みや取り卸しなどの荷役効率が高い。

エ　ユニットロード化を推進することにより、パレットやコンテナなどの機器を利用しないで済むようになる。

オ　ロールボックスパレットには、大きさが異なる荷物を積載することができない。

第38問 ★重要★

物流センターの運営に関する記述として、最も適切なものはどれか。

ア　ASN（Advanced Shipping Notice）は、荷受側が商品の入荷前に作成する入荷情報のことである。

イ　スーパーで主に利用されているプロセスセンターは、商品を加工し包装する物流施設である。

ウ　トラック運転者が集品先または納品先の荷主の倉庫内で付帯作業を行うことは、法律で禁止されており、契約で定めてはならない。

エ　ピッキングする商品品目数がオーダー数より多い場合には、摘み取り方式ではなく種まき方式で行うのが一般的である。

オ　複数の取引先へ同時に出荷する商品が一度に入荷した場合、入荷時に検品すれば、出荷時の検品を省略することができる。

第39問 ★重要★

GS１事業者コードおよびJANコード（GTIN）に関する記述として、最も適切なものはどれか。

ア　JANコードには、標準タイプ（13桁）と短縮タイプ（11桁）の２つの種類がある。

イ　JANコードは「どの事業者の、どの商品か」を表す、日本国内のみで通用する商品識別番号である。

ウ　JANコード標準タイプ（GTIN-13）は、① GS１事業者コード、② 商品アイテムコード、③ チェックデジットで構成されている。

エ　集合包装用商品コード（GTIN-14）は、JANコード標準タイプ（GTIN-13）の先頭に数字の０～９、またはアルファベット小文字のa～zのいずれかのコードを、インジケータとして１桁追加し、集合包装の入数や荷姿などを表現できるようにしたコードである。

オ　商品アイテム数が増えてコードが足りなくなったときは、JANコードの重複が発生したとしても、GS１事業者コードの追加登録申請は認められていない。

第40問

バーコードが普及し、その利便性が世界的に認識される一方で、商品コード以外にも表示文字やその種類を増やすことで、Webと連動した商品情報提供の実現などのニーズに対応するため、従来の１次元シンボルのJANコードに加えて２次元シンボルのGS１ QRコードが利用されている。

GS１ QRコードに関する記述の正誤の組み合わせとして、最も適切なものを下記の解答群から選べ。

a　GS１のデータキャリア標準として認められている２次元シンボルは、GS１ QRコードのみである。

b　１つのシンボルで比較すればGS１ QRコードの方がJANコードより情報量は大きいが、JANコードを複数表示することが可能であれば、GS１ QRコードと同様に商品情報サイトへの誘導も可能である。

c　GS１ QRコードを活用すれば、同じブランドや同じメーカーのキャンペーンであっても、消費者を商品個別のサイトに誘導することが可能である。

```
[解答群]
  ア　a：正　　b：正　　c：正
  イ　a：正　　b：正　　c：誤
  ウ　a：正　　b：誤　　c：誤
  エ　a：誤　　b：正　　c：正
  オ　a：誤　　b：誤　　c：正
```

第41問

平成30年６月１日に「割賦販売法の一部を改正する法律」（改正割賦販売法）が施行され、クレジットカード決済を可能にしている小売店などでは、カード番号等の適切な管理や不正利用対策を講じることが義務付けられた。

この改正に関する記述の正誤の組み合わせとして、最も適切なものを下記の解答群から選べ。

a　クレジットカード番号等取扱契約締結事業者は、契約する加盟店に対して、加盟店調査を行い、調査結果に基づいた必要な措置を行うこと等が義務付けられた。

b　クレジットカードをスワイプして磁気で読み取る方式のカード処理機能を持った

26

POSレジを設置している加盟店は、この改正に対応したカード情報保護対策が完了している。

[解答群]
ア　a：正　　b：正
イ　a：正　　b：誤
ウ　a：誤　　b：正
エ　a：誤　　b：誤

第42問

　流通システム標準普及推進協議会が公表している「流通ビジネスメッセージ標準運用ガイドライン（基本編）第2.0版（2018年12月）」では、預り在庫型センターにおける入庫、在庫報告、不良在庫の引取の3つの業務プロセスで使用する4種類の標準メッセージを定めている。

　このうち、預り在庫型センターから卸・メーカーに送られる3種類のメッセージの組み合わせとして、最も適切なものを下記の解答群から選べ。

　　＊預り在庫型センターとは、卸・メーカーが、小売のセンターあるいは、小売が
　　　卸や物流業者（3PL）に運営委託しているセンターにあらかじめ商品を卸・メ
　　　ーカー在庫として、保管しておくビジネスモデルのことを指す。

a　在庫補充勧告メッセージ
b　購入催促メッセージ
c　入庫予定メッセージ
d　入庫確定メッセージ
e　在庫報告メッセージ

[解答群]
ア　aとbとc　　イ　aとdとe　　ウ　bとcとd
エ　bとdとe　　オ　cとdとe

27

第43問

　顧客属性データを活用する事業者は、個人情報保護法に基づいて、個人情報の取り扱いには細心の注意を払いながら活用する必要がある。

　個人情報保護法に関する記述の正誤の組み合わせとして、最も適切なものを下記の解答群から選べ。

a　個人情報の定義の明確化を図るため、その情報単体でも個人情報に該当することとした「個人識別符号」の定義が設けられている。

b　匿名加工情報（特定の個人を識別することができないように個人情報を加工した情報）の利活用の規定が設けられている。

c　小規模事業者を保護するため、取り扱う個人情報の数が5,000以下である事業者を規制の対象外とする制度が設けられている。

```
[解答群]
 ア　a：正　　b：正　　c：誤
 イ　a：正　　b：誤　　c：正
 ウ　a：誤　　b：正　　c：正
 エ　a：誤　　b：正　　c：誤
 オ　a：誤　　b：誤　　c：正
```

第44問

　ある小売店のID-POSデータを使ったRFM分析を行う。この店舗においては、顧客1来店当たりの購買単価に大きな差がない。このため、販売戦略上、定期的に高頻度で顧客の来店を促すことが重要であると判断し、R（最近購入日）とF（平均来店間隔日数）で、以下の図のように顧客をa〜iの9つのグループに分ける場合を考える。

　b、d、f、h、iの5つの顧客グループから、この店舗にとって優良顧客の離反の可能性が高まっていることを注意すべきグループを選ぶとき、最も適切なものはどれか。下記の解答群から選べ。

28

		F（平均来店間隔日数）		
		7日未満	7日以上30日未満	30日以上
R（最近購入日）	14日未満	a	b	c
	14日以上90日未満	d	e	f
	90日以上	g	h	i

［解答群］

　ア　b　　イ　d　　ウ　f　　エ　h　　オ　i

令和 2 年度
解答・解説

nswers

問題	解答	配点	正答率	問題	解答	配点	正答率	問題	解答	配点	正答率
第1問	エ	2	D	第16問	エ	3	C	第31問	ア	2	C
第2問	ウ	2	C	第17問	オ	2	C	第32問	エ	3	B
第3問	エ	2	B	第18問	エ	2	E	第33問	エ	2	B
第4問	ウ	3	D	第19問	オ	2	C	第34問	ウ	3	A
第5問	イ	2	A	第20問	ウ	3	B	第35問	ウ	2	C
第6問	イ	2	C	第21問	イ	2	C	第36問	エ	2	B
第7問	ア	2	B	第22問	イ	2	D	第37問	ウ	2	A
第8問	オ	2	D	第23問	オ	2	B	第38問	イ	2	C
第9問	ア	2	E	第24問	ウ	3	D	第39問	ウ	3	B
第10問	ウ	3	B	第25問	ウ	2	D	第40問	オ	2	C
第11問	ウ	2	C	第26問	オ	2	D	第41問	イ	2	C
第12問	イ	3	D	第27問	ウ	2	C	第42問	イ	3	B
第13問	ア	2	A	第28問	ア	2	B	第43問	ア	2	C
第14問	エ	3	D	第29問	エ	2	A	第44問	イ	2	C
第15問	ウ	2	C	第30問	イ	3	B				

※TACデータリサーチによる正答率
　正答率の高かったものから順に、A～Eの5段階で表示。
A：正答率80％以上　　　　　B：正答率60％以上80％未満　　　C：正答率40％以上60％未満
D：正答率20％以上40％未満　E：正答率20％未満

解答・配点は一般社団法人中小企業診断協会の発表に基づくものです。

令和2年度 解説

　運営管理は、TACデータリサーチ（速報値）による令和元年度の平均点が63.43点であるのに対し、令和2年度の平均点は54.58点であり、8.85点低下となった。直近2年間の平均点が60点を超えていたのに対し、本年度は50点台前半となっており、難化したということができる。

　難化の要因は、主に以下の3点があげられる。①過去の本試験で出題されたことがない用語、もしくは、出題されたことはあるが頻出ではない用語を問う問題が一定数存在したこと、②例年どおりとはいえ44マークと問題数が多いうえ、読解や計算の負担が大きい問題が多く、時間配分が難しかったこと、③配点3点の問題の難易度が上がったこと、の3点である。

　①について、生産管理では、第4問の品質表、第9問の需要予測、第14問の仮説検定、第18問の作業分析、第22問の環境保全など、店舗・販売管理では、第26問の商店街実態調査報告書、第27問の改正建築基準法、第35問の需要予測などが、知識対応が難しい問題となった。これらは、選択肢の文章から地道に2択や3択まで選択肢を絞り込んでいくことが求められる。また、これらの知識対応が難しい問題で正解肢を選択できなくても、それ以外の対応したい問題を取りこぼさないことが求められる。

　領域別に見ると、相対的に、生産管理の難易度が高くなっている。令和元年度との比較の観点でも、生産管理の方がより難化している。

　例年どおりではあるが、得点しづらいD、Eランクの問題を正解できる必要性は低く、A、Bランクの問題の取りこぼしがないこと、および問題によってはCランクの問題にも対応できることが合格の要件となる。

　次年度以降の学習の取り組みとしては、用語を正確に覚え、その活用方法や得られる効果などまで考えるような取り組みを行って、確実に取らなければいけない基本事項を問われる問題の正答率を向上させ、問題の取り組む順序や取捨選択など時間配分なども意識した取り組みが必要となってくる。

第1問

管理目標に関する問題である。

ア ✕：歩留まり（歩留り）は「投入された主原材料の量と、その主原材料から実際に産出された品物の量との比率」（JIS Z 8141-1204）と定義されている。

$$歩留まり = \frac{産出された品物の量}{投入された主原材料の量} \times 100 \;(\%)$$

33

本肢は、「算出された品物の量」と「投入された主原材料の量」が逆になっているため、誤りである。

イ ✕：生産性は「投入量に対する産出量との比」（JIS Z 8141-1238）と定義されている。本肢は、**「産出量」**と**「投入量」**が逆になっているため、誤りである。

ウ ✕：本肢の内容は、スループットの定義である（JIS Z 8141-1207）。リードタイムは、「発注してから納入されるまでの時間（調達時間ともいう）。素材が準備されてから完成品になるまでの時間」（JIS Z 8141-1206）のことである。

エ 〇：正しい。遊休時間は「動作可能な状態にある機械または作業者が所与の機能もしくは作業を停止している時間」（JIS Z 8141-1208）と定義されている。本肢は、この定義のうち、作業者について述べている。

よって、**エ**が正解である。

第2問

エシェロン在庫に関する問題である。エシェロン（Echelon）とは階層のことであり、ものの流れの各階層、製造業、卸売業、小売業それぞれで保管される在庫の総量をエシュロン在庫とよぶ。またエシェロン在庫にはトラックや船舶などで輸送途中にある輸送在庫も含まれる。ある在庫点（たとえば卸売業、物流倉庫など）からであれば、その**下流側**（小売店までのトラックに積まれている数量、小売店の倉庫の数量、店頭に出ている数量など）の在庫の総和によってエシェロン在庫は定義される。

本問における「配送センターBの現時点におけるエシェロン在庫量」は、以下のようになる。

【配送センターBの現時点におけるエシェロン在庫量】

配送センターBの在庫量	店舗cへの配送量	店舗cの在庫量	店舗dへの配送量	店舗dの在庫量	合　計
45	20	40	10	55	170

よって、**ウ**が正解である。

第3問

SLPの実施手順に関する問題である。

SLPとは、リチャード・ミューラーにより提唱された汎用的な工場レイアウトの計画法であり、レイアウトを構成する諸要素を「アクティビティ」として細分化のうえ分析し、アクティビティ相互の関連度に基づいてレイアウトを設計するという特色をもつ。SLPによる計画手順は以下のとおりである。

【SLPによる計画手順】

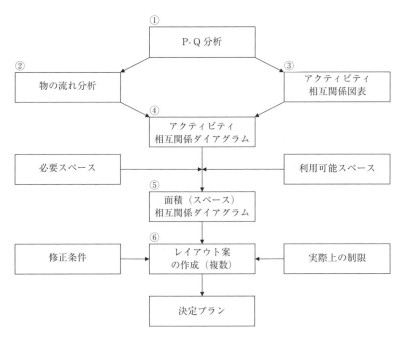

① P-Q分析：P（Product）は製品、Q（Quantity）は量を表し、何をどれだけ生産するかについて明らかにするために、横軸に製品の種類、縦軸に生産量をとり、左から生産量の多い順に並べたチャートを作成する。一般に、生産量の多い上位グループは製品別レイアウト、中位グループはグループ別レイアウト、下位グループは機能別レイアウトを採用する。

② 物の流れ分析：「どのように製品を生産するか」という観点から、単純工程分析（オペレーション・プロセス・チャート）や多品種工程分析（加工経路分析）、フロムツーチャート（流出流入図表）などを用い、物が移動する際の最も効率的な順序や工程経路を分析、決定する。

③ アクティビティ相互関係図表：生産に関わるさまざまなアクティビティの相互関係（互いに近接させて配置するのか、離して配置するのかなど）を近接性の重要度という指標で表した図表を用いて分析、検討する。

④ アクティビティ相互関係ダイアグラム：②「物の流れ分析」や③「アクティビティ相互関係図表」に基づいて、アクティビティの順序、近接性や工程経路を地理的配置に置き換えた線図を作成する。この線図をアクティビティ相互関係ダイアグラムという。

⑤　面積（スペース）相互関係ダイアグラム：④「アクティビティ相互関係ダイアグラム」の各アクティビティに必要な面積を見積り、面積の概念を組み入れた線図を作成する。

⑥　レイアウト案の作成：⑤「面積相互関係ダイアグラム」を用いてレイアウト案を作成する。通常、複数のレイアウト案を作成し、比較検討のうえ決定する。

本問にあげられた実施事項を上記のステップに当てはめると、以下のようになる。

a　必要スペースと使用可能スペースの調整を行う

　→　④アクティビティ相互関係ダイアグラム、⑤面積（スペース）相互関係ダイアグラム

b　生産品目と生産数量との関係を分析する

　→　①P-Q分析

c　実施上の制約を考慮して調整を行い、複数のレイアウト案を作成する

　→　⑥レイアウト案の作成

d　物の流れとアクティビティを分析し、各部門間の関連性を把握する

　→　②物の流れ分析、③アクティビティ相互関係図表

上記より、実施手順は「**b→d→a→c**」となるため、**エ**が正解である。

第4問

品質（機能）展開における品質表に関する問題である。品質（機能）展開とは、顧客・市場のニーズである**要求品質（空欄A）**を製品・サービスの**品質特性（空欄B）**を表す代用特性へ変換し、さらに構成品部品の特性や工程の要素・条件へと順次系統的に展開していく方法である。顧客・市場のニーズは日常用語によって表現されるものが少なくなく、これを設計者や技術者の言葉である工学的特性に置き直すことが必要である。このプロセスの中で、顧客の要求品質と、製品の設計品質を二元表にまとめたものが、品質表である。

要求品質に重要度を付けて品質特性に変換する場合の、各品質特性の重要度は以下のように算出される。

> 品質特性重要度＝（各要求品質の重要度×（◎５点、○３点））の総和

上式を用いて、各要求品質の重要度を算出すると、以下のようになる。

・データ容量：$1 \times 3 + 3 \times 3 = 12$

・充電性　　：$3 \times 5 = 15$

・形状寸法　：$4 \times 3 + 2 \times 3 + 5 \times 5 = 43$

・質量　　　：$3 \times 3 + 2 \times 5 + 5 \times 3 = 34$

	データ容量	充電性	形状寸法	質量	重要度
いろいろな用途に使える	○				1
操作しやすい			○		4
長時間楽しめる	○	◎		○	3
運びやすい			○	◎	2
頑丈である			◎	○	5
品質特性重要度	12	15	㊸	34	

以上より、最も重要な品質特性は「形状寸法」（空欄C）である。

よって、**ウ**が正解である。

第5問

立体造形に係る技術に関する問題である。

空欄A：融体加工 … 一定の空間に流し込みやすい液体の特性を利用して、鋳型空間に溶融金属を流し込み凝固させることで形状を得る技術。金属加工の中でも用いられることが多く、多様な製品に用いられている加工法である。

空欄B：粉体加工 … 粉末が一定の条件において固化する特性を利用して、金属やセラミックなどの粉末を低温で加熱して形状を得る技術である。

空欄C：積層造形 … いわゆる3Dプリンターを用いた造形方法である。3次元CADデータに基づき、材料を層状に重ねて形状を得る技術である。

よって、**イ**が正解である。

第6問

　ヒストグラムの特徴を問う問題である。ヒストグラムとは、QC 7つ道具のひとつであり、データの分布状態を把握するために用いる図である。データの範囲を適当な間隔に分割し、データを集計した度数分布表を棒グラフ化したものである。中心値から左右対称の釣鐘を伏せた形状になれば安定した正常な姿といえる。

【結果①】

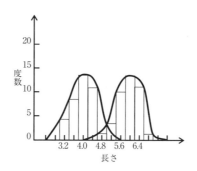

　①は、2つの山が混在している状態である。これは、【原因】**a**の「2つの機械で生産した加工品が混合していた」ことによるものと考えられる。この場合、それぞれの機械で生産した加工品を分離して、改めてそれぞれでヒストグラムを作成すると、正常な左右対称の形状となりうる。

【結果②】

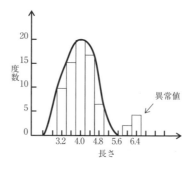

　②は、1つの山と、一部かけ離れた異常値が出現している状態である。これは、【原因】**c**の「一部の工具に破損が見られた」ことによるものと考えられる。工具破損後の不安定な状態で生産された加工品が異常値を示したと考えられる。

【結果③】

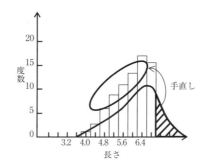

③は、一定の長さを超えた加工品が除外されている状態である。これは、【原因】bの「規格を超えている加工品について手直しをしていた」ことによるものと考えられる。

よって、**イ**が正解である。

第7問

工程分析の基本図記号に関する問題である。

【基本図記号】

要素工程	記号の名称	記号	意味
加工	加工	○	原料、材料、部品または製品の形状、性質に変化を与える過程を表す。
運搬	運搬	○	原料、材料、部品または製品の位置に変化を与える過程を表す。※ 運搬記号の直径は、加工記号の直径の1/2～1/3とする。○のかわりに⇨を用いてもよい。
停滞	貯蔵	▽	原料、材料、部品または製品を計画により貯えている過程を表す。
停滞	滞留	D	原料、材料、部品または製品が計画に反して滞っている状態を表す。
検査	数量検査	□	原料、材料、部品または製品の量または個数を測って、その結果を基準と比較して差異を知る過程を表す。
検査	品質検査	◇	原料、材料、部品または製品の品質特性を試験し、その結果を基準と比較してロットの合格、不合格または個品の良、不良を判定する過程を表す。

本問で示された生産の流れを、以下に整理する。

① 部品倉庫に保管（貯蔵）

② 第1工程に運ぶ（運搬）

③ 切削（加工）

④ 工程後に質の検査（品質検査）

⑤ 第2工程に運ぶ（運搬）

⑥ 穴あけ（加工）

⑦ 工程後に質の検査（品質検査）

⑧ 製品倉庫に運ぶ（運搬）

⑨ 製品倉庫に保管（貯蔵）

※⑨は問題の文章には書かれていないが、全選択肢の最後の図記号は「貯蔵」となっている。

上記の生産の流れを示しているのは、選択肢**ア**の図記号である。

よって、**ア**が正解である。

第8問

製番管理方式に関する問題である。製番管理方式とは「**製造命令書を発行するとき**に、その製品に関するすべての加工と組立の指示書を準備し、同一の製造番号をそれぞれに付けて管理を行う方式」（JIS Z 8141-3211）と定義されている。製番とは、オーダーごとに付される番号である。製番管理方式では、すべての生産管理業務をこの製番単位で行う。

a ✕：上記の定義のとおり、製造番号を割り当てるタイミングは、製品の組み立てを開始する時点ではなく、**製造命令書を発行する時点**である。

b ✕：本肢前半の、「ロット生産の工場でも利用可能」であることは正しい。しかし、1つの製造命令書で生産するロットサイズが大きい場合には、ロットサイズが小さい場合と比較して、製造命令書の数も少なくなり（少品種多量生産となり）、製番ごとに管理する有用性が高いとはいえない。ロット生産の工場における製番管理方式は、**ロットサイズが小さい場合に適している**。

c ◯：正しい。製番管理方式を用いた場合、製番ごとに部品が管理される。仮に部品の供給が遅延すると、他の製番用に用意された部品を流用することもできずに、組み立てを開始することはできなくなる。

d ◯：正しい。製番管理方式では、製番ごとに管理を行うため、製品に関するすべての情報を紐づけやすい。それにより、部品の調達や製造など品質保証を行ううえで必要な情報のトレース（追跡）が容易になる。

よって、**c**と**d**が適切であるため、**オ**が正解である。

第9問

需要予測に関する問題である。

ア ✕：回帰直線は、散布図を用いて２つのデータ（特性）の相関関係を確認する際に、各データの中心的な分布傾向を示した直線のことをいう。２つのデータの相関関係に大きな変動がない場合には有効な分析となるが、季節変動などによりデータの相関関係が変化する場合には、回帰直線を用いた分析は有効ではない。季節変動を踏まえた分析手法としては、時系列分析などがある。

イ 〇：正しい。景気変動のように、上昇局面と下降局面を繰り返すがその期間は一定ではない変動を、循環変動という。

ウ 〇：正しい。ロジスティック曲線とは、初期段階では徐々に増加し，ある時点から急激に増加し，その後、増加ペースが逓減して、上限を迎えるようなS字型の曲線のことをいう。長期にわたる人口の増加傾向などを表すことがある。

エ ✕：正しい。産業連関モデルとは、経済学・経済政策でも学習する「産業連関表」のように、各産業間の需要量と供給量および最終部門の需要量との関係を示すモデルである。最終部門の需要変動により各部門の供給量などがどの程度影響するか、といった分析を行うことができる。

よって、**ア**が正解である。

第10問

所与の条件から、総費用が最小になる生産計画案を選択する問題である。本問は、正解の導出に多くの時間を費やすことが想像されるため、本試験においては、当初は着手せず、時間が余れば最後に対応するといった取り組みが求められる。

当解説では、大まかに状況をとらえ、正確な検証は行わずとも短時間で正解を検討する手順と、正確に検証した場合の解答を示す。

【正確な検証は行わずとも短時間で正解を検討した場合】

まず、問題で与えられている条件を整理する。条件は、以下のとおりである。

条件① 製品を生産する日に、１回当たり3,000円の段取り費が発生

条件② 生産した製品を翌日以降に繰り越す場合、繰越在庫量に比例して１個１日当たり10円の在庫保管費が発生

段取り回数（生産回数）と繰越在庫量の関係は「トレードオフ（一方が増えればもう一方が減る）」の関係にあるが、段取り回数が多すぎても、繰越在庫量が多すぎても総費用が過大になることは想像できるであろう。

41

案4は、毎日当日の需要量を生産するので繰越在庫量はゼロとなるが、段取り回数が7回となり、多すぎるであろうことは想像したい（選択肢にはないが、案0は案4とは逆に、段取り回数は少ないが、繰越在庫量が多すぎるであろうことは想像したい）。

　案2と案3は、段取り回数が共に3回である。両案のうち、総費用が少なくなるのは繰越在庫量が少ないほうの案となる。計画の初期に生産量を多くしている案2のほうが、繰越在庫量が多そうであるため、案2は総費用最小とは考えにくい。

　上記の条件①②より、1回当たり段取り費（3,000円）は、300個の繰越在庫の在庫保管費（10円×300＝3,000円）に相当する。案1の段取り回数は2回、案3の段取り回数は3回である。段取り回数の差は1回であるため、案1の方が案3よりも繰越在庫量が300個を超えて多くなった場合には、案1は総費用最小とならない。案1の4日目の生産量550から、7日目までの繰越在庫量は案3より相当に大きくなると思われるため、案1も総費用最小になる可能性は低そうである。

　このように、消去法で案3が残ることになる。

【正確に検証した場合】

　条件にしたがって各案、各日の繰越在庫量とその合計を算出すると、以下の表のようになる。

日	1	2	3	4	5	6	7	述べ繰越在庫量の合計
需要量	150	80	120	130	70	260	90	
案0	$900-150$ $=750$	$750-80$ $=670$	$670-120$ $=550$	$550-130$ $=420$	$420-70$ $=350$	$350-260$ $=90$	$90-90$ $=0$	$750+670+550$ $+420+350$ $+90+0$ $=2,830$
案1	$350-150$ $=200$	$200-80$ $=120$	$120-120$ $=0$	$550-130$ $=420$	$420-70$ $=350$	$350-260$ $=90$	$90-90$ $=0$	$200+120+0$ $+420+350$ $+90+0$ $=1,180$
案2	$300-150$ $=150$	$150-80$ $=70$	$70+300$ -120 $=250$	$250-130$ $=120$	$120-70$ $=50$	$50+300$ -260 $=90$	$90-90$ $=0$	$150+70+250$ $+120+50$ $+90+0$ $=730$
案3	$230-150$ $=80$	$80-80$ $=0$	$320-120$ $=200$	$200-130$ $=70$	$70-70$ $=0$	$350-260$ $=90$	$90-90$ $=0$	$80+0+200$ $+70+0+90$ $+0$ $=440$
案4	0	0	0	0	0	0	0	0

総費用＝段取り費の合計＋在庫保管費の合計
　　　＝１回当たり段取り費×段取り回数＋１個１日当たり在庫保管費×述べ繰越在庫数
　　　＝3,000×段取り回数＋10×述べ繰越在庫数

案０の総費用：3,000× 1 ＋10×2,830＝31,300
案１の総費用：3,000× 2 ＋10×1,180＝17,800
案２の総費用：3,000× 3 ＋10× 730＝16,300
案３の総費用：3,000× 3 ＋10× 440＝**13,400**（総費用最小）
案４の総費用：3,000× 7 ＋10× 0 ＝21,000

上記より、総費用が最小になる生産計画案は、案３であることがわかる。
よって、**ウ**が正解である。

第11問

PERTに関する問題である。本問は、アローダイヤグラムの作成から、クリティカルパスの導出、最短プロジェクト日数達成のための最小費用の算出（CPM）まで求められており、PERTに関する問題の中でも、比較的難易度が高い。

正解を導くための手順は以下のとおりである。

手順①：最短所要期間を用いてクリティカルパスを導出し、最短プロジェクト遂行期間を確認する。
手順②：手順①の最短プロジェクト遂行期間を実現するために必要な短縮時間を確認する
手順③：手順②の必要な短縮時間を、最小費用で実現する方法を確認する

【手順①：最短プロジェクト遂行期間の確認】

まず、「現在の所要期間」および「最短所要期間」におけるアローダイヤグラムを作図すると、以下のようになる。

【図１　現在の所要期間に基づくアローダイヤグラム】

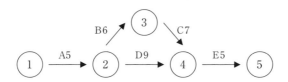

【図2　最短所要期間に基づくアローダイヤグラム】

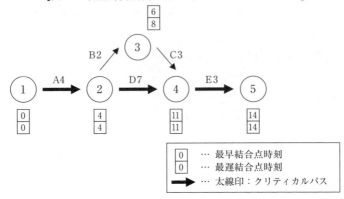

図2より、クリティカルパス（最短プロジェクト遂行期間）は、14（＝A4＋D7＋E3）であることがわかる。

【手順②：必要短縮時間の確認】

図1および図2より、時間短縮に関する以下の点が確認、検証できる。
・作業Aは、現在の所要期間5から最短所要期間の4に短縮することが必要となる。
・同様に、作業Dは9から7に、作業Eは5から3に短縮が必要となる。
・作業B（所要期間6）および作業C（所要期間7）は、現状のままでは、短縮後の作業Dの所要期間7よりも長くなり、最短期間の達成は不可能である（図3参照）。

【図3　作業B、作業C、作業Dの関係図】

作業Bと作業Cの所要期間の合計を、短縮後の作業Dの所要期間と同様に7まで短縮する必要がある（短縮には費用がかかるので、最低限の短縮で済ませたい）。

【手順③：最小費用の確認】

費用面を考慮して、作業Bと作業Cの短縮を図る。
・作業Bと作業Cでは、単位時間当たりの短縮費用が小さい作業Bを優先して短縮する。
・作業Bは、現在の所要期間6から最短所要期間の2まで短縮する。
・作業Cは、Dの最短所要期間7からBの最短所要期間2を除いた所要期間5まで短

縮する。

これらをもとに、最小費用を実現した最短プロジェクト遂行期間に基づくアローダイヤグラムを作成すると、以下のようになる。

【図4　最小費用を実現した最短プロジェクト遂行期間に基づくアローダイヤグラム】

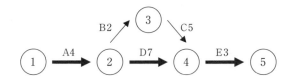

これらをもとに、各作業の短縮期間および短縮費用をまとめると、以下のようになる。

作業名	現在の所要期間（①）	短縮後の所要期間（②）	必要短縮日数（③＝①－②）	単位時間当たりの短縮費用（万円）（④）	短縮費用合計（③×④）
A	5	4	1	10	10
B	6	2	4	50	200
C	7	5	2	90	180
D	9	7	2	30	60
E	5	3	2	40	80
合計	―	―	―	―	530

最短プロジェクト遂行期間となる条件を達成したときの最小費用は530となる。
よって、**ウ**が正解である。

第12問

線形計画法による利益向上のための方策を問う問題である。線形計画法とは、目的関数と制約条件を数式で表し、その条件下で目的関数を最大化（または最小化）する解を求める方法である。

本問は3台の機械について検討が必要となり、計算も伴うため、当初は着手せず、時間が余れば最後に対応するといった取り組みが求められる。

まず、概観として、単位利益が大きい製品Yの生産に注力したほうが利益を上げやすいことは読み取ることができる。

【図1 問題に与えられた図】

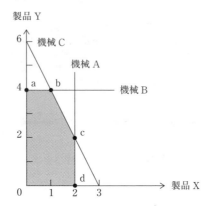

図1のグレーの部分の組み合わせが、制約条件下における生産可能な組み合わせである。生産量は多いほど利益が向上するため、グレーの部分の中よりも、可能な限り外側の組み合わせで生産したい。図1の各点の生産量および総利益は以下のとおりである。

	製品Xの生産量（単位利益3）	製品Yの生産量（単位利益5）	総利益	
点a	0	4	20	（生産量を見れば点bより利益が少ないのは明らか）
点b	1	4	23	（最大）
点c	2	2	16	
点d	2	0	6	（生産量を見れば点cより利益が少ないのは明らか）

以下は、各選択肢の方策を実施した後の生産量および総利益である。

【図2 選択肢**ア**】

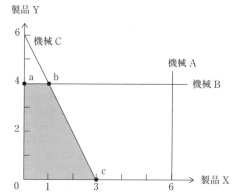

	製品Xの生産量 （単位利益3）	製品Yの生産量 （単位利益5）	総利益	
点a	0	4	20	（生産量を見れば点bより利益が少ないのは明らか）
点b	1	4	23	（最大）
点c	3	0	9	

【図3 選択肢**イ**】

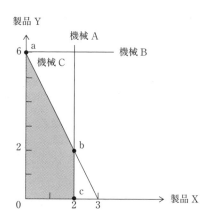

47

	製品Xの生産量 (単位利益3)	製品Yの生産量 (単位利益5)	総利益	
点a	0	6	30	(最大)
点b	2	2	16	
点c	2	0	6	(生産量を見れば点bより利益が少ないのは明らか)

【図4　選択肢**ウ**】

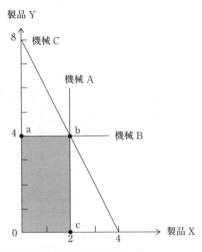

	製品Xの生産量 (単位利益3)	製品Yの生産量 (単位利益5)	総利益	
点a	0	4	20	(生産量を見れば点bより利益が少ないのは明らか)
点b	2	4	26	(最大)
点c	4	0	12	(生産量を見れば点bより利益が少ないのは明らか)

【図5 選択肢エ】

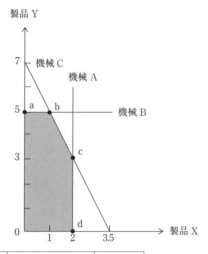

	製品Xの生産量 （単位利益3）	製品Yの生産量 （単位利益5）	総利益	
点a	0	5	25	（生産量を見れば点bより利益が少ないのは明らか）
点b	1	5	28	（最大）
点c	2	3	21	
点d	2	0	6	（生産量を見れば点cより利益が少ないのは明らか）

上記より、図3（選択肢**イ**）の点aが総利益30で最大となる。

よって、**イ**が正解である。

第13問

代表的な発注方式に関する問題である。

ア ◯：正しい。本肢の内容のとおり、定量発注方式は、「発注時期になるとあらかじめ定められた一定量を発注する在庫管理方式。備考　一般には、発注点方式を指す。」（JIS Z 8141-7312）と定義されている。

イ ✕：定期的に発注する方式」とは、定期発注方式を指している。定期発注方式は、「あらかじめ定めた発注間隔で、発注量を発注ごとに決めて発注する在庫管理方式」（JIS Z 8141-7321）と定義されている。**定期発注方式は、発注する度に需要予測を**

行い、発注量を算出する必要があるため、適用には熟練を要する（定量発注方式の方が、適用が容易である）。また、ABC分析とは、「多くの在庫品目を取り扱うときそれを品目の取り扱い金額または量の大きい順に並べて、A、B、Cの３種類に区分し、管理の重点を決めるのに用いる分析」（JIS Z 8141-7302）のことである。取り扱い金額または量の大きい品目はA品目と称され、需要予測に基づいた精度の高い在庫管理を行うために**定期発注方式を適用する**ことが多い。（取り扱い金額または量の小さいC品目には、適用が容易な定量発注方式などを適用することが多い）。

ウ ✕：ダブルビン方式は、定量発注方式の簡易版である。同容量の在庫が入った容器（ビン）を２つ用意しておき、一方の容器が空になり、他方の在庫を使用し始めたときに１つの容器の容量を発注する方式である（**毎回の発注量を２ロットずつに固定することを意味するものではない**）。

エ ✕：選択肢**イ**の解説にあるとおり、発注する時点が固定される発注方式は、**定期発注方式**である。なお、発注点方式とは、選択肢**ア**の解説にあるとおり、定量発注方式を意味する。

よって、**ア**が正解である。

第14問

仮説検定に関する問題である。本問では、１つの製品に対する母集団の分散（母分散）に関する検定を行っているため、「カイ２乗検定」を用いて仮説検定を行う。

ア ✕：新設備で製造した10個の標本の分散（標本分散）を求めて母分散（23.5）と比較しているだけでは、**仮説検定（カイ２乗検定）とはいえない**。

イ ✕：上記のとおり、標本は１つ（製品Aのみ）なので、**カイ二乗検定**を用いる。なお、２つの標本（製品Aと製品Bなど）の分散を比較する場合には、F検定を用いる。

ウ ✕：検定統計量は、偏差平方和÷母分散（$\sigma^2 = 23.5$）である。偏差平方和は、検定統計量の分子に該当する。

エ ○：正しい。対立仮説の内容によって「両側検定か片側検定」が決まるので帰無仮説の棄却域に影響を与える。また、有意水準以下を帰無仮説の棄却域に設定するため影響を与える。さらに、データ数によって、有意差の判定に影響が出る場合がある。データの数が少なすぎる場合には、実質的には差があっても有意差がないと検定されやすくなるため、有意水準を多少大きく設定したほうがよいと考えられる。よって、データ数も帰無仮説の棄却域に影響を与える。

オ ✕：バラツキが抑制できたかを仮説検定で知りたいので対立仮説は「$\sigma^2 <$

23.5」と設定する。

よって、**エ**が正解である。

第15問

DI分析に関する問題である。DI分析とは、生産現場における生産設備などの間の距離（Distance）と関係強度（Intensity（運搬量を表す））を図示し、レイアウト案の評価を行うときなどに用いられる分析手法である。

【DI 分析図】

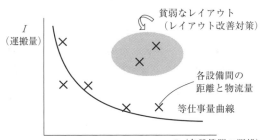

（『生産と経営の管理』吉本一穂・伊呂原隆著　日本規格協会　P.115をもとに作成）

ア ×：Distanceは、工程間の**運搬距離**を表す。

イ ×：Intensityは、生産設備などの間の物流量を表す。レイアウトを変更することによって、特定の生産設備の間の運搬距離（Distance）は変化する。一方、**生産設備などの間の運搬量（Intensity）は、生産量や生産方法によって決まるものであり、レイアウトによって変化するものではない。**

ウ ○：正しい。DI分析を行うことにより、たとえば、運搬量が多い生産設備間の距離が長いレイアウトになっている、などの現状レイアウトの弱点を発見することができる。

エ ×：上図のように、DI分析の右下にプロットされた工程間の運搬は、**運搬量が少なく、運搬距離は長く設定されている**。このような場合の運搬には、**台車や運搬車両などが用いられる**。一般的に、ベルトコンベアは、工程間の運搬量が多く、運搬距離が短い（DI分析の左上にプロットされた工程間）の運搬に用いられる。

よって、**ウ**が正解である。

第16問

ライン生産のサイクルタイムおよび生産量に関する問題である。問題文の「3名の作業者で分担して作業を行う」という表現や、表内の「優先作業（当該作業の前に行

う必要がある作業)」などの表現から、ライン生産の設定であることを確認したい。また、問題文の「単位時間当たりの生産量が最も多いもの」という表現や、各選択肢で作業配分について問われていることから、サイクルタイムについて問われていることを確認したい。

サイクルタイムは「生産ラインに資材を投入する時間間隔。備考　通常製品が産出される時間間隔に等しい」(JIS Z 8141-3409) と定義されている。また、サイクルタイムは、要素作業時間の最長時間と同じもしくはそれよりも長く設定する必要がある。サイクルタイムは、以下の計算式で算出する考え方がある。

$$サイクルタイム = \frac{生産期間}{(生産期間中の) \ 生産量}$$

上式より、(分子の) 生産期間を一定とした場合、(分母の) 生産量を最大にするためには、サイクルタイムを最短にする必要がある。サイクルタイムは、上記のとおり、要素作業時間の最長時間の影響を受ける。

以上より、本問で問われているのは、

① 各選択肢の作業配分案について、各作業者の作業時間を算出し、そのうち「最大となる作業者の作業時間 (ボトルネック)」を特定する。

② ①の各選択肢の「最大となる作業者の作業時間」のうち、最短の案を選ぶ

の2点であることが読み取れる。

各選択肢における作業者ごとの作業時間は以下のとおりである。

【選択肢**ア**の作業配分】

作業者	担当作業	作業時間	
作業者①	A (10) ＋B (10) ＋C (30) ＋D (15)	65	(最大)
作業者②	E (10) ＋F (50)	60	
作業者③	G (25)	25	

【選択肢**イ**の作業配分】

作業者	担当作業	作業時間	
作業者①	A (10) ＋B (10) ＋C (30) ＋D (15)	65	(最大)
作業者②	E (10) ＋Fの半分 (25)	35	
作業者③	Fの半分 (25) ＋G (25)	50	

【選択肢**ウ**の作業配分】

作業者	担当作業	作業時間	
作業者①	B (10) ＋C (30) ＋D (15)	55	
作業者②	E (10) ＋F (50)	60	(最大)
作業者③	G (25) (※)	25	

52

※作業A（箱を組み立てる）について、あらかじめ行っておく旨が示されているため、要素作業時間には含めなくてよい。

【選択肢**エ**の作業配分】

作業者	担当作業	作業時間
作業者①	C（30）＋D（15）＋E（10）	55 （最大）
作業者②	F（50）	50
作業者③	G（25）（※）	25

※作業A（箱を組み立てる）および作業B（品物にシールを貼る）について、あらかじめ行っておく旨が示されているため、要素作業時間には含めなくてよい。

各選択肢の最大作業時間のうち、最短となるのは選択肢**エ**の作業者①（55）となる。よって、**エ**が正解である。

第17問

標準時間の設定に関する問題である。

a ✕：前半の「作業を遂行するために必要と認められる遅れの時間」は余裕時間の定義そのものである（JIS Z 8141-5504）ため、正しい。しかし、後半の余裕率は、「**標準時間（あるいは正味時間）に占める余裕時間の割合**」のことであるため、不適切である。

b ✕：前半のレイティング係数の求め方は正しい。しかし、後半の記述は、「ストップウォッチを用いて観測された**観測時間の代表値にレイティング係数を掛ける**ことによって正味時間を求める」となるため、不適切である。

c ○：正しい。PTS法は「人間の作業を、それを構成する基本動作にまで分解し、その基本動作の性質と条件に応じて、あらかじめ決められた基本となる時間値から、その作業時間を求める方法」（JIS Z 8141-5209）と定義されている。本肢の内容は、はばPTS法の定義どおりである。

d ○：正しい。本肢の内容は、標準時間の定義（JIS Z 8141-5502）どおりである。

よって、**c**と**d**が適切であるため、**オ**が正解である。

第18問

IEの作業分析に関する問題である。作業の区分、および分析手法とその順序が問われており、IEの体系に関する理解が問われる問題となっている。

ア ✕：分割区分【1】は全体の工程の流れを分析しており、工程分析の対象となることは正しい。工程分析では、各作業を加工・**停滞**・検査・運搬の4つに大別して記号化する。

53

イ ✕：ストップウォッチを用いて直接作業時間を測定するストップウォッチ法は、「時間研究」の手法のひとつである。時間研究とは「作業を**要素作業または単位作業に分割し、その分割した作業を遂行するのに要する時間を測定する手法**」（JIS Z 8141-5204）と定義される。「作業」は、大まかな工程からそれを分割した細かい動素に至るまで、段階的に分けてとらえることができる。

【作業の区分】

段階	作業の名称	内容	例
第1段階	動素 （動作要素）	微動作ともよばれ、 サーブリッグ分析の対象となる。	「伸ばす」 「つかむ」
第2段階	動作	「動素」の集合体	「材料を置く」 「位置を決める」
第3段階	要素作業	「動作」の集合体	「部品を機械に取り付ける」 「部品を作業台に置く」
第4段階	単位作業	「要素作業」の集合体	「材料点検」 「測定」
第5段階	工程	「単位作業」の集合体	「切削」 「検査」

　問題の分割区分に当てはめると、分割区分【1】が第5段階「工程」、【2】が第4段階「単位作業」、【3】が第3段階「要素作業」（もしくは第2段階「動作」）、【4】が第1段階「動素」となる。本肢の内容に戻ると、**時間分析の対象となるのは、分割区分【2】や【3】となり、分割区分【4】はストップウォッチ法の対象とはならない。**問題に与えられた表の分析手法の区分では、【2】と【3】が同じグループとなっていることからも、【3】と【4】を同じグループとする本肢の内容は、不適切と判断したい。

ウ ✕：「動作要素」という表現や分割区分【4】の各作業の表現から、サーブリッグ分析を行っているものと考えられる。**サーブリッグ分析は、作業自体を無駄のない動きに改善すること（ECRSの原則のS（簡素化））を目的とするものではなく、無駄な作業を削減すること（ECRSの原則のE（排除））を目的とするものである。**

エ ◯：正しい。工程分析には、作業者を対象とした「作業者工程分析」と、物を対象とした「製品工程分析」がある。作業者工程分析では、各作業が「作業・移動・手待ち・検査」と表現され、製品工程分析では、各工程が「加工・運搬・停滞（貯蔵・滞留）、検査（数量検査・品質検査）」と表現される。たとえば、製品工程分析における図記号「○」は、加工を表すが、作業者工程分析においては作業を表すなど、意味が異なる。

　よって、**エ**が正解である。

第19問

保全体制と保全費に関する問題である。

【保全活動の分類】

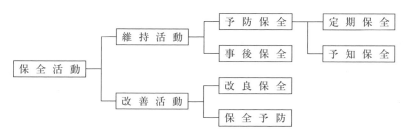

また、上図の「維持活動」については、以下のように分類されることもある。

【維持活動の分類】

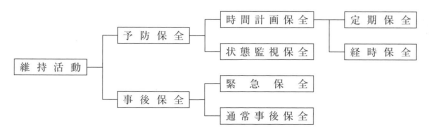

(出所:中央職業能力開発協会編『ビジネス・キャリア検定試験 標準テキスト【専門知識】生産管理プランニング(生産システム・生産計画) 2級』社会保険研究所をもとに作成)

この分類によると予防保全は、時間計画保全と状態監視保全とに分かれる。
●時間計画保全:スケジュールに基づいて行う予防保全
　　　　　　　・定期保全:予定の時間間隔で行う保全
　　　　　　　・経時保全:予定の累計動作時間に達したときに行う保全
●状態監視保全:使用中の動作状態の確認、劣化傾向の検出などを目的として、連続的・定期的・間接的に状態を監視して行う予防保全。重要設備などに行う。

a　✕:故障が頻発しているような状況で費用の多くが故障の修復に使われているのであれば、機械設備の性能を維持するための「維持費用(会計上は修理費)」の比率が高くなる。一方、保全費のうち、機械設備の性能を向上するための「改良費用」の比率は低くなる。

b　○:正しい。寿命特性曲線(バスタブ曲線)の初期故障期から偶発故障期に移行

し、設備が安定稼働するようになると、使用中の動作状態の確認、劣化傾向の検出などを目的とした状態監視保全によって不具合の原因を事前に処置できるようになる。そのため、不具合が発生してから処置を行う事後保全の頻度は低くなり、事後保全費を低減することができる。

c　×：状態監視保全の結果の解析が進むと、スケジュールに基づいて行う予防保全である**時間計画保全の保全周期を長くする（保全の頻度を少なくする）**ことができ、保全費全体は減少する。

d　○：正しい。保全費とは、設備保全活動に必要な費用で、設備の新増設などの固定資産に繰り入れるべき支出を除いたものである。会計上の修理費のほかに、保全予備品の在庫費用などを含む。

よって、**b**と**d**が適切であるため、**オ**が正解である。

（出典：日本経営工学会編『生産管理用語辞典』日本規格協会）

第20問

設備総合効率に関する問題である。

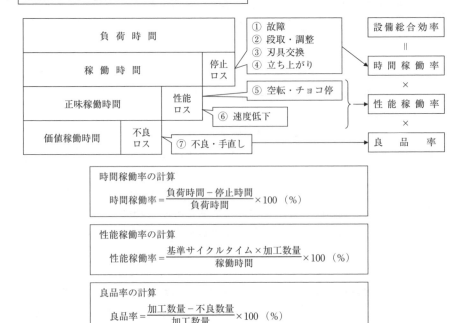

ア ✕：作業方法を変更して段取時間を短縮すると、停止時間（停止ロス）が短くなるため、**時間稼働率**が向上する。

イ ✕：設備の立ち上げ時間を短縮すると、停止時間（停止ロス）が短くなるため、時間稼働率が**向上する**。

ウ 〇：正しい。チョコ停（設備のトラブルにより、一時的に設備が停止・空転する現象）の総時間を削減すると、性能稼働率が向上する。

エ ✕：不適合率を改善すると、**良品率**が**向上する**。

よって、**ウ**が正解である。

第21問

生産の合理化に関する問題である。

ア ✕：ECRSの原則は、作業を改善する際に、より良い案を得るための指針として用いられる問いかけの頭文字をつなげたものであることは、正しい。問いかけは、E（Eliminate：なくせないか）、C（Combine：一緒にできないか）、R（Rearrange：順序の変更はできないか）、S（**Simplify**：単純化できないか）の順に行われる。本肢に、最後にする問いかけとして示されたStandardizationは「標準化」であり、これは選択肢**イ**の3Sに含まれるものである。

イ 〇：正しい。3Sとは、合理化の基本原則であり、標準化（Standardization）、単純化（Simplification）、専門化（Specialization）の頭文字を並べたものである。これらは、生産活動のみならず、企業活動全般に適用することが可能である。

ウ ✕：本肢の内容は、**同期化**の説明である。同期化は、「生産において分業化した各工程（作業）の生産速度（作業時間や移動時間など）、稼働時間（生産開始・終了時刻など）や、それに対する材料の供給時刻などをすべて一致させ、仕掛品の滞留、工程の遊休などが生じないようにする行為」（JIS Z 8141-1212）と定義されている。単純化は、選択肢**イ**の3Sのひとつであり、製品や仕事の種類を減らして生産を簡略化することである。

エ ✕：動作経済の原則が、作業を行う際に最も合理的に作業を行うための経験則であることは、正しい。一方で、フールプルーフは、人間（作業者）がミスをした場合でも、そのミスによって生産上のエラーが発生しないように組み込まれる仕組みのことをいう。両者は、**直接的に関連するものではない**。

よって、**イ**が正解である。

第22問

環境保全に関する問題である。

ア ✕：ISO14001の基本的構造が、環境マネジメントを継続的に改善していくためのPDCAサイクルであることは正しい。しかし、ISO14001は、ボトムアップ型のマネジメントを想定しているのではなく、**ISOの要求事項に基づいたトップダウン型のマネジメントを想定している。**

イ ○：正しい。エコアクション21とは、環境省が策定した日本独自の環境マネジメントシステム（EMS）である。ISO14001を参考としつつ、中小事業者にとっても取り組みやすい環境経営システムのあり方を想定している。エコアクション21のガイドラインに沿った取り組む事業者は第三者機関である中央事務局の認証・登録を受けることができ、登録事業者は「環境経営レポート」の作成と公表が必須となっている。

ウ ✕：環境会計とは、環境省により「企業等が、持続可能な発展を目指して、社会との良好な関係を保ちつつ、環境保全への取組を効率的かつ効果的に推進していくことを目的として、事業活動における環境保全のためのコストとその活動により得られた効果を認識し、可能な限り定量的（貨幣単位または物量単位）に測定し伝達する仕組み」と定義されている。本肢の内容は、「物品等の調達」に焦点を当てた活動となっているが、環境会計は、**調達のみならずすべての経営活動が対象となる。**

エ ✕：環境マネジメントシステムとは、環境省により「組織や事業者が、その運営や経営の中で自主的に環境保全に関する取組を進めるにあたり、**環境に関する方針や目標を自ら設定し**、これらの達成に向けて取り組んでいくための工場や事業所内の体制・手続き等の仕組み」と定義されている。**方針や目標は個々の企業が定めるものであり、国が定めるものではない。**なお、環境マネジメントシステムの認定の仕組みとして、選択肢**ア**のISO14001や、選択肢**イ**のエコアクション21がある。

よって、イが正解である。

第23問

大規模小売店舗立地法に関する問題である。2000年6月に施行された大規模小売店舗立地法は、中心市街地活性化法と都市計画法とあわせて、まちづくり三法とよばれている。

ア ✕：大規模小売店舗立地法において、店舗に設置されている消火器具や火災報知設備などの機器点検に関する規定はない。消火器具や火災報知設備などの消防用設備等の点検について定めているのは消防法である。

イ ✕：大規模小売店舗立地法の目的は、大規模小売店舗の立地に関し、その周辺地

域の生活環境の保持のため、大規模小売店舗を設置する者によりその施設の配置および運営方法について適正な配慮がなされることを確保することにより、小売業の健全な発展を図り、もって国民経済および地域社会の健全な発展ならびに国民生活の向上に寄与することにある。本肢の目的は、2000年6月に廃止された大規模小売店舗法の目的である。

ウ ✕：大規模小売店舗立地法の対象は、店舗面積が1,000㎡を超える小売業を営む店舗である。対象に飲食店が含まれないのは正しい。

エ ✕：大規模小売店舗の設置者が正当な理由なく勧告に従わない場合、その旨を公表できるのは、**都道府県**である。

オ 〇：正しい。大規模小売店舗を設置するものが配慮すべき施設の配置および運営方法に関する事項として、交通の渋滞や交通安全、騒音、廃棄物などに関する事項があげられている。

よって、**オ**が正解である。

第24問

『都市計画運用指針における立地適正化計画に係る概要』における立地適正化計画に関する問題である。立地適正化計画制度は、行政と住民や民間事業者が一体となったコンパクトなまちづくりを促進するために創設された。

ア ✕：居住調整区域とは、住宅化を抑制するために定める地域地区であり、**市街化調整区域には定めることはできない**。

イ ✕：居住誘導区域とは、人口減少の中にあっても一定のエリアにおいて人口密度を維持することにより、生活サービスやコミュニティが持続的に確保されるよう、**居住を誘導すべき区域**である。医療・福祉・商業等の都市機能を誘導するのは都市機能誘導区域である。

ウ 〇：正しい。都市機能誘導区域における誘導施設とは、医療施設、福祉施設、教育文化施設、商業施設等であり、当該区域ごとに立地を誘導すべき都市機能増進施設である。

エ ✕：下図のように、居住誘導区域は**市街化区域等の内部に設定**される必要がある。

59

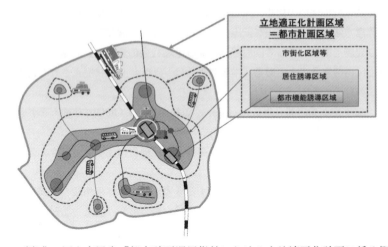

(出典：国土交通省「都市計画運用指針における立地適正化計画に係る概要」)

オ ✕：立地適正化計画では、原則として、**居住誘導区域の中に都市機能誘導区域を定めなければならない**。

よって、**ウ**が正解である。

第25問

商圏分析手法のひとつであるライリー＆コンバースの法則に関する問題である。この法則はコンバースが考えたもので、ライリーの法則を使って、2つの都市の商圏分岐点を算出する。商圏分岐点とは、2つの都市の中間都市が有する購買力を同量ずつ吸引し合う地点のことであり、「2つの都市の人口に比例し、2つの都市間の距離に反比例する」とされる。商圏分岐点は、次のように表される。

$$Db = \frac{Dab}{1 + \sqrt{\frac{Pa}{Pb}}} \quad \text{あるいは} \quad Da = \frac{Dab}{1 + \sqrt{\frac{Pb}{Pa}}}$$

Db ：都市Bと商圏分岐点間の距離
Dab：都市Aと都市B間の距離
Pa ：都市Aの人口
Pb ：都市Bの人口

本問を解く際、A市からの距離かB市からの距離かのどちらを求められているかに注意しなければならない。本問ではB市からの距離を求められているので、下記の計算式で求める。

$$\text{B 市と商圏分岐点の距離} = \frac{15}{1 + \sqrt{\dfrac{48}{12}}} = \frac{15}{3} = 5 \quad (\text{km})$$

なお、問題文では失業率が示されているが、本問においては考慮する必要はない。よって、**ウ**が正解である。

■ 第26問

　平成31年4月に中小企業庁が公表した「平成30年度商店街実態調査報告書」からの出題である。この調査は、商店街の最近の景況や空き店舗の状況、商店街が抱える課題などを明らかにし、今後の商店街活性化施策の基礎資料とすることを目的に3年に1度、実施されている。

　平成30年度の調査結果の概況は、以下のとおりである。

1商店街あたりの店舗数	50.7店前回調査※よりも減少)
1商店街あたりのチェーン店舗数	5.7店（前回調査※より増加）
商店街の業種別店舗数	飲食店（32.2%）が最も多い
商店街組織の専従事務職員	0名の商店街74.8%
外国人観光客の受け入れ	取り組んでいない商店街が77.6%

※前回調査は平成27年度調査

ア ✕：上記のとおり、1商店街あたりのチェーン店数は5.7店であり、前回調査（平成27年度調査）は4.1店であっため、前回調査よりも増加している。

イ ✕：上記のとおり、1商店街あたりの店舗数は50.7店であり、前回調査（平成27年度調査）は54.3店であったため、前回調査よりも減少している。

ウ ✕：上記のとおり、過半数の商店街が外国人観光客の受け入れに取り組んでいない。

エ ✕：上記のとおり、7割超の商店街には専従事務職員はいない。

オ 〇：正しい。飲食店が32.2%で最も多く、次いで衣料品・身の回り品店等（20.1%）、最寄品小売店（15.8%）が多い。

　よって、**オ**が正解である。

（出典：中小企業庁「平成30年度商店街実態調査報告書」（平成31年4月））

■ 第27問

　平成30年6月に公布された建築基準法の一部を改正する法律からの出題である。今回の改正は、「老朽化した木造建築物の建て替えによる市街地の安全性の向上（建築物・市街地の安全性の確保）」や「住宅を他の用途に変更活用しやすくし、空き家対策を

行うこと（既存建築ストックの活用）」、「木材を建築材料として推進し、循環型社会を形成すること（木造建築物の整備推進）」が主な目的である。今回の改正の主な点は下記のとおりである。

建築基準法の一部を改正する法律（平成30年法律第67号）の概要

(1) 建築物・市街地の安全性の確保

　維持保全計画の作成などが求められる建築物の範囲を拡大

　既存不適格建築物の所有者等に対する特定行政庁による指導及び助言の創設　等

(2) 既存建築ストックの活用

　戸建住宅等を他の用途にする場合、条件付きで耐火建築物にすることを不要　等

(3) 木造建築物の整備推進

　耐火構造等とすべき木造建築物の対象の見直し　等

(4) その他

　老人ホーム等に係る容積率制限の緩和　等

ア **✗**：上記の(1)のように、維持保全計画の作成などが求められる建築物の範囲は**拡大された**。

イ **✗**：上記(1)のように、既存不適格建築物の所有者等に対する特定行政庁による指導及び助言は**創設された**。

ウ **◯**：正しい。上記の(2)のように、戸建住宅は、延べ面積200㎡未満かつ３階建て以下の場合は、在館者が迅速に避難できる措置を講じることを前提に、耐火建築物とすることが不要となった。

エ **✗**：上記の(3)のように、耐火構造等とすべき木造建築の対象は、「高さ13m・軒高９m超」であったが、それが「高さ16m超・階数４以上」に見直しされた。選択肢にあるように、**高さ16m超または地上階数４以上が含まれなくなったわけではない**。

よって、**ウ**が正解である。

第28問

経済産業省が公表する「商業動態統計」からの出題である。この調査は全国の商業を営む事業所及び企業の販売活動などの動向を明らかにすることを目的として、百貨店、スーパー、コンビニエンスストア、ドラッグストア、ホームセンターなどの業態別の販売額とその推移等を公表している。

本問は、百貨店、スーパー、コンビニエンスストア、ドラッグストアの４つの業態の年間販売額と５年間の推移のグラフから、グラフに合う業態を選ぶ問題である。2019年商業動態統計年報によると、この４つの業種の2019年の販売額とその推移は下

記のとおりである。

業態名	2019年の年間販売額	販売額の推移の特徴
百貨店	約6.3兆円	2017年から減少傾向
スーパー	約19.4兆円	2018年から2019年は減少
コンビニエンスストア	約12.2兆円	全体的に増加傾向
ドラッグストア	約6.8兆円	全体的に増加傾向

　空欄Aは、最も年間販売額が大きいため「スーパー」が入る。

　空欄Bは、2番目に年間販売額が大きく、毎年順調に伸びているのが特徴である。その特徴から「コンビニエンスストア」が入る。

　空欄Cと空欄Dの年間販売額の差はあまりない。特徴は空欄Cが減少傾向にあり、空欄Dは順調に伸びているところである。その特徴から、空欄Cは「百貨店」が入り、空欄Dには「ドラッグストア」が入る。

　よって、**ア**が正解である。

　（出典：経済産業省「商業動態統計　2019年商業動態統計年報」（令和2年6月））

第29問

　陳列手法に関する問題である。基本的な問題であり、ぜひ正解したい。今回出題された陳列方法の特徴は以下のとおりである。

分類	特　　　　徴
レジ前陳列	購買顧客が必ず通過するレジ前に陳列することから、顧客の目に触れやすく、ついで買いを誘発する効果がある。
ジャンブル陳列	投げ込み陳列のことであり、特売品の陳列に向いている。投げ込みなので陳列の手間は少なく、移動も簡単である。ただし、高額商品には不向き。
フック陳列	フックに引っかけて陳列する手法。文房具など小型で軽量の商品に利用される。商品が見やすく、在庫量を把握しやすい。

a　：本肢の記述内容は、フック陳列の特徴そのものであるため、フック陳列と判断できる。

b　：本肢の記述内の「非計画購買を誘発しやすく」は、レジ前陳列のついで買いに相当する。そのため、本肢の記述は、レジ前陳列である。

c　：本肢の記述は、ジャンブル陳列の特徴そのものであるため、ジャンブル陳列である。

　よって、**エ**が正解である。

第30問

　商品の販売における売価値入率による売価設定及び粗利益額に関する問題である。まず商品A〜Eについて売価値入率による売価を計算し、売価が同じ商品を選ぶ必要がある。仕入単価と売価値入率から、下記の式で売価を求めることができる。

$$売価 = \frac{仕入単価}{1 - 売価値入率}（円）$$

商品A〜Eの売価は以下のようになる。

	仕入単価	売価値入率	売　　価
商品A	480円	20%	600円
商品B	300円	40%	500円
商品C	300円	50%	600円
商品D	800円	20%	1,000円
商品E	600円	50%	1,200円

　表より商品Aと商品Cの売価が同じであることがわかる。次に商品Aと商品Cにおいて、仕入れた数量をすべて設定した売価で販売したときの粗利益額を求めて合計する。各商品の粗利益額を求めるには粗利益率が必要であるが、本問では「すべて設定した売価で販売した」との条件があるため、粗利益率は売価値入率で代用できる。

　　商品Aの仕入れた全数を販売した粗利益額　　　600円×50個×20％＝6,000円

　　商品Cの仕入れた全数を販売した粗利益額　　　600円×100個×50％＝30,000円

　　商品Aと商品Cの粗利益額の合計額　　　　　　6,000円＋30,000円＝36,000円

　　よって、**イ**が正解である。

第31問

　景品表示法における小売店の店頭販促物の表示に関する問題である。景品表示法では、商品・サービスの品質、規格、その他の内容についての不当表示である優良誤認表示、商品・サービスの価格、その他の取引条件についての有利誤認表示、その他誤認される恐れのある表示が禁止されている。

ア　○：正しい。POPに通常価格と併記して「価格は店員にご相談ください」と価格交渉に応じる旨の表示をしても、記載されている価格が価格交渉の出発点を示す価格と認められ、当該価格よりも安い価格で販売されることは来店者も認識していることから不当表示には該当しない。

イ　✕：仕入先からの誤った情報に基づいて小売店が景品表示法に抵触する不当表示をしてしまった場合、表示の内容を決定したのが小売店であれば、過失があるかど

うかにかかわらず、小売店は表示規制の対象となる。

ウ ✕：商品の効果、性能に関する表示を小売店がする場合、製造業者等が行った実証試験・調査等の裏付けとなる合理的な資料があれば**小売店が自ら実証試験・調査等を行う必要はない。**

エ ✕：二重価格表示とは、小売業者が実売価格とともにメーカー希望小売価格や自店の旧価格などを併せて表示することで来店客の購買意欲を刺激する価格表示である。この場合、実売価格と比較される価格を比較対照価格とよび、一般的には①二重価格表示を行う時点からさかのぼった８週間において、当該価格で販売された期間が過半を占め、②当該価格で販売期間が通算で２週間以上であり、③当該価格で販売された最後の日から２週間経過していないことが条件となる。したがって、値下げして販売する際、**値下げ前の価格での販売が１日しかなければ比較対象価格にならず、不当表示に該当する。**

よって、**ア**が正解である。

第32問

商品予算計画の指標についての問題である。基本的な問題であり、ぜひ正解したい。

空欄A「商品回転率」が入る。商品回転率とは一定期間内に、商品が何回転したかを示す指標である。その計算式は次のとおりである。

$$商品回転率 = \frac{売上高}{平均在庫高}$$

問題文のように売上と在庫の関係から管理する指標としては適している。

空欄B「GMROI」が入る。GMROIは小売経営におけるマーチャンダイジング管理の財務的な側面として、商品投下資本の効率を測定し、在庫投資の回収を管理するための指標として用いられる。その計算式は次のとおりである。

$$GMROI = \frac{売上総利益（粗利益）}{平均商品在庫高（原価）} \times 100\%$$

問題文中の「期間中の粗利益率を原価の平均在庫高で除した数値で」という表記から、GMROIが適していると判断できる。

空欄C「交差比率」が入る。GMROIと似た指標であるが、GMROIと違い、商品在庫投資を売価基準で考える。その計算式は次のとおりである。

$$交差比率 = \frac{売上総利益（粗利益）}{平均商品在庫高（売価）} \times 100\%$$

問題文中の「期間中の粗利益額を売価の平均在庫高で除した数値で」という表記から、交差比率が適していると判断できる。

よって、**エ**が正解である。

第33問

　小売店舗における品揃えに関する問題である。基本的な用語の知識があれば、解答は可能である。

ア　✕：総合的な品揃えを、幅の広い顧客を対象にした品揃えと解釈して商品カテゴリーを区分する。各区分に3店舗が品揃えしているカテゴリーを確認する。

区　分	商品カテゴリー	X商店	Y商店	Z商店
ヤング向け婦人服	婦人服A～C	A	A・C	A・B
シニア向け婦人服	婦人服D・E	D	D・E	—
紳士服	紳士服A～C	A・C	—	A・B
服飾雑貨	服飾雑貨A～C	C	A・B	—

　X商店は全ての区分で品揃えをしているのに対し、Y商店では紳士服の品揃えをしておらず、Z商店ではシニア向け婦人服と服飾雑貨の品揃えをしていない。したがって、最も総合的な品揃えをしているのは**X商店**である。

イ　✕：プライスゾーンとは、品揃えにおける価格の上限と下限の幅のことである。本問では価格帯を「低」「中」「高」と区分しており、これに従い3店舗の各価格帯での品揃えの有無を確認する。なお、「低・中」は便宜上、「低」と「中」の両方に計上する。

価格帯	X商店	Y商店	Z商店
低	有	有	有
中	有	有	有
高	無	有	無

　Y商店のみ「低」「中」「高」と全ての価格帯で品揃えを行っており、プライスゾーンが最も広い。

ウ　✕：EDLPとは、「Every Day Low Price」の略であり、すべての商品を、毎日いつでも同業他社よりも低価格で販売することで、恒常的な低価格販売を実現する仕組みである。またプライスラインはそれぞれの品目をいくつかの「よく売れる値頃」に段階的に整理し決定した価格である。本問では「低」「中」「高」の3つの価格帯が示されており、X商店がEDLP政策をとっても、品揃えを変えないのであればプライスラインは「低」と「中」の2つとなる。

エ　○：正しい。専門性の高い品揃えを行うということは、特定のターゲットや特定の商品カテゴリーに絞った品揃えを行うことである。Y商店では、紳士服や男性向けの服飾雑貨を扱っておらず、ターゲットを婦人に絞った品揃えを行っている。し

たがって、Y商店が婦人服Bを追加して取り扱えば、専門性を高めることになる。

オ ✕：関連購買とは、来店客がある商品を購入する際、関連する商品も同時に購買することであり、ターゲットが同じでありながら異なる商品カテゴリー間で生じやすい。Z商店はヤング向けの婦人服と紳士服を品揃えしており、シニア向けの紳士服Cを追加してもターゲットが異なるため関連購買による来店客の買上点数の増加は期待できない。

　よって、**エ**が正解である。

第34問

　最寄品を主に取り扱う小売店舗における在庫管理に関する問題である。最寄品とは、消費者の購買頻度が高く、購買に関する意思決定時間が短い消費財である。したがって、常に店舗では欠品を起こさない程度の在庫を保有しておくことが望ましい。

ア ✕：安全在庫とは、欠品を起こさないために保有しておく在庫である。必要な安全在庫量は、下記の式のように調達期間と需要量の標準偏差によって決まる。

$$安全在庫 = k \times \sqrt{L} \times a$$

　k：品切れ許容率によって決まる係数

　L：調達期間

　a：単位期間の需要量の標準偏差

したがって、ある商品の最大在庫量を2倍にしても、販売量が一定ならば必要となる安全在庫量は変化しない。

イ ✕：たとえば前日の販売量が10個、当日の販売量が8個に減少したとする。発注量が即納されると仮定すれば、前日の販売量の10個を発注した場合、8個しか販売できないため2個が売れ残りとなり在庫量が増加する。したがって、当日の販売量が前日より減少すれば、当該商品の**在庫量は増加**する。

ウ 〇：正しい。定期発注方式とは、あらかじめ発注する時期を決めておき、発注の都度、現在の在庫量や需要量に応じて発注量を決める発注方式である。その発注量は、下記の式で求めることができる。

　発注量 = 在庫調整期間における予想消費量 −（現在の在庫量 + 発注残）+ 安全在庫

　在庫調整期間 = 発注間隔 + 調達リードタイム

　発注間隔：発注してから次の発注までの間

　調達リードタイム：発注してから納入されるまでの間

　上記の式より販売量が一定であれば、発注間隔を短くするほど在庫調整期間における予想消費量が少なくなり、1回あたりの発注量は少なくなる。

エ ✕：定量発注方式とは、在庫量が設定された在庫量（発注点）まで減少した時、あらかじめ決められた一定量を発注する方式である。適正な在庫量を表す理論在庫は、安全在庫にサイクル在庫を加えた在庫である。サイクル在庫とは、発注してから次に発注するまでの消費量の半分の在庫である。**適正な在庫量を表す理論在庫には安全在庫が含まれているため、両者は一致しない。**

オ ✕：定量発注方式では、発注点まで在庫量が下がった時に、あらかじめ決めた発注量を発注する。販売量の減少が続いているのであれば、発注点まで在庫量が下がる期間が長くなる。そのため発注点を変更しなければ**発注間隔は長くなる。**

よって、**ウ**が正解である。

第35問

需要予測に関する問題である。

ア ✕：移動平均法は、直近数か月など、直近の複数の実績データの平均をもとに、需要予測を行う方法であるため、**これから発売する（実績データがない）新商品の需要の予測を行うことはできない。**

イ ✕：指数平滑法における需要量の計算式は、以下のとおりである。

次期予測値＝当期予測値＋a（当期実績値−当期予測値）

a：平滑化定数

当期の実績値と前期の実績値を加重平均するのではなく、**当期予測値に、当期実績値と当期予測値の差に平滑化定数を乗じた値を加えて、次期の予測値を算出するも**のである。

ウ 〇：正しい。重回帰分析では、2つ以上の要因（説明変数）と、それらによって得られる結果（目的変数）との関係を回帰係数として推定することができる。

重回帰分析における回帰係数のモデル：y＝a1x1＋a2x2＋……＋anxn＋b

※　y：目的関数、x1、x2……xn：説明変数、a1、a2……an：偏回帰係数

（偏回帰係数とは、回帰係数を求める際に、各説明変数に付する係数のことである）

エ ✕：重回帰分析では、**各説明変数の間に高い相関が認められるものを選ぶと、適切な分析結果が得られないことがある。**これを多重共線性の問題という。多重共線性の例として、たとえば売上高予測の分析において、本来はマイナス要因である説明変数がプラス要因になるなどの問題が生じることがある。

　　オ ✕：選択肢**イ**の解説にある式の、平滑化定数（$0 < a < 1$）の値を大きくすると、当期実績値の影響をより濃くした時期予測値が算出される。このように、平滑化定数の値を大きくすることにより、**直前の需要の変化に対応した予測を行うことができる。**

よって、**ウ**が正解である。

第36問

　輸送手段等に関する問題である。初見の用語があるかも知れないが、丁寧に問題文を読むと解答できると思われる。

ア　✕：RORO（roll-on roll-off）船とは、貨物を積んだトラックや荷台ごと貨物を輸送する船のことである。荷台ごと貨物を輸送する場合、発地でトレーラーが乗船し貨物を積んだ荷台を切り離して船に置き（roll-on）、トレーラーは下船する。着地では、トレーラーが乗船し、荷台を連結して下船（roll-off）する。RORO船は、フェリーと異なり**貨物船**であり、基本的に客室はない。

イ　✕：中継輸送とは、長距離あるいは長時間に及ぶトラック輸送のときに、**複数人のドライバーが中継地で交代しながら輸送を行う方法**である。ほかに荷台につなぐトラクターを交換する方法や荷台の貨物を積み替える方法がある。

ウ　✕：鉄道輸送よりも**トラック輸送の方が、荷主は出発時間を自由に指定しやすい**。また二酸化炭素排出量の削減のため、トラックから鉄道や船舶に輸送手段を転換することをモーダルシフトという。モーデルシフトの効果として、貨物鉄道の二酸化炭素排出量は、貨物車の二酸化炭素排出量の1/11に抑えることができる。したがって、**輸送トンキロ当たりの二酸化炭素排出量は、鉄道輸送よりもトラック輸送の方が多い**。

【輸送機関別のCO２排出量原単位】

モーダルシフトの効果

(輸送機関別のCO２排出量原単位(１トンの貨物を１km輸送したときのCO２排出量)：2017年度実績)

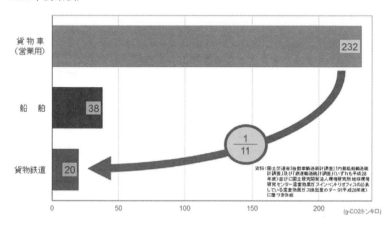

(出典：国土交通省ホームページ「環境面から見た貨物鉄道輸送」
https://www.mlit.go.jp/tetudo/tetudo_tk２_000016.html)

エ ○：正しい。トラックの時間当たりの実車率とは、総走行時間に対する実走行時間の割合のことである。納品先での納品待機時間などの手待ち時間は総走行時間に含まれる。そのため手待ち時間の削減は、時間当たりの実車率を高める効果がある。

オ ×：トラック輸送では、貸切輸送以外にも効率化を目的として複数の荷主の荷物を１台のトラックで運ぶ**混載輸送**も行われている。

よって、**エ**が正解である。

第37問

物流におけるユニットロードおよびその運搬機器に関する問題である。ユニットロードとは、輸送貨物をばらばらではなく、ある単位（ユニット）にまとめることである。

ア ×：複合一貫輸送とは、船舶、鉄道、トラック、航空等の複数の輸送手段を組み合わせて行う輸送方法である。現在、最も多く利用されているのは、海上コンテナを利用した海陸の複合一貫輸送である。複合一貫輸送においては広く**コンテナが使用**されている。

イ ×：平パレットとは、上部に構造物のない差込口のみを持つパレットであり、最も一般的に使用されているパレットである。業種により様々なサイズがあるが、日

本産業規格（JIS）においても一貫輸送用平パレットとして1100×1100×144mmのT11型パレットが規格化されている。

ウ ○：正しい。パレットを使用しなければ、大きさや形状の違う荷物にあわせて積み込みや取り卸しをしなければならない。パレットを使用すれば荷姿を安定させることができ、また複数の荷物をまとめて処理できるため、積み込みや取り卸しなどの荷役効率が高くなる。

エ ✕：ユニットロードにおいては、パレットやコンテナなどを使用してユニット化することで輸送効率を高めて輸送する。したがって、ユニットロード化を推進することは、パレットやコンテナの利用が進むことになる。

オ ✕：ロールボックスパレットは、「かご台車」ともよばれ、かご状に三方を柵で覆い一方が開口されたキャスター付きの台車である。柵で囲まれた範囲内であれば大きさが異なる荷物でも積載することができる。

よって、**ウ**が正解である。

第38問

物流センターの運営に関する問題である。流通情報システムから検品まで幅広い知識が問われている。

ア ✕：ASN（Advanced Shipping Notice）とは、事前出荷明細のことであり、送り先に対して商品を出荷する前に電子データで伝達する出荷案内である。**出荷側が商品の出荷情報を作り、荷受側に伝達する。**

イ ○：正しい：プロセスセンターとは、生鮮食品などの商品の加工や値札付け、包装などを行う物流センターのことである。プロセスセンターを利用することで、店の調理場や冷蔵庫などが不要となりスペースの有効活用が図れる。

ウ ✕：トラック運転手が集品先または納品先の荷主の倉庫内で荷作り、仕分け等の**付帯作業を行うことは、法律では禁止されていない。**ただし、トラックドライバーの長時間労働の是正の観点から、車両総重量が8トン以上または総積載量が5トン以上の車両に乗務した場合、付帯作業を行えば乗務記録に記載しなければならない。

エ ✕：ピッキングする商品品目数がオーダーより多い場合には、**摘み取り方式で行う**のが一般的である。摘み取り方式は、シングルピッキングとよばれ、店単位にピッキングする方法である。

オ ✕：複数の取引先へ同時に出荷する商品が一度に入荷した場合、入荷時に検品しても、どの取引先にいくつ送るのか**出荷時にも検品する必要がある。**

よって、**イ**が正解である。

71

第39問

GS1事業者コードおよびJANコード（GTIN）に関する問題である。JANコードは、国際的にはEAN（European Article Number）コードとよばれ、アメリカやカナダにおけるUPC（Universal Product Coad）と互換性のある国際的な共通商品コードである。

ア ×：JANコードには、標準タイプ（13桁）と短縮タイプ（8桁）の2つの種類がある。

イ ×：JANコードは、「どの事業者コードなのか、どの商品か」を表わす世界共通の商品識別番号である。

ウ ○：正しい。JANコード標準タイプ（GTIN-13）は、①GS1事業者コード（9桁または7桁）、②商品アイテムコード（3桁または5桁）、③チェックデジット（1桁）で構成されている。

13桁標準タイプ　　　　　　　　　8桁短縮タイプ

4 569951 116179　　4 912345 678904　　4996 8712
①　　　　②　③　　①　　　②　③　　　①　②③
9桁GS1事業者コード　　7桁GS1事業者コード

①…GS1事業者コード
②…商品アイテムコード
③…チェックデジット

エ ×：集合包装用商品コード（GTIN-14）は、企業間の取引単位である集合包装に対して設定される商品識別コードである。先頭の1桁目はインジケーターであり1〜8の数字を使う。次にJANコード標準タイプ（GTIN-13）の先頭12桁を表記し、最後の1桁に改めて計算しなおしたチェックデジットを付けることで合計14桁になる。

オ ×：商品アイテム数が増えてコードが足りなくなったときは、まずは未使用の商品コードがあればそれを使用し、コードの空きが少なくなった場合はGS1事業者コードの追加登録申請が行える。

よって、**ウ**が正解である。

第40問

　２次元シンボルのGS１　QRコードに関する問題である。GS１　QRコードは、商品のパッケージ上に表示されたQRコードを携帯電話やスマートフォンで読み取ることで商品情報サイトへ誘導するために作成された。

a ✕：GS１のキャリア標準として認められている２次元シンボルは、GS１　QRコードとGS１データマトリックスの２種類がある。どちらのコードを使用するかは、事業者が選ぶことができる。

　　　GS1 データマトリックス

（出典：一般財団法人流通システム開発センターホームページ
https://www.dsri.jp/standard/２d-symbol/gs１-qr.html）

b ✕：JANコードは、POSレジ等で事業者名や商品名を読み取るためのコードである。JANコードを複数表示しても商品情報サイトへの誘導は行えない。１つのシンボルで比較すればGS１　QRコードの方がJANコードよりも情報量が大きいことは正しい。

c ○：正しい。GS１　QRコードを利用して商品から商品個別サイトに誘導する手法は、オフラインtoオンライン施策とよばれる。GS１　QRコードをスキャンすると同じブランドや同じメーカーのキャンペーンであっても、消費者を商品個別のサイトに誘導することができる。

　よって、**a**と**b**は誤りであり**c**は正しいため、**オ**が正解である。

第41問

　平成30年６月１日に施行された「割賦販売法の一部を改正する法律」（改正割賦販売法）に関する問題である。近年、クレジットカードを取り扱う加盟店におけるクレジットカード番号等の漏洩事件や不正使用被害が増加していることから、安全・安心なクレジットカード利用環境を実現するために改正された。この改正により加盟店の管理の強化やクレジットカード情報の適切な管理等が求められている。

a ○：正しい。今回の改正により、クレジットカード番号等取扱契約締結事業者に登録制が導入された。またクレジットカード番号等取扱契約締結事業者に契約する加盟店の調査を行い、調査結果に基づいて必要な措置を行うことが義務付けられた。

b ✕：クレジットカードの磁気テープ部分をスワイプして読み取る方式のカード処理機能をもつPOSレジを設置している加盟店は、ICカードに対応したPOSレジに置き換えを行うか、またはICカードに対応した決済端末を導入してPOSレジに接続しなければならない。

よって、**a**は正しく**b**は誤りであるため、**イ**が正解である。

第42問

流通システム標準普及推進協議会が公表している「流通ビジネスメッセージ標準運用ガイドライン（基本編）第2.0版（2018年12月）」に関する問題である。経済産業省の事業の成果として、消費財流通における企業間のEDI取引を促進することによる業務の効率化と高度化、サプライチェーン全体の最適化を図るために「流通システム標準」が制定されている。この標準の維持管理と普及促進のため、流通システム標準普及推進協議会が2009年4月に発足した。

本ガイドラインでは、小売企業と卸売企業・メーカーとの間で使用されるメッセージや預り在庫型センターと卸売企業・メーカーとの間で使用されるメッセージが定められている。

このうち預り在庫型センター納品プロセスで使用されるメッセージは次の4つである。

メッセージ名称	定　義
在庫補充勧告メッセージ	・センターはセンター内の適正在庫を維持するために、卸・メーカに対して在庫補充依頼を勧告する。
入庫予定メッセージ	・卸・メーカは、センターに入庫する商品、入庫する予定日、入庫する予定数量などをセンターに連絡する。 ・卸・メーカは不良在庫となった商品、数量、引き取り予定日などをセンターに連絡する。
入庫確定メッセージ	・センターは卸・メーカから納品されてきた商品を検品し、検品した数量を卸・メーカに連絡する。 ・不良在庫の引取り後、センターは引き取りが確定した旨を卸・メーカに連絡する。
在庫報告メッセージ	・良品在庫、不良在庫などのストック情報を卸・メーカ、小売企業に報告する。 ・良品在庫の入出庫、不良在庫などの引取や精算といった、センター内の総在庫が日々変動する情報を卸・メーカ・小売企業に報告する。 ・在庫管理に関わる指標等結果を報告する。 ・センター内で卸・メーカ責の不良在庫が発生した場合、センターは不良在庫の引き取りを卸・メーカに勧告する。

（出典：流通システム標準普及推進協議会ホームページ「メッセージ別定義一覧表」
https://www.dsri.jp/ryutsu-bms/standard/standard01_1.html）

　このうち預り在庫型センターから卸・メーカーに送られる3種類のメッセージは、在庫補充勧告メッセージ、入庫確定メッセージ、在庫報告メッセージである。入庫予定メッセージは卸・メーカーから預り在庫型センターに送られるメッセージである。また選択肢**b**の購入催促メッセージは、「メッセージ別定義一覧表」では定義されていない。

　よって、**a**在庫補充勧告メッセージ、**d**入庫確定メッセージ、**e**在庫報告メッセージの組み合わせである**イ**が正解である。

第43問

　個人情報保護法に関する問題である。個人情報保護法は、2003年5月23日に成立し一部即日施行、2005年4月1日に全面施行された法律であり、個人情報を取り扱う事業者の順守すべき義務等を定めることにより、個人情報の有用性に配慮しつつ、個人の権利利益を保護することを目的としている。この法律は2017年5月に改正法が施行されている。

a　○：正しい。改正法において、個人情報の定義の明確化を図るため、その情報単

体でも特定の個人が識別できる文字、番号、記号、符号等について、「個人識別符号」という定義を設けた。個人識別符号は①生体情報を変換した符号として、DNA、顔、虹彩、声紋、歩行の態様、手指の静脈、指紋・掌紋、②公的な番号として、パスポート番号、基礎年金番号、免許証番号、住民票コード、マイナンバー、各種保険証等が該当する。

b ○：正しい。改正法において、匿名加工情報の利活用の規定が設けられた。匿名加工情報とは、個人情報を本人が特定できないように加工し、個人情報に復元できないようにした情報である。匿名加工情報を第三者に提供する場合、あらかじめ第三者に提供される匿名加工情報に含まれる個人情報の項目及びその提供方法を公表するとともに、提供する情報が匿名加工情報である旨を明示する必要がある。

c ✕：改正前の個人情報保護法では、取り扱う個人情報の数が5,000以下の中小企業・小規模事業者は適用除外であったが、改正によりこの規定は廃止された。これにより、個人情報を扱う**すべての事業者**に個人情報保護法が**適用される**こととなった。
よって、**a**と**b**は正しく、**c**は誤りであるため、**ア**が正解である。

第44問

RFM分析に関する問題である。問題では、「優良顧客の離反の可能性が高まっていることを注意すべきグループ」について、問われており、①優良顧客の判定、②離反の可能性、についての読み取りが求められる。

① 優良顧客の判定

　　問題文に、「定期的に高頻度で顧客の来店を促すことが重要」と示されているため、F（平均来店間隔日数）が短いa、d、gのグループが優良顧客であると考えられる。

② 離反の可能性

　　高頻度で（平均来店間隔日数が短く）来店している顧客が、しばらく来店しなくなった場合に、離反の可能性が感じられる。優良顧客については、以下のとおりに考えられる。

　　　　グループa：平均7日未満で来店する顧客が、最近14日未満に来店しているため、引き続き優良顧客であると考えられる。

　　　　グループd：平均7日未満で来店する顧客が、最近14日以上90日未満来店していないため、離反の可能性があると考えられる。

　　　　グループg：平均7日未満で来店する顧客が、最近90日以上来店していないため、離反してしまったと考えられる。

よって、**イ**が正解である。

令和元年度問題

令和元年度 問題

第1問 ★重要★

管理指標に関する記述として、最も適切なものはどれか。

ア　稼働率とは、人または機械における就業時間もしくは拘束時間を、有効稼働時間で除したものである。
イ　生産リードタイムは、顧客が注文してからその製品を手にするまでの時間である。
ウ　直行率とは、初工程から最終工程まで、手直しや手戻りなどがなく順調に通過した品物の生産数量を、工程に投入した品物の数量で除したものである。
エ　歩留まりとは、投入された主原材料の量を、産出された品物の量で除したものである。

第2問 ★重要★

生産工程における加工品の流れの違いによって区別される用語の組み合わせとして、最も適切なものはどれか。

ア　押出型と引取型
イ　多品種少量生産と少品種多量生産
ウ　フローショップ型とジョブショップ型
エ　見込生産と受注生産

第3問

ある工場でA～Eの5台の機械間における運搬回数を分析した結果、次のフロムツウチャートが得られた。この表から読み取れる内容に関する記述として、最も適切なものを下記の解答群から選べ。

From\To	A	B	C	D	E
A		12	5	25	
B			11		4
C				2	
D	11				
E		27			

[解答群]

ア　機械Aから他の全ての機械に品物が移動している。

イ　逆流が一カ所発生している。

ウ　他の機械からの機械Bへの運搬回数は12である。

エ　最も運搬頻度が高いのは機械A・D間である。

第4問

加工技術に関する記述として、最も適切なものはどれか。

ア　超音波加工は、液体を加圧して微小穴から噴射し、工作物に衝突させることによって工作物を微小破砕させて、主として切断を行う加工法である。

イ　電子ビーム加工は、波長や位相がよくそろった光を、レンズとミラーで微小スポットに集束させ、このときに得られる高いエネルギー密度を利用して工作物の切断、溶接などを行う加工法である。

ウ　プラズマ加工は、気体を極めて高温にさせ、気体原子を陽イオンと自由電子に解離しイオン化させ、この状態を利用して切断、穴あけ、溶接などを行う加工法である。

エ　レーザ加工は、電子を高電圧によって加速し工作物に衝突させ、発生する熱エネルギーを利用して工作物を溶融させて除去する加工法である。

第5問　　★重要★

要素作業a〜gの先行関係が下図に示される製品を、単一ラインで生産する。生産計画量が380個、稼働予定時間が40時間のとき、実行可能なサイクルタイムと最小作業工程数の組み合わせとして、最も適切なものを下記の解答群から選べ。

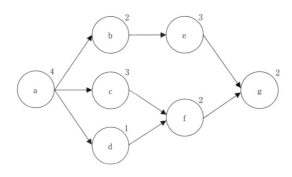

※○は要素作業、○の右上の数字は要素作業時間（分）を表す。

[解答群]
ア　サイクルタイム：6分　　　最小作業工程数：3
イ　サイクルタイム：6分　　　最小作業工程数：4
ウ　サイクルタイム：9分　　　最小作業工程数：2
エ　サイクルタイム：9分　　　最小作業工程数：3

第6問　★重要★

生産座席予約方式に関する記述として、最も適切なものはどれか。

ア　外注に際して発注者が、外注先へ資材を支給する方式である。
イ　組立を対象としたラインや機械、工程、作業者へ、1つの組立品に必要な各種の部品を1セットとして、そのセット単位で部品をそろえて出庫および供給する方式である。
ウ　受注時に、製造設備の使用日程・資材の使用予定などにオーダーを割り付けて生産する方式である。
エ　製造命令書を発行するときに、その製品に関する全ての加工と組立の指示書を同時に準備し、同一の製造番号をそれぞれに付けて管理を行う方式である。

第7問　★重要★

下図は、最終製品Aの部品構成表であり、（　）内は親1個に対して必要な部品の個数である。製品Aを2個生産するとき、必要部品数量に関する記述として、最も適切なものを下記の解答群から選べ。

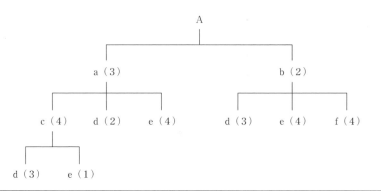

[解答群]
ア　部品 c は12個必要である。
イ　部品 d は36個必要である。
ウ　部品 e は64個必要である。
エ　部品 f は60個必要である。

第8問　★重要★

需要予測に関する記述として、最も適切なものはどれか。

ア　過去の観測値から将来の需要量を予測するために移動平均法を利用した。
イ　過去の観測値ほど重みを指数的に増加させるために指数平滑法を利用した。
ウ　工場の新設に当たっての設備能力を決定するために短期予測を利用した。
エ　次週の生産計画を立案するために長期予測を利用した。

第9問　★重要★

２工程のフローショップにおけるジョブの投入順序を考える。各ジョブ各工程の加工時間が下表のように与えられたとき、生産を開始して全てのジョブの加工を完了するまでの時間（メイクスパン）を最小にする順序として、最も適切なものを下記の解答群から選べ。

ジョブ	J1	J2	J3
第1工程	3時間	5時間	1時間
第2工程	2時間	4時間	6時間

[解答群]

　ア　J1 → J2 → J3
　イ　J1 → J3 → J2
　ウ　J2 → J1 → J3
　エ　J3 → J2 → J1

第10問　★ 重要 ★

　経済的発注量Qを表す数式として、最も適切なものはどれか。ただし、dを1期当たりの推定所要量、cを1回当たりの発注費、hを1個1期当たりの保管費とする。

　ア　$Q = \sqrt{\dfrac{2dh}{c}}$

　イ　$Q = \sqrt{2dch}$

　ウ　$Q = \sqrt{\dfrac{2ch}{d}}$

　エ　$Q = \sqrt{\dfrac{2dc}{h}}$

第11問　★ 重要 ★

　QC 7つ道具に関する記述として、最も適切なものはどれか。

　ア　管理図は、2つの対になったデータをXY軸上に表した図である。
　イ　特性要因図は、原因と結果の関係を魚の骨のように表した図である。
　ウ　パレート図は、不適合の原因を発生件数の昇順に並べた図である。
　エ　ヒストグラムは、時系列データを折れ線グラフで表した図である。

第12問

　工場内の運搬に関する施策として、最も適切なものはどれか。

　ア　工程間の運搬頻度を考慮してレイアウトを見直した。
　イ　工程間の距離情報のみを用いて運搬手段を選択した。
　ウ　離れた工程間を時折運搬する手段としてベルトコンベアを採用した。
　エ　隣接した工程へ頻繁に物を運搬するためにフォークリフトを導入した。

第13問 ★重要★

工程分析に関する記述として、最も適切なものはどれか。

ア 「加工」を表す工程分析記号は◇である。

イ 「加工」を主として行いながら「運搬」することを表す複合記号が存在する。

ウ 「検査」には「計量検査」と「計数検査」の2種類がある。

エ 「停滞」は「貯蔵」と「滞留」に分類されるが、相違点は停滞している時間の長さである。

第14問 ★重要★

ある工程では1人の作業者が製品の箱詰めを行っている。この工程の標準時間を算出するため、作業内容を以下のように作業1と作業2に分割して、時間観測を行うこととした。

作業1 箱を組み立てる。

作業2 製品を5個箱に詰め、テープで封をする。

作業者が「作業1→作業2」のサイクルを5回繰り返したときの各作業の終了時刻を、ストップウオッチ（単位DM、ただし1分＝100DM）を使って観測した。その結果を観測用紙に記入したものが下表である。ただし、観測開始時点のストップウオッチの目盛りは5DMであった。

作業1に関する下記の設問に答えよ。

作業名	作業内容	1	2	3	4	5
作業1	箱を組み立てる。					
		15	36	56	75	100
作業2	製品を5個箱に詰め、テープで封をする。					
		26	47	65	89	110

設問1 ● ● ●

観測時間の平均値（単位：秒）として、最も適切なものはどれか。ただし、観測時間の平均は算術平均を用いる。

ア 6

イ 10

ウ 11

エ 56

設問2 ●●●

レイティング係数が90と観測され、余裕率を5%と設定したときの標準時間（単位：秒）として、最も適切なものはどれか。

ア 5.1

イ 5.7

ウ 6.4

エ 7.1

第15問

ある工程における製品Aの1個当たりの標準作業時間は0.3時間で、適合品率は90%である。この工程を担当する作業者は5人で、1人1日当たりの実働時間は6時間、稼働率は90%である。今期、残り10日間に適合品を900個生産しなければならないことが分かっている。

この場合にとるべき施策として、最も適切なものはどれか。

ア 一部作業の外注化を行う。

イ 次期の仕事を前倒しして行う。

ウ 終業時刻を早めて小集団活動を行う。

エ 特別な施策は必要ない。

第16問 ★重要★

PTS（Predetermined-Time Standard）法に関する記述として、最も適切なものはどれか。

ア 機械によってコントロールされる時間および躊躇や判断を必要とする作業時間も含めて、ほとんどの作業時間を算出することができる。

イ 個人的判断によらない正確かつ公平な時間値を設定する方法である。

ウ 人の行う全ての作業を、それを構成する要素作業に分解し、その要素作業の性質

と条件に応じて、前もって定められた時間値を当てはめる手法である。

エ　標準時間を構成する余裕時間を算出する方法である。

第17問

以下のa～eの記述は、職場管理における5Sの各内容を示している。5Sを実施する手順として、最も適切なものを下記の解答群から選べ。

a　問題を問題であると認めることができ、それを自主的に解決できるように指導する。

b　必要なものが決められた場所に置かれ、使える状態にする。

c　必要なものと不必要なものを区分する。

d　隅々まで掃除を行い、職場のきれいさを保つことにより、問題点を顕在化させる。

e　職場の汚れを取り除き、発生した問題がすぐ分かるようにする。

[解答群]

ア　a→b→c→d→e

イ　b→e→d→c→a

ウ　c→b→d→e→a

エ　d→b→c→a→e

第18問　★重要★

生産保全の観点から見た保全活動の実施に関する記述として、最も適切なものはどれか。

ア　偶発故障期にある設備の保全体制として、部品の寿命が来る前に部品を交換し、故障の未然防止を図る必要があるため、予知保全体制を確立することが重要である。

イ　初期故障期にある設備では、設計ミスや潜在的な欠陥による故障が発生する可能性が高く、調整・修復を目的とした予防保全を実施する。

ウ　設備の故障率は使用開始直後に徐々に増加し、ある期間が過ぎると一定となり、その後劣化の進行とともに故障率は減少する。

エ　定期保全とは、従来の故障記録などから周期を決めて周期ごとに行う保全方式で、初期故障期にある設備に対して実施される。

第19問

　ある工程を自動化するためには、設備の改良に1,000万円を投資する必要がある。この自動化投資を6年で回収するために必要な最小の原価低減額（万円／年）として、最も適切なものを下記の解答群から選べ。計算利率を8％とし、必要ならば下表の換算係数を使うこと。

表　計算利率8％の換算係数

年	現価係数	資本回収係数	年金終価係数
1	0.93	1.08	1.00
2	0.86	0.56	2.08
3	0.79	0.39	3.25
4	0.74	0.30	4.51
5	0.68	0.25	5.87
6	0.63	0.22	7.34
7	0.58	0.19	8.92

[解答群]

　ア　136　　イ　167　　ウ　190　　エ　220

第20問

　TPMに関する記述として、最も適切なものの組み合わせを下記の解答群から選べ。

a　製品のライフサイクル全体を対象とし、災害ロス・不良ロス・故障ロス等あらゆるロスを未然に防止するしくみを構築する。

b　設備効率化を阻害している7大ロスを時間的ロスの面から検討し、設備の使用率の度合いを表した指標が設備総合効率である。

c　経営トップから現場の作業員まで全員参加の重複小集団活動を行うことが特徴で、職制にとらわれない自主的なサークル活動である。

d　ロスを発生させないために行う活動の1つが計画保全活動で、設備が停止した場合の損失影響度を複数の角度から設備評価基準に基づいて評価し、最適保全方式を決める。

87

[解答群]

　ア　aとb　　イ　aとc　　ウ　aとd　　エ　bとc　　オ　bとd

第21問

　動作経済の原則に基づいて実施した改善に関する記述として、最も適切なものの組み合わせを下記の解答群から選べ。

a　機械が停止したことを知らせる回転灯を設置した。

b　径の異なる2つのナットを2種類のレンチで締めていたが、2種類の径に対応できるように工具を改良した。

c　2つの部品を同時に挿入できるように保持具を導入した。

d　プレス機の動作中に手が挟まれないようにセンサを取り付けた。

[解答群]

　ア　aとb　　イ　aとd　　ウ　bとc　　エ　bとd　　オ　cとd

第22問　　参考問題

　わが国のショッピングセンター（SC）の現況について、一般社団法人日本ショッピングセンター協会が公表している「全国のSC数・概況」（2018年末時点で営業中のSC）から確認できる記述として、最も適切なものはどれか。

　なお、立地については、以下のように定義されている。
　　中心地域：人口15万人以上の都市で、商業機能が集積した中心市街地
　　周辺地域：上記中心地域以外の全ての地域

ア　1SC当たりの平均テナント数は約200店である。

イ　2013年と2018年の業種別テナント数の割合を比較すると、物販店の割合は減少し、サービス店の割合は増加している。

ウ　SCを立地別に分類した場合、周辺地域よりも中心地域のほうが多い。

エ　新規オープン1SC当たりの平均店舗面積は、2001年以降、年単位で一貫して増加している。

オ　ディベロッパー業種・業態別SC数において、小売業で最も多いものは、百貨店である。

第23問　★重要★

都市計画法および建築基準法で定められている用途地域と建築物について、床面積が2,000㎡のスーパーマーケットを建築できる用途地域の組み合わせとして、最も適切なものはどれか。

ア　工業専用地域と商業地域
イ　第一種住居地域と商業地域
ウ　第一種住居地域と第二種中高層住居専用地域
エ　第二種中高層住居専用地域と近隣商業地域
オ　第二種低層住居専用地域と準工業地域

第24問

都市再生特別措置法においては、市町村は、都市計画法に規定される区域について、都市再生基本方針に基づき、住宅および都市機能増進施設の立地の適正化を図るための計画（立地適正化計画）を作成することができることとされている。

下図は、国土交通省が平成28年に公表した『都市計画運用指針における立地適正化計画に係る概要』で説明されている立地適正化計画の区域について、その基本的な関係を表したものである。図中のA～Cに該当する語句の組み合わせとして、最も適切なものを下記の解答群から選べ。

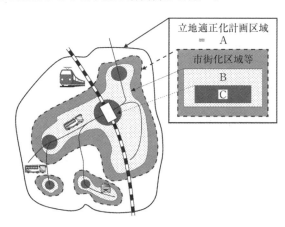

[解答群]

ア　A：市街化調整区域　　B：居住誘導区域　　　C：都市機能誘導区域

イ　A：市街化調整区域　　B：線引き都市計画区域　C：非線引き都市計画区域

ウ　A：市街化調整区域　　B：都市機能誘導区域　　C：居住誘導区域

エ　A：都市計画区域　　　B：居住誘導区域　　　　C：都市機能誘導区域

オ　A：都市計画区域　　　B：都市機能誘導区域　　C：居住誘導区域

第25問

小売店舗（一般住居と併用するものは除く）における防火管理に関する記述の正誤の組み合わせとして、最も適切なものを下記の解答群から選べ。

a　店舗に設置されている消火器具や火災報知設備などの機器点検は、6カ月に1回行わなければならない。

b　店舗に設置されている配線の総合点検は、1年に1回行わなければならない。

c　店舗は、機器点検・総合点検を行った結果を消防長または消防署長へ1年に1回報告しなければならない。

d　店舗は、特定防火対象物ではない。

[解答群]

ア　a：正　　b：正　　c：正　　d：誤

イ　a：正　　b：正　　c：誤　　d：誤

ウ　a：正　　b：誤　　c：正　　d：正

エ　a：誤　　b：正　　c：誤　　d：誤

オ　a：誤　　b：誤　　c：正　　d：正

第26問

食品リサイクル法、およびその基本方針（平成27年策定）に関する記述の正誤の組み合わせとして、最も適切なものを下記の解答群から選べ。

a　主務大臣は、再生利用等が基準に照らして著しく不十分であると認めるときは、食品廃棄物等多量発生事業者に対し、勧告、公表、および命令を行うことができる。

b　食品リサイクル法の基本方針では、再生利用等を実施すべき量に関する目標を、

資本金規模別に定めている。

c　食品リサイクル法の基本方針では、食品廃棄物等の再生利用よりも発生抑制を優先的な取り組みとして位置付けている。

[解答群]

　ア　a：正　　b：誤　　c：正

　イ　a：正　　b：誤　　c：誤

　ウ　a：誤　　b：正　　c：正

　エ　a：誤　　b：正　　c：誤

　オ　a：誤　　b：誤　　c：正

第27問　参考問題

　商店街では、空き店舗の増加および常態化が全国的な課題である。そのため、空き店舗の実態を把握し、有効な空き店舗対策を講じることが期待されている。中小企業庁が調査し、平成29年に公表している『商店街空き店舗実態調査報告書』に関する記述として、最も適切なものはどれか。

　なお、この報告書では、空き店舗とは、「従前は店舗であったものが、店舗として利用可能な状態でありながら利用の予定がない（所有者の利用の意志がない場合も含む）建物」と定義されている。

ア　空き店舗が生じた原因では、「商店主の高齢化・後継者の不在」よりも、「大型店の進出、撤退の影響を受けたため」の方が回答の割合が高い。

イ　空き店舗になってからの経過年数を、「1年未満」、「1年以上～3年未満」、「3年以上～5年未満」、「5年以上」に分類した場合、最も回答の割合が高いものは「5年以上」である。

ウ　空き店舗の所有者の把握を、「所有者を把握している（連絡も取れる）」、「所有者を把握している（連絡は取れない）」、「所有者を把握していない」に分類した場合、最も回答の割合が高いものは「所有者を把握していない」である。

エ　過去3年間に空き店舗が解体・撤去されたもののうち、その後の利用状況として最も回答の割合が高いものは、「新しい店舗」である。

第28問　★ 重要 ★

　店舗Xのある月の営業実績は下表のとおりである。この表から計算される相乗積に関する記述として、最も適切なものを下記の解答群から選べ。

商品カテゴリー	販売金額 （万円）	販売金額 構成比（％）	粗利益率 （％）
カテゴリーA	500	25	20
カテゴリーB	300	15	20
カテゴリーC	200	10	30
カテゴリーD	600	30	40
カテゴリーE	400	20	50
合計	2,000	100	

［解答群］
ア　カテゴリーA～Eの合計の販売金額が2倍になると、各カテゴリーの相乗積の合計も2倍になる。
イ　カテゴリーAの相乗積は50％である。
ウ　カテゴリーAの販売金額も粗利益率も変わらず、他のカテゴリーの販売金額が増加すると、カテゴリーAの相乗積は減少する。
エ　カテゴリーBはカテゴリーCよりも相乗積が大きい。
オ　相乗積が最も大きいカテゴリーは、カテゴリーEである。

第29問

　酒類や医薬品などの販売の制度に関する記述として、最も適切なものはどれか。

ア　健康食品は、顧客に対して薬剤師か登録販売者が対面販売しなければならない。
イ　酒類売場には、酒類を販売する時間帯に酒類販売管理者が常駐しなければならない。
ウ　酒類の陳列場所には「20歳以上の年齢であることを確認できない場合には酒類を販売しない」旨を表示しなければならないが、文字のサイズについては特に定めはない。
エ　酒類販売管理者は同時に複数の酒類販売場の管理者になることができる。

オ 要指導医薬品に指定されていない一般用医薬品は、所定の条件を満たせばインターネットで販売することができる。

第30問 ★重要★

商品の仕入方法のうち、委託仕入に関する記述の正誤の組み合わせとして、最も適切なものを下記の解答群から選べ。

a 中小企業と大企業の間で委託仕入を取引条件とした契約を締結することは禁止されている。
b 委託仕入の場合、小売店に納入された時点で当該商品の所有権が小売店に移転する。
c 委託仕入の場合、小売店は粗利益ではなく販売手数料を得ることになる。
d 委託仕入をした商品の売れ行きが悪い場合、小売店は原則自由に値下げして販売することができる。

[解答群]
ア a:正　b:誤　c:正　d:誤
イ a:正　b:誤　c:誤　d:正
ウ a:誤　b:正　c:誤　d:正
エ a:誤　b:正　c:誤　d:誤
オ a:誤　b:誤　c:正　d:誤

第31問

衣類を販売する売場づくりにおける、ビジュアルマーチャンダイジング（VMD）の考え方に基づくプレゼンテーション方法のうち、フェイスアウトに関する記述として、最も適切なものはどれか。

ア 商品や演出小物を吊り下げて展示する手法である。
イ 商品を畳んで棚に置く陳列手法である。
ウ 商品をピンで壁やパネルに展示する手法である。
エ 商品をマネキンに着せて展示する手法である。
オ ハンガーに掛けて商品の正面を見せる陳列手法である。

第32問

食品表示法に基づく、食品の栄養成分の量と熱量の表示に関する記述として、最も適切なものはどれか。ただし、本問においては、例外規定は考慮に入れないものとする。

ア　一般用加工食品に含有量を表示することが義務付けられている栄養成分は、たんぱく質、脂質、炭水化物およびビタミンである。

イ　業務用食品の場合、容器包装に加え、送り状や納品書にも栄養成分表示をする義務がある。

ウ　生鮮食品の栄養成分を表示することは、認められていない。

エ　店頭で表示されるPOPやポスターなど、食品の容器包装以外のものに栄養成分表示する場合には、食品表示基準が適用されない。

第33問　　★重要★

最寄品を主に取り扱う小売店舗における在庫管理に関する記述として、最も適切なものはどれか。

ア　定期発注方式を採用した場合、安全在庫を計算する際に考慮する需要変動の期間は、調達期間と発注間隔の合計期間である。

イ　定期発注方式を採用した場合、需要予測量から有効在庫を差し引いた値が発注量になる。

ウ　定量発注方式を採用した場合、調達期間が長いほど発注点を低く設定した方が、欠品は発生しにくい。

エ　定量発注方式を採用した場合の安全在庫は、調達期間が1日であれば、常に0になる。

オ　発注点を下回ったときの有効在庫と補充点との差の数量を発注するように運用すれば、補充直後の在庫量は常に一定になる。

第34問　　★重要★

輸送手段の特徴に関する記述として、最も適切なものはどれか。

ア　RORO（roll-on roll-off）船は、貨物を積載したトラックやトレーラーなどの車両をそのまま船内へ積み込んで輸送することが可能である。

イ　鉄道輸送は、鉄道コンテナの大きさが平パレットの規格に合っていないので、一

貫パレチゼーションを阻害する。

ウ　トラック輸送から鉄道輸送へのモーダルシフトは、トラックと鉄道の複合一貫輸送を阻害する。

エ　トラック輸送の長所は、鉄道や船舶での輸送に比べて、輸送トンキロ当たり二酸化炭素排出量が少ないことである。

オ　路線便は、貨物を積み合わせて一車単位にまとまるときに利用するトラックの輸送サービスであり、発地から着地まで積み替えを行わずに直行輸送する。

第35問　★重要★

トラックなど自動車による輸送形態に関する記述として、最も適切なものはどれか。

ア　貨客混載は、バスなど公共交通機関による実施に限られ、トラックによる実施は禁止されている。

イ　共同輸送は、複数の荷主の商品をトラック1台に混載しているため、複数の荷主にとって納品先が一致している場合に限り行われる。

ウ　ミルクランは、複数の荷主を回って商品を集めることである。

エ　ラウンド輸送は、往路の車両の積載率を高める輸送形態であり、復路は空車になる。

第36問　★重要★

チェーン小売業の物流センターの機能に関する記述として、最も適切なものはどれか。

ア　通過型物流センター内の作業工程数は、注文商品を事前に納品先別に仕分けした状態で納品するタイプの物流センターの方が、仕分けしていない状態で納品するタイプよりも多い。

イ　店舗の荷受回数は、物流センターを経由しない場合に仕入先の数だけ荷受が発生したとすると、在庫型物流センターを経由する場合は仕入先の数よりも少ないが、通過型物流センターを経由する場合は仕入先の数と同じである。

ウ　物流センターから店舗へのカテゴリー納品は、商品を売場に補充する作業の時間を短縮する。

エ　物流センターでは、常温で管理できる商品しか取り扱うことができず、低温で管理する必要がある商品は取り扱うことができない。

第37問 　★重要★

物流センターの運営に関する記述として、最も適切なものはどれか。

ア　ASNを用いた入荷検品は、商品の外箱に印字されたITFシンボルや、混載の場合に外箱に貼付されたSCMラベルを読み取った情報と、ASNとを照合することで完了する。

イ　個装には、内容物を保護したり、複数の商品を1つにまとめて取り扱いやすくしたりする機能がある。

ウ　固定ロケーション管理は、在庫量が減少しても、保管スペースを有効に活用できるため、保管効率が高い。

エ　摘み取り方式ピッキングは、商品ごとのオーダー総数をまとめて取り出した後、オーダー別に仕分けることである。

オ　トラックドライバーが集品先または納品先の荷主の倉庫内でフォークリフトを使用することは、法律で禁止されている。

第38問

QRコードやバーコードを用いた電子決済（以下「QR決済」という。）に関する記述として、最も適切なものの組み合わせを下記の解答群から選べ。

a　商品を購入する際に、購入者のQR決済アプリケーションに表示された専用QRコードを、店舗側が店舗の読み取り機で読み取って、決済することが可能な方法である。

b　商品を購入する際に、店舗側では読み取り機を利用しなくても、紙に印刷された専用QRコードを購入者のQR決済アプリケーションで読み取って、決済することが可能な方法である。

c　QR決済アプリケーションが実行できるスマートフォンであっても、日本国内でQR決済を行うには日本製のスマートフォンである必要がある。

d　QR決済では、決済したら即座に引き落とされるプリペイド方式のものしか存在していない。

```
［解答群］
　ア　aとb　　イ　aとc　　ウ　aとd　　エ　bとc　　オ　bとd
```

第39問 ★ 重要 ★

小売業におけるFSP（Frequent Shoppers Program）に関する記述として、最も適切なものの組み合わせを下記の解答群から選べ。

a　FSPデータから顧客セグメントを識別する分析方法として、RFM（Recency, Frequency, Monetary）分析がある。
b　FSPデータから優良顧客層を発見する分析方法として、マーケットバスケット分析が最適である。
c　FSPは、短期的な売上の増加を目指すより、長期的な視点での顧客のロイヤルティを高めることを目指す手段である。
d　FSPは、特売期間を限定せず、全ての顧客に各商品を年間通じて同じ低価格で販売する手段である。

[解答群]
　ア　aとb　　イ　aとc　　ウ　aとd　　エ　bとc　　オ　bとd

第40問

店舗間でPOSデータを比較分析する際の基本的な指標に、PI（Purchase Incidence）値がある。このPI値に関する以下の記述の空欄に入る語句として、最も適切なものを下記の解答群から選べ。

PI値とは、販売点数または販売金額を□□□□で除して調整した数値である。

[解答群]
　ア　顧客カード発行枚数
　イ　在庫点数または在庫金額
　ウ　商圏内人口
　エ　優良顧客数
　オ　レシート枚数またはレジ通過人数

97

第41問　　★ 重要 ★

GS１標準の商品識別コードの総称であるGTINに関する記述として、最も適切なものはどれか。

ア　GTINには７つの種類が存在している。

イ　GTIN-8は、表示スペースが限られている小さな商品にJANシンボルを表示するための商品識別コードである。

ウ　GTIN-12は、中国・韓国で利用されている12桁の商品識別コードである。

エ　GTIN-14は、インジケータ、GS１事業者コード、商品アイテムコード、単価コードの４つの要素で構成されている。

第42問

資金決済に関する法律（資金決済法）は、近年のICTの発達や利用者ニーズの多様化などの資金決済システムをめぐる環境の変化に対応するため、前払式支払手段、資金移動、資金清算、仮想通貨などについて規定している。

以下のa～dの前払式支払手段のうち、資金決済法の適用が除外されるもの、または該当しないものの組み合わせとして、最も適切なものを下記の解答群から選べ。

a　全国百貨店共通商品券

b　収入印紙

c　全国共通おこめ券

d　美術館の入場券

［解答群］
　ア　aとb　　イ　aとc　　ウ　aとd　　エ　bとc　　オ　bとd

第43問

以下のようなID-POSデータがあるとき、データ項目中の顧客ID、年、性別、購買金額の項目の変数を「名義尺度」「順序尺度」「間隔尺度」「比例尺度」の４つの尺度水準のいずれかに分類したい。

このとき、その組み合わせとして、最も適切なものを下記の解答群から選べ。

【ID-POSデータ】

顧客ID	年	月	日	時刻	商品	性別	購買点数 （個）	購買金額 （円）
00001	2019	01	10	1410	A	女性	3	1980
…	…				…	…	…	…

（注）ただし年は西暦、時刻の1410は14時10分を表しているとする。

[解答群]

ア　顧客ID－名義尺度　　年－間隔尺度　　性別－名義尺度　　購買金額－比例尺度

イ　顧客ID－名義尺度　　年－間隔尺度　　性別－順序尺度　　購買金額－比例尺度

ウ　顧客ID－名義尺度　　年－比例尺度　　性別－名義尺度　　購買金額－順序尺度

エ　顧客ID－間隔尺度　　年－比例尺度　　性別－名義尺度　　購買金額－順序尺度

オ　顧客ID－間隔尺度　　年－比例尺度　　性別－順序尺度　　購買金額－比例尺度

令和 元 年度
解答・解説

nswers

令和元年度 解答

問題	解答	配点	正答率	問題	解答	配点	正答率	問題	解答	配点	正答率
第1問	ウ	2	A	第15問	ア	2	B	第30問	オ	3	B
第2問	ウ	2	B	第16問	イ	2	E	第31問	オ	2	C
第3問	エ	2	B	第17問	ウ	2	A	第32問	エ	2	D
第4問	ウ	2	C	第18問	イ	2	D	第33問	ア	2	C
第5問	ア	3	E	第19問	エ	2	D	第34問	ア	2	B
第6問	ウ	2	A	第20問	オ	2	B	第35問	ウ	2	B
第7問	ウ	3	A	第21問	ウ	2	A	第36問	ウ	2	B
第8問	ア	2	B	第22問	イ	2	B	第37問	ア	3	B
第9問	エ	3	A	第23問	イ	3	D	第38問	ア	2	B
第10問	エ	3	B	第24問	エ	2	D	第39問	イ	3	A
第11問	イ	2	A	第25問	ア	2	C	第40問	オ	2	A
第12問	ア	2	A	第26問	ア	2	C	第41問	イ	3	B
第13問	イ	2	B	第27問	イ	2	B	第42問	オ	2	B
第14問 (設問1)	ア	3	C	第28問	ウ	3	B	第43問	ア	2	B
第14問 (設問2)	イ	3	C	第29問	オ	2	B				

※TACデータリサーチによる正答率
　正答率の高かったものから順に、A～Eの5段階で表示。
A：正答率80％以上　　　　　B：正答率60％以上80％未満　　　C：正答率40％以上60％未満
D：正答率20％以上40％未満　E：正答率20％未満

解答・配点は一般社団法人中小企業診断協会の発表に基づくものです。

第1問

管理指標に関する問題である。

ア ✕：稼働率とは「人または機械における就業時間もしくは利用可能時間に対する有効稼働時間との比率」(JIS Z 8141-1237) のことである。よって、有効稼働時間を人または機械の利用可能時間で除した値であり、**本肢の内容は分子と分母が逆になっている**ため不適切である。なお、有効稼働時間とは「生産に直接役立っている時間」のことをいう。

イ ✕：生産リードタイムとは「生産の着手時期から完了時期に至るまでの期間」(JIS Z 8141-3304) のことで、工場内でその製品の原材料の状態から最終的に製品として出荷可能な状態になるまでのトータルの時間のことである。**本肢の「顧客が注文してからその製品を手にするまでの時間」とは、注文リードタイムを指している**ため不適切である。なお理想的には、生産リードタイムは注文リードタイム以下であることが望ましいとされるが、多くの場合は注文リードタイムのほうが短い。そのためメーカーは、見込生産によってある程度の完成品在庫あるいは中間仕掛品在庫をもつことになる。

ウ 〇：正しい。直行率とは、最初の工程に部材などを投入してから最後の工程まで問題なく進み、良品として産出された品物の、工程に投入した品物に対する割合を指す。類似する用語として「歩留まり」があるが、歩留まりは「投入された主原材料の量と、その主原材料から実際に産出された品物の量との比率」(JIS Z 8141-1204) である。歩留まりは不良品を手直しして最終的に良品となった品物も産出された品物に加えるのに対し、直行率は手直しなどがなく産出された品物のみを対象とする点で異なる。

エ ✕：選択肢**ウ**の解説のとおり、歩留まりは「投入された主原材料の量と、その主原材料から実際に産出された品物の量との比率」(JIS Z 8141-1204) であり、**本肢の内容は分子と分母が逆になっている**ため不適切である。

よって、**ウ**が正解である。

第2問

生産工程における加工品の流れによる区別に関する問題である。

ア ✕：押出型と引取型は、生産を行う基準による区別であるため不適切である。押出型とは「プッシュ・システム」の同義語であり「あらかじめ定められたスケジュ

ールにしたがい、生産活動を行う管理方式」（JIS Z 8141-4201）のことである。また引取型とは「プル・システム」の同義語であり、「後工程から引き取られた量を補充するためにだけ、生産活動を行う管理方式」（JIS Z 8141-4202）のことである。

イ ✕：多品種少量生産と少品種多量生産は、製品種類の数と生産量による区別であるため不適切である。多品種少量生産は「多くの種類の製品を少量ずつ生産する形態」（JIS Z 8141-3212）のことである。対して少品種多量生産は、少ない種類の製品を大量に生産する形態である。

ウ 〇：正しい。フローショップ型は、すべての仕事（ジョブ）について、機械設備や装置の利用順序が同一の生産形態のことである。対するジョブショップ型は、機械設備や装置の利用順序が仕事（ジョブ）によって異なる生産形態のことである。これらは加工品の流れの違いによる区別である。

エ ✕：見込生産と受注生産は、注文と生産のタイミングによる区別であるため不適切である。見込生産は「生産者が市場の需要を見越して企画・設計した製品を生産し、不特定な顧客を対象として市場に出荷する形態」（JIS Z 8141-3203）であり、顧客から受注する前に需要予測に基づき生産し、製品を在庫して注文に応じて出荷する形態である。また、受注生産は「顧客が定めた仕様の製品を生産者が生産する形態」であり、顧客から受注した後に生産する形態である。

よって、**ウ**が正解である。

第3問

SLPにおける物の流れ分析のフロムツウチャート（流出流入図表）に関する問題である。

フロムツウチャートは、多品種少量生産の職場の機械設備および作業場所の配置計画をするときに用いられる。物の流れに関する分析を行う資料であり、生産ラインの前工程（From）と後工程（To）の関係を定量的に表し、工程間の相互関係を分析する。作成方法は以下のとおりである。

① その職場のすべての機械設備および作業場所を、表の一番上の行に記載する。この行は行き先を示すので「To」とする。

② 次に「To」と同じ順序で、機械設備および作業場所を、表の一番左の列に記載する。この列は品物の送り元を示すので「From」とする。

③ FromとToの交点のマスに、問題の図のように運搬回数を記入する。なお他に、のべ運搬距離やのべ運搬重量を記入する方法もある。

④ 品物がレイアウト順に流れるのを正流、逆に流れるのを逆流という。正流は図の斜線の上側に、逆流は下側に記入する。

104

From \ To	A	B	C	D	E
A		12	5	25	
B			11		4
C				2	
D	11				
E		27			

ア ✕：図によると、機械Aから他機械への品物の移動は、機械B（12回）、機械C（5回）、機械D（25回）が確認できるが、**機械Eへの移動はない。**

イ ✕：図によると、機械Dから機械Aに11回、機械Eから機械Bに27回の逆流（2カ所）が発生している。

ウ ✕：図によると、機械Bへの運搬回数は、**機械Aから12回、機械Eから27回で、合計39回である。**

エ 〇：正しい。図によると、機械A・D間の運搬回数は36回（機械A→機械D：25回、機械D→機械A：11回）である。他の機械間で最も運搬回数が多いのは、機械B・E間の31回（機械B→機械E：4回、機械E→機械B：27回）であり、機械A・D間の運搬頻度が最も高い。

よって、**エ**が正解である。

第4問

加工技術に関する問題である。

ア ✕：本肢の内容は、**ウォータージェット工法**の説明である。ノズルから噴射される超高圧水のエネルギーによって、工作物を微小破砕させて、切断などを行う加工法である。なお、超音波加工は、工具を超音波振動させ、水などに混ぜた砥粒（切断、研磨などのための硬度の高い粒状または粉末状の物質）で工作物を少しずつ破壊する加工法であり、切断などに用いられる。

イ ✕：本肢の内容は、**レーザ加工**の説明である。レーザ加工は、レーザ光をレンズとミラーで集束させ、高いエネルギー密度を利用して工作物の切断、穴あけ、溶接などを行う加工法である。

ウ 〇：正しい。プラズマとは「正電気を帯びた粒子と、負電気を帯びた電子とがほぼ同じ密度で、したがって、ほぼ電気的中性を保って分布している粒子集団」のことである。プラズマ加工は、この超高温の気体であるプラズマをノズルから噴射し、切断、穴あけ、溶接などを行う加工法である。

エ ✕：本肢の内容は、**電子ビーム加工**の説明である。電子銃により発生した電子ビームを工作物に衝突させ、発生する熱エネルギーを利用して工作物を溶融させる加工法である。

よって、**ウ**が正解である。

第5問

ライン生産のサイクルタイムおよび最小作業工程数に関する問題である。図表の読み取りが難しい問題であり、時間をかけずに正解にたどりつくことは難しい。しかし、サイクルタイムについては見当を付けることができ、そこに気が付けば2択にすることは可能である。

サイクルタイムは「生産ラインに資材を投入する時間間隔。備考：通常製品が産出される時間間隔に等しい」（JIS Z 8141-3409）と定義されている。また、サイクルタイムは、要素作業時間の最長時間と同じもしくはそれよりも長く設定する必要がある。サイクルタイムは、以下の計算式で算出する考え方がある。

$$サイクルタイム = \frac{生産期間}{（生産期間中の）生産量}$$

問題に与えられた「生産計画量が380個、稼働予定時間が40時間」の条件を上式に代入する。

$$サイクルタイム = \frac{2,400（※）}{380} = 6.3\cdots$$

（※）：40（時間）×60＝2,400（分）

「生産計画量が380個、稼働予定時間が40時間」を実現するためには、サイクルタイム（製品産出間隔）を約6.3分以下とする必要がある（約6.3分に1個製品を産出しないと、40時間で380個の生産を行うことはできない）。以上から、選択肢に与えられたサイクルタイム「6分」、「9分」のうち、「9分」を選択することはできず、**この時点で選択肢ア、イの2択となる。**

（参考）サイクルタイム9分、稼働予定時間が40時間のときの生産可能数量

$$（生産期間中の）生産量 = \frac{生産期間}{サイクルタイム}$$

$$= \frac{2,400}{9} = 266.66\cdots ≒ \underline{267（個）}$$

106

また、最小作業工程数は以下のように算出することができる。

$$最小作業工程数 = \frac{要素作業時間の合計}{サイクルタイム}$$

$$= \frac{(4 + 2 + 3 + 1 + 3 + 2 + 2)}{6} = \frac{17}{6} = 2.83\cdots$$

計算上は、最小作業工程数が約2.8であるので、選択肢**ア**の「3」で賄えることとなる。

これをふまえ、各要素作業の先行関係も考慮して作成したピッチダイヤグラムは以下のとおりとなる。

ロスタイム1分

```
            ┌─────────┬─────────┬─────────┐
            │         │         │░░░░░░░░░│
サ          │         │         │         │
イ          │         │  c (3)  │         │
ク          │  a (4)  │  d (1)  │  e (3)  │
ル          │  b (2)  │  f (2)  │  g (2)  │
タ          │         │         │         │
イ          │         │         │         │
ム          │         │         │         │
            └─────────┴─────────┴─────────┘
6                1         2         3
分                                工程数
```

第1工程はa→bの順で作業を行い、仕掛品を第2工程に送る。第2工程はその仕掛品に対してc→d→fの順で作業を行い、仕掛品を第3工程に送る（cとdは順を問わない。d→c→fでも可）。第3工程はその仕掛品に対してe→gの順で作業を行うことで、製品が完成する。

以上より、サイクルタイム：6分、最小作業工程数：3が成立するため、**ア**が正解である。

第6問

生産座席予約方式の定義を問う問題である。生産座席予約方式は「受注時に、製造設備の使用日程・資材の使用予定などにオーダを割り付け、顧客が要求する納期どおりに生産する方式」（JIS Z 8141-3207）と定義されている。

ア ✕：本肢の内容は、**材料支給**の説明である。外注に際して、外注先は生産に必要な材料を自ら調達する場合と、発注者から支給される場合とがある。材料支給は後

者のことをいう。材料支給には、有償支給と無償支給がある。
イ ✕：本肢の内容は、**生産ラインへの部品の供給方式のひとつである同期化供給方式**の説明である。
ウ 〇：正しい。本肢の内容は、上記の生産座席予約方式の定義そのものである。
エ ✕：本肢は、**製番管理方式**の定義である。
よって、**ウ**が正解である。

第7問

部品構成表に関する問題である。問題文にもあるとおり、（　）内は親1個に対して必要な部品の個数であるので、それぞれの部品について下の階層から積を求めることで必要個数を算出することができる。問題文に記載された「製品Aを2個生産する」ことに注意が必要である（製品Aを1個生産すると考えれば、選択肢**ア**を選択してしまう）。

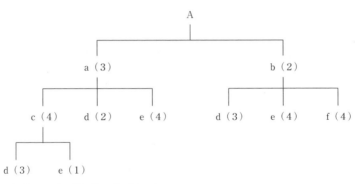

ア ✕：部品cの必要個数は**24個**である。
部品cの必要個数 = 4 × 3 × 2 = 24（個）

イ ✕：部品dの必要個数は**96個**である。
部品dの必要個数 = (3 × 4 × 3 × 2) + (2 × 3 × 2) + (3 × 2 × 2) = 96（個）

ウ 〇：正しい。部品eの必要個数は64個である。
部品eの必要個数 = (1 × 4 × 3 × 2) + (4 × 3 × 2) + (4 × 2 × 2) = 64（個）

エ ✕：部品fの必要個数は**16個**である。
部品fの必要個数 = 4 × 2 × 2 = 16（個）

よって、**ウ**が正解である。

第8問

需要予測に関する問題である。

ア ○：正しい。移動平均法は、過去の観測値を将来の需要量の予測のための材料として用いる需要予測法である。主な算出法に、単純移動平均法、加重移動平均法などがある。

イ ✕：指数平滑法は、**観測値が古くなるにつれて重みを減少させる**移動平均法の一種である。指数平滑法では、下記の計算式のように前回の予測値に、前回実績値と前回予測値の差（誤差）の a 倍した数値を加える（a は $0 \sim 1$ の間の数値となる）。a が 1 に近づくほど誤差の影響を次期の予測値にそのまま反映し、0 に近づくほど誤差の影響を無視することになる。一般に、この a を平滑化定数という。

> 当期予測値＝前回予測値＋ a（前回実績値－前回予測値）

ウ ✕：工場の新設にあたっての設備能力決定など大きな投資を検討する際には、長期にわたり生産する製品とその数量を計画する必要があり、**長期予測を利用する必要がある**。

エ ✕：次週の生産計画を立案するように計画先行期間が短い場合には、**短期予測を利用する**。

よって、**ア**が正解である。

第9問

2工程のフローショップにおけるジョブの投入順序に関する問題である。

フローショップとは、すべてのジョブについて実行されるべき作業が類似のもので、その作業順序にしたがって機械が配置されている多段階生産システムである。フローショップでは、すべてのジョブは機械配置に沿って一方向に流れることになる。その代表的なスケジューリング方法にジョンソン法がある。本問では「生産を開始して全てのジョブの加工を完了するまでの時間（メイクスパン）を最小にする順序」を求められているため、2段階の工程に複数の生産オーダーが出ているときに、全体の作業期間が最短になる順序を算出できるジョンソン法を適用すべきであることがわかる。

フローショップにおいては、下図のとおり必ず以下2つのタイミングで手待ちが発生してしまう。

① 第1工程が最初のジョブの作業をしている間に、後工程である第2工程に手待ちが発生（手待ち①）

② 第2工程が最後のジョブの作業をしている間に、前工程である第1工程に手待ちが発生（手待ち②）

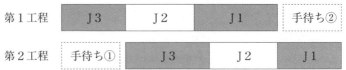

したがって総時間数、つまりメイクスパンを短くするには、①第1工程の最初のジョブが開始されてから、いかに早く第2工程の作業を開始できるか、また②第1工程が最後のジョブを終えてから、いかに早く第2工程の作業を終えられるか、の2点が重要である。本問の場合、①の要件を満たすには、第1工程の最初のジョブには最も加工時間の短いJ3を選び、②の要件を満たすには、第2工程の最後のジョブに最も加工時間の短いJ1を選べばよいことがわかる。

よって、**エ**が正解である。

第10問

経済的発注量に関する問題である。経済的発注量（EOQ：Economic Order Quantity）とは、一定期間内の総在庫費用を最小にする1回あたりの発注量のことである。総在庫費用は一定期間内の在庫費用と発注費用の和で示され、それぞれ以下の式で表すことができる。

在庫費用＝一定期間内の平均在庫量×1個1期あたりの保管費

$$= \frac{Q}{2} \times h$$

Q：1回あたりの発注量
h：1個1期あたりの保管費

発注費用＝1回あたりの発注費×一定期間内の発注回数

$$= c \times \frac{d}{Q}$$

c：1回あたりの発注費
d：1期あたりの推定所要量

また、在庫費用と発注費用、および総在庫費用について、費用と発注量との関係をグラフで図示すると以下のようになる。

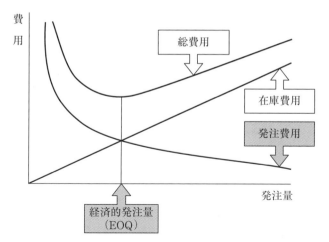

上記のグラフから、在庫費用を表す曲線と発注費用を表す曲線との交点（在庫費用と発注費用が等しくなる発注量）が、総在庫費用を最小とする発注量であることが確認でき、これが経済的発注量となる。よって、経済的発注量は以下の式で表すことができる。

発注費用 ＝ 在庫費用

$$\frac{Q}{2} \times h = c \times \frac{d}{Q}$$

より

$$Q = \sqrt{\frac{2dc}{h}}$$

よって、**エ**が正解である。

第11問

QC 7つ道具に関する問題である。

ア ✕：本肢の内容は、**散布図**の説明である。散布図は、原因系と結果系の定量的なデータをXY軸の座標平面上に打点し、2つのデータの相関性を視覚化する図表である。

イ ◯：正しい。特性要因図は、原因と結果の関係を魚の骨のように矢印でつなぎ、因果関係を視覚的に図示する手法である。魚の骨のような形状からフィッシュボーンともよばれる。

ウ ✕：パレート図は、不適合の原因を発生件数の**降順**に並べた図である。

エ ✕：本肢の内容は、**管理図**の内容である。管理図は、計量値データや計数値データを時系列順に打点し、それらを結んで折れ線グラフで表した図である。

よって、**イ**が正解である。

第12問

工場内の運搬に関する施策を問う問題である。運搬は生産活動に不可欠ではあるものの、運搬自体は付加価値を生む活動ではないため、できるだけ効率化する仕組みの構築が必要となる。

ア ○：正しい。運搬頻度が高い工程同士はできるだけ近くに配置することで運搬の負荷を低減するようなレイアウトが望まれる。

イ ✕：工程間の運搬手段の選択には、距離のみならず、**運搬する物品の量や大きさ、運搬頻度、振動に対する耐性など多様な情報が必要となる。**

ウ ✕：離れた工程間を時折運搬するのであれば、フォークリフトや台車などを用いることが一般的である。ベルトコンベアは、隣接した工程へ頻繁に物を運搬するような稼働率を高められるときに採用が検討される。

エ ✕：選択肢**ウ**の解説のとおり、隣接した工程へ頻繁に物を運搬する場合はベルトコンベアの導入を検討する。フォークリフトは、離れた工程間を時折運搬する場合に導入が検討される。

よって、**ア**が正解である。

第13問

工程分析の基本図記号などに関する問題である。

要素工程	記号の名称	記号	意味
加　工	加　工	◯	原料、材料、部品または製品の形状、性質に変化を与える過程を表す。
運　搬	運　搬	○	原料、材料、部品または製品の位置に変化を与える過程を表す。※ 運搬記号の直径は、加工記号の直径の1／2～1／3とする。 ○ のかわりに⇨を用いてもよい。
停　滞	貯　蔵	▽	原料、材料、部品または製品を計画により貯えている過程を表す。
停　滞	滞　留	◗	原料、材料、部品または製品が計画に反して滞っている状態を表す。
検　査	数量検査	□	原料、材料、部品または製品の量または個数を測って、その結果を基準と比較して差異を知る過程を表す。
検　査	品質検査	◇	原料、材料、部品または製品の品質特性を試験し、その結果を基準と比較してロットの合格、不合格または個品の良、不良を判定する過程を表す。

ア ✕：「加工」を表す工程分析記号は「◯」である。

イ ◯：正しい。複合記号とは、2つの要素工程がもつ機能または状態が、1つの要素工程で同時にとられる場合に、それぞれの要素工程の記号を符合して図示するものである。複合記号は、主となる要素工程の記号を外側に、従となる要素工程の記号を内側に示す。「加工」を主として行いながら「運搬」することを表す複合記号は、「 ⊖ 」となる。

ウ ✕：検査には「**数量検査**」と「**品質検査**」の2種類がある。

エ ✕：本肢前半の「停滞は貯蔵と滞留に分類される」という記述は正しい。しかし、これらの相違点は、停滞している時間の長さではなく、**計画により貯えている状態**（貯蔵）か、**計画に反して滞っている状態**（滞留）かの違いである。

よって、**イ**が正解である。

第14問

標準時間の設定に関する問題である。具体的な作業現場の想定や数値計算を伴い、また「DM」（デシマルミニッツ）と「秒」の変換も必要となったため、難易度は高くなっている。なお、DM（デシマルミニッツ）とは、1分を100DMとする時間単位

である。計測結果の集計や活用において、1分＝60秒よりも、数字のキリがよく使い勝手がよいという長所がある。

　まず、問題文の作業を整理すると、「作業1→作業2」のサイクル作業となっている。また、観測開始時点のストップウォッチの目盛りは5DMであった。作業1の1回目の作業を終えた段階で15DMとなっているため、作業1の1回目は10DM（15DM－5DM）を要したと読み取れる。このように、すべての作業の所要時間を計算すると、以下の表のとおりとなる（**本問は作業1に関してのみ問われているため、解答に際しては作業2の所要時間を計算する必要はない**）。

作業名	作業内容	1	2	3	4	5	
作業1	箱を組み立てる。	*10*	*10*	*9*	*10*	*11*	各回の所要時間
		15	36	56	75	100	
作業2	製品を5個箱に詰め、テープで封をする。	*11*	*11*	*9*	*14*	*10*	
		26	47	65	89	110	

設問1 ● ● ●

　観測時間の平均値が求められている。「算術平均」は統計の用語であるが、一般的な「平均」と考えてよい。上表のように算出した各回の観測時間を合計し、作業回数で除すことで平均値が求められる。最後に「DM→秒」の変換を行うことがポイントとなる。

　　観測時間の平均値（単位：DM）＝（10＋10＋9＋10＋11）÷5＝10（DM）

　　観測時間の平均値（単位：秒）＝10×60÷100＝**6**（秒）

　よって、**ア**が正解である。

設問2 ● ● ●

　標準時間が求められている。手順は以下のとおりである。

　手順①　（設問1）で求めた「観測時間の平均値」にレイティングをかけて「正味時間」を算出する

　手順②　「正味時間」に余裕率を用いた余裕を加えて「標準時間」を算出する

　手順②について、与えられた余裕率が「内掛け法」か「外掛け法」か明示されてなく、双方の可能性を加味して計算する必要が生じたが、結果的には計算結果は同様となった。

＜手順①＞

　　正味時間＝観測時間の平均値×レイティング÷100

　　　　　　＝6×90÷100＝5.4（秒）

114

＜手順②＞

余裕率（内掛け法）の標準時間 ＝ 正味時間×｛1 ÷（1 － 余裕率)｝

$\qquad\qquad\qquad\qquad\qquad\qquad$ ＝5.4×｛1 ÷（1 － 0.05)｝

$\qquad\qquad\qquad\qquad\qquad\qquad$ ＝5.68…≒**5.7**(秒)

余裕率（外掛け法）の標準時間 ＝ 正味時間×（1 ＋ 余裕率）

$\qquad\qquad\qquad\qquad\qquad\qquad$ ＝5.4×（1 ＋ 0.05）

$\qquad\qquad\qquad\qquad\qquad\qquad$ ＝5.67≒**5.7**(秒)

よって、**イ**が正解である。

第15問

余力管理に関する問題である。問題に与えられた条件設定の読み取りに苦慮したり、計算にも時間を要したりする可能性がある。題意としては、「現状の生産体制で期間内に必要生産量を生産することができるか（余力があるか）。できない場合はその対策は何か。」という問いである。その観点から、選択肢**イ**、**ウ**は短期的に余力を確保する施策とはいえないため、選択から除外することができる。よって、**細かい検討をしなくても選択肢ア、エの2択にすることはできる。**

解答の手順は以下のとおりである。

① 適合品を10日間で900個生産しなければならないため、90個／日の適合品の生産が可能かどうかを確認すればよい。

② 適合品率が90％なので、**不適合品を含めた1日あたりの必要生産量は100個で**ある。

　　90（個）÷90％ ＝ 100（個）

③ 1人1日あたりの実働時間6時間、稼働率90％、作業者5人の条件より、1日あたりの作業者の正味稼働時間合計は27時間である。

　　6（時間／人）×90％×5（人）＝ 27（時間）

④ 1個あたりの標準作業時間が0.3時間であるので、1日あたりの生産可能数量は**90個**である。

　　27（時間）÷0.3（時間／個）＝ 90（個）

⑤ ②・④から、「1日あたりの必要生産量100個＞1日あたりの生産能力90個」であり、余力がマイナスとなっている。したがって、「一部作業の外注化」による生産能力の増強が有効となる。

よって、**ア**が正解である。

解答・解説 元年度

115

第16問

標準時間設定法のひとつであるPTS法に関する問題である。PTS法は「人間の作業を、それを構成する**基本動作**にまで分解し、その**基本動作**の性質と条件に応じて、あらかじめ決められた基本となる時間値から、その作業時間を求める方法」（JIS Z 8141-5209）と定義されている。

ア　✕：上記の定義より、PTS法は人間の作業に関する作業時間を求める方法であるため、**機械によってコントロールされる時間は含まない。また、躊躇や判断を必要とする作業時間も考慮していない。**

イ　〇：正しい。ストップウォッチ法などの作業者の作業を直接観測して作業時間を求める手法では、観測した作業者の作業速度（作業時間）を、正常な作業速度（作業時間）に修正するレイティングが行われる。しかし、正常な作業速度を明確な尺度をもって評価することは難しく、観測者の主観によって尺度が異なる場合がある。それに対して、個人的判断によらない正確かつ公平な時間値を設定する方法として開発されたのがPTS法である。

ウ　✕：上記の定義より、「基本動作」とするところが、本肢では「要素作業」となっている点が誤りである。

エ　✕：PTS法は標準時間の算出方法であり、余裕時間を算出する方法ではない。

よって、**イ**が正解である。

第17問

5Sの実施内容および手順に関する問題である。5Sはそれぞれ以下のように定義されている。

① 整理：必要なものと不必要なものを区分し、不必要なものを片付けること

② 整頓：必要なものを必要なときにすぐ使用できるように、決められた場所に準備しておくこと

③ 清掃：必要なものについた異物を除去すること

④ 清潔：整理・整頓・清掃が繰り返され、汚れのない状態を維持していること

⑤ 躾（しつけ）：決めたことを必ず守ること

（JIS Z 8141-5603　備考）

各選択肢の最初の手順が、**a**～**d**までそれぞれ異なるため、最初の手順となる①整理が**a**～**d**のいずれに該当するかを判断できれば、正解にたどり着くことができる。上記定義より、①整理は**c**が該当する。

よって、**ウ**が正解である。

なお、**d**（③清掃）と**e**（④清潔）の文章を判断することは難しいが、上記のとお

り、①整理の選択ができればよいため、正誤判断には影響を与えない。

第18問

　生産保全の観点から見た保全活動に関する問題である。生産保全とは「生産目的に合致した保全を経営的視点から実施する、設備の性能を最大に発揮させるための最も経済的な保全方式。備考　生産保全の目的は、設備の計画、設計・製作から運用・保全をへて廃棄、再利用に至る過程で発生するライフサイクルコストを最小にすることによって経営に貢献することである。」（JIS Z 8141-6208）と定義されている。

　保全の体系や、寿命特性曲線（バスタブ曲線）に関連する詳細な知識が問われており、対応が難しい問題であった。

【保全活動の分類】

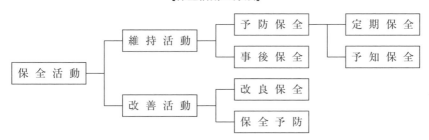

【寿命特性曲線（バスタブ曲線）】

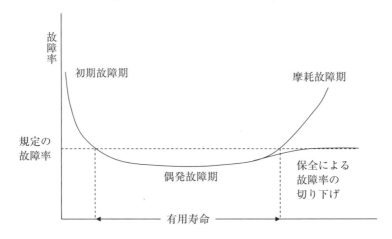

　ア　✕：本肢の内容は、偶発故障期ではなく、摩耗故障期における保全体制の説明である。摩耗故障期には、部品の寿命が来て設備の故障発生が想定されるため、それを未然防止するための予知保全体制の確立が重要となる。一方、偶発故障期は通常、

部品の寿命が来ることはなく、故障率が低い期間である。この期間の故障は、操作ミスや事故などの偶発的なものが多く、事前にその発生時期を予測することは困難である。したがって、**偶発故障期の保全は、事後保全などが基本となる。**

イ ○：正しい。初期故障期は、設備が導入、稼働してから間もない時期に、設備の設計ミスや潜在的な欠陥による故障発生の可能性が高い期間のことをいう。この時期に稼働状況を監視し、故障に至る前の不具合やその予兆に対して調整・修復を目的とした予防保全（予知保全）を適切に行うことで、設備の故障率は大きく低下し、設備の寿命を長くすることができる。

ウ ×：上図のとおり、寿命特性曲線（バスタブ曲線）が示すところは「設備の故障率は使用開始直後に徐々に**減少**し、ある期間が過ぎると一定となり、その後劣化の進行とともに**増加**する。」となる。

エ ×：本肢前半の「定期保全とは、従来の故障記録などから周期を決めて周期ごとに行う保全方式」という説明は正しい。しかし、**初期故障期には、故障記録などの周期を決めるための情報が少なく、適切な保全周期を決めることは困難である。**したがって、初期故障期に予防保全を行う場合は、定期保全ではなく、予知保全が実施されることが一般的である（選択肢**イ**の解説も参照）。

よって、**イ**が正解である。

▰▰ 第19問

係数を用いた投資回収に関する問題である。一般的に、一定の投資金額により毎年同額のキャッシュフローが発生する場合、「資本回収係数」を用いてその必要回収額を算出することができる。算出の方法は以下のとおりである。

必要回収額（原価低減額）＝投資金額×資本回収係数

$$= 1,000 \times 0.22 （利率 8 \%、 6 年）$$

$$= 220 （万円）$$

よって、**エ**が正解である。

なお、1〜6年目の（複利）現価係数を合計して年金現価係数を算出し、投資金額1,000万円を年金現価係数で除して計算することもできる。必要回収額（原価低減額）をxとした場合、以下のような式が成立する。

$$x \times (0.93 + 0.86 + 0.79 + 0.74 + 0.68 + 0.63) \geqq 1,000$$

$$4.63x \geqq 1,000$$

$$x \geqq 215.98 \cdots （万円）$$

選択肢**エ**の220とはやや乖離した数値であるが、これは係数を算出する段階での端数処理の影響である。また、算出した年金現価係数（4.63）は、資本回収係数（0.22）

の逆数となる。

1 ÷ 4.63 = 0.215…（0.22と乖離するのは端数処理の影響である）

第20問

TPMに関する問題である。TPMとは「全員参加の生産保全：Total Productive Maintenance」のことである。

a ×：TPMの定義のひとつが「**生産システムのライフサイクル全体を対象とし、**災害ロス、不良ロス、故障ロスなどあらゆるロスを未然に防止する仕組みを構築する。」というものである。TPMは保全（メンテナンス）にかかわる考え方や仕組みであり、個々の製品を対象とした考え方ではない。

b ○：正しい。設備に関する7大ロスとは、①故障ロス、②段取・調整ロス、③刃具交換ロス、④立ち上がりロス、⑤空転・チョコ停ロス、⑥速度低下ロス、⑦不良・手直しロスのことをいう。これらを時間的ロスの面から検討し、指標化したのが設備総合効率である。

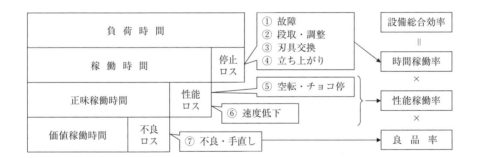

c ✕：TPMは、本肢前半の「経営トップから現場の作業員まで全員参加の重複小集団活動」であることは正しい。しかし、重複小集団活動とは、各職制（課、係、班など）が上下一体となって組織的に取り組むサークル活動であり、「職制にとらわれない自主的なサークル活動」という点が誤りである。たとえば、係のサークルに課長が参加し、また、班のサークルに係長が参加するといった、職制をまたいだサークル活動を行う。これにより、工場全体の目的の現場への共有（トップダウン）と、現場からの上位職制へのフィードバック（ボトムアップ）を同時に実現し、組織一体となってロスを極小化した生産活動を行う仕組みとなっている。

d 〇：正しい。計画保全活動とは、保守部門が中心となって、作業員が行う日々の自主保全を支援したり、設備評価基準に基づく最適保全方式の決定を行ったりする活動のことをいう。

よって、**b**と**d**の組み合わせが正しいため、**オ**が正解である。

第21問

動作経済の原則に関する問題である。動作経済の原則に則った仕事は、経済的であり、作業者の身体的負担が軽減される。これにより、作業の能率を向上させることができる。

a ✕：機械が停止したことを知らせる回転灯の設置は、トヨタ生産方式などに見られる「あんどん」のことである。これは、「目で見る管理」の一種であり、これにより作業者の身体的負担が軽減されるわけではない。よって、動作経済の原則に基づいた改善とはいえない。

b 〇：正しい。複数使用していた工具を改良し、1つの工具で対応できるようにする改善により、作業者の工具を持ち替える負担が軽減される。これは、動作経済の原則に基づいた改善といえる。

c 〇：正しい。部品などの保持具の導入は、それにより作業者が部品を保持しなくてはならない状況を改善することになる。これは、動作経済の原則に基づいた改善といえる。

d ✕：危険を防止するセンサを取り付ける改善により、作業者の身体的負担が軽減されるわけではなく、動作経済の原則に基づいた改善とはいえない。この取り組みは、人間のミスの影響を仕組みで解決する「フールプルーフ」の取り組みといえる。

よって、**b**と**c**の組み合わせが正しいため、**ウ**が正解である。

第22問

一般社団法人日本ショッピングセンター協会が公表している「全国のSC数・概況」
（2018年末時点で営業中のSC）に関する問題である。

ア ✕：1SCあたりの平均テナント数は**約50店**である。

総SC数（①）	3,220
総テナント数（②）	161,960
1SC平均テナント数（②÷①）	50.29…≒50

イ 〇：正しい。SCのテナントを「物販店、飲食店、サービス店」に分類し、その
シェアについて2013年と2018年を比較すると、以下のとおりとなる。

（単位：％）

	2013年	2018年
物販店	64.9	62.9
サービス店	16.9	19.0
飲食店	18.2	18.1

ウ ✕：SCを立地別に分類した場合、**中心地域よりも周辺地域のほうが多い**。

中心地域	周辺地域	総計
473	2,747	3,220

エ ✕：新規オープン1SCあたりの平均店舗面積は、2001年以降、年単位で**一貫し
て増加してはいない**。

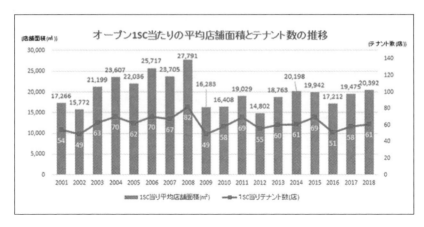

オ ✗：ディベロッパー業種・業態別SC数において、小売業で最も多いものは、総合スーパーである。

ディベロッパー業種・業態		SC数
小売業	総合スーパー	772
	食品・衣料スーパー	349
	百貨店	44
	ディスカウントストア	40
	専門店	34
	ホームセンター	29
	その他	30

（出典：日本ショッピングセンター協会HP　http://www.jcsc.or.jp/sc_data/data/overview）

よって、**イ**が正解である。

第23問

都市計画法および建築基準法で定められている用途地域と建築物に関する問題である。用途地域の種類は13種あり、それぞれ建てることのできる建物の用途が定められている。床面積が2,000㎡のスーパーマーケットを建築できる用途地域は、第一種住居地域、第二種住居地域、準住居地域、近隣商業地域、商業地域、準工業地域、工業地域である。

ア ✗：工業専用地域には、物販店、飲食店などの建築が禁止されている。したがって、床面積2,000㎡のスーパーマーケットの建築はできない。

イ ○：正しい。第一種住居地域には床面積3,000㎡以下の店舗が建築でき、商業地

域には店舗に対する床面積の制限はない。したがって、床面積2,000㎡のスーパーマーケットの建築は可能である。

ウ ✕：選択肢**イ**の解説のとおり、第一種住居地域には床面積3,000㎡以下の店舗が建築できるが、**第二種中高層住居専用地域には、2階以下かつ床面積1,500㎡以下の店舗に限り建築することができる**。したがって、床面積2,000㎡のスーパーマーケットの建築はできない。

エ ✕：近隣商業地域には店舗に対する床面積の制限はない。したがって、床面積2,000㎡のスーパーマーケットの建築は可能である。しかし、選択肢**ウ**の解説のとおり、**第二種中高層住居専用地域には、床面積2,000㎡のスーパーマーケットの建築はできない**。

オ ✕：準工業地域には店舗に対する床面積の制限はない。したがって、床面積2,000㎡のスーパーマーケットの建築は可能である。一方、**第二種低層住居専用地域には、2階以下かつ床面積150㎡以下の店舗に限り建築することができる**。したがって、床面積2,000㎡のスーパーマーケットの建築はできない。

よって、**イ**が正解である。

第24問

　都市再生特別措置法に関する問題である。本法において、市町村は、都市計画法に規定される区域について、都市再生基本計画に基づき、「住宅及び都市機能増進施設の立地の適正化を図るための計画（立地適正化計画）」を作成することができることとされている。

　選択肢にある各用語の定義は、以下のとおりである。

区域の名称	定　義
市街化調整区域	市街化を抑制すべき区域（都市計画法第7条第3項）
居住誘導区域	都市の居住者の居住を誘導すべき区域（都市再生特別措置法第81条2項の2）
都市機能誘導区域	都市機能増進施設の立地を誘導すべき区域（都市再生特別措置法第81条2項の3）
線引き都市計画区域	市街化区域と市街化調整区域との区分（区域区分）を定めた都市計画区域
非線引き都市計画区域	市街化区域と市街化調整区域との区分（区域区分）を定めない都市計画区域
都市計画区域	都道府県が指定する区域で、自然的、社会的条件や人口、土地利用、交通量等の現状と将来の見通しを勘案して一体の都市として総合的に整備、開発、保全する必要がある区域（都市計画法第5条）

　下図は、国土交通省が平成28年に公表した「都市計画運用指針における立地適正化計画に係る概要」で説明されている立地適正化計画の区分について、その基本的な関係を表したものである。

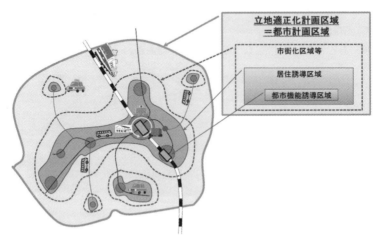

（出典：国土交通省「都市計画運用指針における立地適正化計画に係る概要」）
図中**A**には都市計画区域、**B**には居住誘導区域、**C**には都市機能誘導区域が入る。よって、**エ**が正解である。

第25問

　消防法に基づく小売店舗における防火管理に関する問題である。防火管理とは、火災の発生を防止し、かつ、万一火災が発生した場合でも、その被害を最小限にとどめるため、必要な万全対策を立て、実行することである。

a　○：正しい。防火対象物に区分される建物では、消火器具や火災報知設備などの機器点検は、6カ月に1回行わなければならない。機器点検では、各機器が適正に配置されているか、機器の外観と簡単な操作で判別できる事項の確認が行われる。

b　○：正しい。店舗に設置されている配線等の総合点検は、1年に1回行わなければならない。総合点検とは、機器点検に総合の項目を加えて、実際に作動させて総合的な機能を確認する点検である。

c　○：正しい。店舗は、機器点検、総合点検を行った結果を、防火対象物点検結果報告書として、消防長または消防署長へ1年に1回報告しなければならない。この報告をせず、または虚偽の報告をした場合、30万円以下の罰金または拘留されることがある。

d　×：**特定防火対象物とは、劇場・飲食店・店舗・ホテル・病院など不特定多数の人が出入りする用途（特定用途）がある防火対象物のこと**をいう。また、共同住宅・学校・工場・倉庫・事務所などの用途（非特定用途）の防火対象物を非特定防火対象物という。

　よって、**a**と**b**と**c**が正しく、**d**が誤りであるので、**ア**が正解である。

第26問

　食品リサイクル法、およびその基本方針（平成27年策定）に関する問題である。食品リサイクル法は、食品の売れ残りや食べ残しにより、または食品の製造過程において大量に発生している食品廃棄物について、発生抑制と減量化により最終的に処分される量を減少させるとともに、飼料や肥料等の原材料として再生利用するため、食品関連業者（製造、流通、外食等）による食品循環資源の再生利用等を促進するものである。本法は、食品循環資源の再生利用等を総合的かつ計画的に推進するため、おおむね5年ごとに基本方針を策定している。

a　○：正しい。主務大臣は、再生利用等が基準に対して著しく不十分であると認めるときは、食品廃棄物等多量発生事業者（前年度の発生量が100トン以上の食品関連事業者）に対して、勧告、公表、および命令を行うことができる。

b　×：平成27年策定の基本方針では、発生抑制に関する目標値が新たに5業種について設定され31業種となった。しかし、**目標値は売上高100万円あたりの食品廃棄物発生量または製造数量あたりの食品廃棄物発生量に対して設定されており**、資

本金規模別ではない。

c　○：正しい。食品廃棄物リサイクル法では、まず製造、流通、消費の各段階で食品廃棄物等そのものの発生を抑制し、次に再資源化できるものは飼料、肥料等への再生利用を行うこととし、再生利用が困難な場合に限って熱回収をすることとしている。さらに熱回収もできない場合には、脱水・乾燥などで減量して適正に処理がしやすいようにする必要がある。

よって、**a**と**c**が正しく、**b**が誤りであるので、**ア**が正解である。

第27問

平成29年３月に中小企業庁が公表した「商店街空き店舗実態調査報告書」からの出題である。本調査では、空き店舗（店舗として利用可能でありながら、利用の予定がないままに空き状態になっている店舗）について、商店街の認識調査を行うことで、空き店舗に係る実態を把握し、有効な空き店舗対策に役立てることで、全国の商店街の活性化につなげることを目的としている。

ア　✕：空き店舗が生じた原因は、「商店主の高齢化・後継者の不在」が67.7％、次いで「経営不振のための廃業・撤退」が62.3％、「大型店の進出、撤退の影響を受けたため」が22.1％となっている。「商店主の高齢化・後継者の不在」の回答の割合が最も高い。

イ　○：正しい。空き店舗になってからの経過年数は「１年未満」が15.1％、「１年以上～３年未満」が18.8％、「３年以上～５年未満」が19.0％、「５年以上」が38.8％となっており、最も回答の割合が高いものは「５年以上」である。

ウ　✕：空き店舗の所有者の把握を、「所有者を把握している（連絡も取れる）」が74.9％、次いで「所有者を把握している（連絡は取れない）」が13.7％、「所有者を把握していない」が11.4％となっており、最も回答の割合が高いものは「所有者を把握している（連絡も取れる）」である。

エ　✕：過去３年間に空き店舗が解体、撤去されたもののうち、その後の利用状況として最も回答の割合が高いものは、「駐車場」の40.9％である。「新しい店舗」は20.0％であり、「空き地のまま」の39.4％、「住宅」の30.8％に次いで４番目に割合の高い回答となっている。

よって、**イ**が正解である。

第28問

相乗積に関する問題である。可能な限り計算をしなくてよい、もしくは計算の量が

少なくてすむ選択肢から検討したい。相乗積は、以下のように算出できる。

> 相乗積＝各カテゴリーの販売金額構成比×各カテゴリーの粗利益率

　また、各カテゴリーの相乗積の合計は、カテゴリー全体の粗利益率と一致する。**解答を導出する際に計算する必要はない**が、参考として各カテゴリーの相乗積を算出すると以下のようになる。

商品カテゴリー	販売金額 （万円）	販売金額 構成比（％）	粗利益率 （％）	粗利益額	相乗積 （％）
カテゴリーA	500	25	20	100	5
カテゴリーB	300	15	20	60	3
カテゴリーC	200	10	30	60	3
カテゴリーD	600	30	40	240	12
カテゴリーE	400	20	50	200	10
合　計	2,000	100	33	660	33

ア　✕：すべてのカテゴリーの合計販売金額が２倍になっても、**各カテゴリーの相乗積の合計は２倍にはなるとはいえない**。冒頭の解説のとおり、各カテゴリーの相乗積の合計は、カテゴリー全体の粗利益率と一致する。そのため、カテゴリー全体の粗利益率が２倍になれば、相乗積も２倍になる。しかし、本肢の内容からはどのカテゴリーの売上がどれだけ増加することを想定しているかは不明であり、「すべてのカテゴリーの合計販売金額が２倍になると全体の粗利益率も２倍になり、相乗積の合計も２倍になる」と読み取ることはできない。

イ　✕：カテゴリーAの相乗積は5％である。
　相乗積＝各カテゴリーの販売金額構成比×各カテゴリーの粗利益率
　カテゴリーAの相乗積＝25（％）×20（％）＝5（％）

ウ　◯：正しい。カテゴリーAの販売金額が変わらずに他のカテゴリーの販売金額が増加すると、カテゴリーAの販売金額構成比は低下する。カテゴリーAの粗利益率は不変であることと合わせると、以下の式より、カテゴリーAの相乗積が低下することが確認できる。

> カテゴリーAの相乗積（↓）＝カテゴリーAの販売金額構成比（↓）×カテゴリーAの粗利益率（→）

※式中の（↓）は低下、（→）は不変を表す。

エ ✕：カテゴリーBの相乗積とカテゴリーCの相乗積は**同じ**である。

相乗積＝各カテゴリーの販売金額構成比×各カテゴリーの粗利益率

カテゴリーBの相乗積＝15（％）×20（％）＝3（％）

カテゴリーCの相乗積＝10（％）×30（％）＝3（％）

オ ✕：相乗積が最も大きいカテゴリーは、**カテゴリーD**である（上表参照）。

よって、**ウ**が正解である。

第29問

酒類や医薬品などの販売の制度に関する問題である。詳細な知識が問われており、対応は難しい。

ア ✕：健康食品は、**対面販売の義務はなく、インターネットで販売することも可能**である。

イ ✕：酒類小売業者は、酒類の小売販売場ごとに、財務大臣が指定した団体が実施する「酒類販売管理研修」を受講した「酒類販売管理者」を1人選任しなければならない。しかし、**販売時間帯に酒類販売管理者が常駐する義務はない。**

ウ ✕：本肢前半の「表示義務」に関しては正しい。また、この表示は「**100ポイントの活字以上の大きさの日本文字**」で明瞭に表示することが義務づけられている。

エ ✕：酒類販売管理者に選任することができる者の条件のひとつに「他の販売場において酒類販売管理者に選任されていない者」という項目が規定されている。したがって、**酒類販売管理者は同時に複数の酒類販売場の管理者になることはできない。**

オ 〇：正しい。医薬品の分類と販売方法については、以下のとおりに整理することができる。

医薬品の分類		販売方法
医療用医薬品（処方薬）		対面販売のみ
要指導医薬品		対面販売のみ
一般用医薬品	第1類	ネット販売も可
	第2類	
	第3類	

一般用医薬品は、所定の条件を満たせばインターネットで販売することができる。

よって、**オ**が正解である。

（出典：国税庁「お酒の適正な販売管理に向けて」（平成31年4月））

（出典：厚生労働省「一般用医薬品のインターネット販売について」（平成26年2月））

第30問

委託仕入に関する問題である。委託仕入とは、販売を委託する者（委託者。メーカーや卸など）が販売を受託する者（受託者。小売店など）に、委託者が所有する商品の販売を委託する場合の仕入方式である。受託者は商品仕入にあたり所有権を保持せず（所有権は販売されるまで委託者に属する）、受託者は販売金額の中から手数料収入を得る。

a ✕：中小企業と大企業の間で委託仕入を取引条件とした契約を締結することは可能である。

b ✕：上記のとおり、小売店（受託者）が商品の所有権を保持することはない。商品の所有権は、販売されるまでは委託者に属し、販売されると同時に購買者へと移転する。

c 〇：正しい。上記のとおり、小売店（受託者）は商品仕入にあたり所有権を保持しない。収益は、販売手数料として販売金額の中から一定割合を得ることが一般的である。

d ✕：委託仕入された商品は、委託者に属する商品であり、販売価格の決定なども原則として委託者が行うものである。小売店（受託者）が自由に値下げなどの販売価格の変更を行うことはない。

よって、**c**が正しく、**a**と**b**と**d**が誤りであるので、**オ**が正解である。

第31問

ビジュアルマーチャンダイジング（VMD）の考え方に基づくプレゼンテーションの方法のうち、フェイスアウトに関する問題である。VMDとは、小売業の販売戦略を実践するうえで、自店のコンセプトを、視覚表現を通じて消費者に訴求する仕組みや手法のことである。

ア ✕：商品や演出小物を吊り下げて展示する手法は、**吊り下げ陳列**である。

イ ✕：商品を畳んで棚に置く陳列手法は、**フォールデッド**である。

ウ ✕：商品をピンで壁やパネルに展示する手法は、**貼りつけ陳列**である。

エ ✕：商品をマネキンに着せて展示する手法は、**着せつけ陳列**である。

オ 〇：正しい。商品をハンガーに掛けて陳列する手法をハンギングとよぶ。ハンギングには、商品の正面を見せるフェイスアウトと正面を向けずに陳列するスリーブアウトという方法がある。フェイスアウトは、新商品や売り出し商品などをアピールする際に用いられる手法である。

よって、**オ**が正解である。

129

第32問

食品表示法に基づく、食品の栄養成分の量と熱量の表示に関する問題である。食品表示法は、食品衛生法、JAS法、健康増進法の3つの法律の食品の表示に係る規定を一本化した法律であり、平成27年4月1日に施行されている。

ア ✕：一般用加工食品に含有量を表示することが義務づけられている栄養成分は、たんぱく質、脂質、炭水化物、**食塩相当量**である。

イ ✕：業務用食品の場合、容器包装や送り状、納品書に栄養成分表示をすることは**任意**である。ただし、栄養成分表示をする場合は、食品表示基準に従った表示をしなければならない。

ウ ✕：生鮮食品において、栄養成分を表示することは**任意**である。

エ ○：正しい。以下のような場合、栄養成分表示に該当せず、食品表示基準は適用されない。

1. 原材料名または添加物としての栄養成分のみの表示
2. 食品表示法およびその下位法令（食品表示基準等）以外の法令により義務づけられた栄養成分名の表示
3. 「うす塩味」、「甘さ控えめ」など味覚に関する表示
4. 「ミネラルウォーター」のように広く浸透した一般的な品名であって、一般消費者に対し栄養成分が添加されたまたは強化されたという印象や期待感を与えないもの
5. 店頭で表示されるPOPやポスターなど、食品の容器包装以外のものに栄養表示をする場合

よって、**エ**が正解である。

第33問

最寄品を主に扱う小売店舗における在庫管理に関する問題である。代表的な発注方式として、在庫量が発注点まで減少した時点であらかじめ設定した一定量を発注する定量発注方式、一定の期間ごとに需要量を予測して発注する定期発注方式がある。また減少した分を補充して在庫量を維持する発注方式として、発注点補充点方式がある。

ア ○：正しい。定期発注方式の発注量の算出式は以下のとおりである。

> 発注量＝在庫調整期間における予想消費量－（現在の在庫量＋発注残）＋安全在庫

　※在庫調整期間＝発注サイクル＋調達リードタイム

上式のとおり、定期発注方式の発注量には、安全在庫が含まれる。安全在庫とは「需要変動または補充期間の不確実性を吸収するために必要とされる在庫」（JIS Z 8141-

130

7304）と定義されている。定期発注方式を採用した場合、需要量やその変動を考慮する期間は、上式の在庫調整期間である。在庫調整期間は「発注期間（発注サイクル。発注から次の発注までの発注間隔）」および「調達期間（調達リードタイム。発注から納入までの期間）」の合計期間である。

イ ✕：選択肢**ア**の解説にある式のとおり、定期発注方式の発注量は、需要予測量から有効在庫を差し引いた後に、**安全在庫を加えて算出する**。

ウ ✕：定量発注方式を採用した場合、調達期間が長いほど不確実性が高くなる。したがって、欠品を発生させないためには安全在庫を多くもつ必要が生じ、**発注点を高く設定する必要がある**。

なお、定量発注方式の発注点の算出式は以下のとおりである。

> 発注点＝調達リードタイム×調達リードタイム中の１日の平均需要量＋安全在庫

この式からも、調達リードタイム（調達期間）が長くなれば、発注点は多くなることがわかる。

エ ✕：安全在庫は以下の式で算出される。

> 安全在庫＝$k \times \sqrt{L} \times a$

k：品切れ許容率によって決まる係数

L：調達期間

a：単位期間の需要量の標準偏差

上記の式より、調達期間Lが１日であっても安全在庫は０とはならない。安全在庫が０の場合、当日の需要変動に対応できなくなるおそれがある。

オ ✕：発注点を下回ったときの有効在庫と補充点との差の数量を発注する発注方式は、**発注点補充点方式である**。発注から納品までの調達期間中においても在庫は消費され、その消費量は一定とは限らないため、**補充直後の在庫量がつねに一定になるとは限らない**。

よって、**ア**が正解である。

第34問

輸送手段に関する問題である。

ア ◯：正しい。RORO船（ローロー船）とは、貨物を積載したトラックなどの車両をそのまま船内へ積み込んで車両ごと輸送する船のことである。旅客は乗らないがフェリーと同じようなイメージの船である。車両ごと輸送することにより、荷役時間の短縮や荷物の損傷などのリスク低減といったメリットがある一方、車両ごと積

載してしまうため、船の積載効率は低くなるというデメリットもある。RORO船と異なるタイプの船としてLOLO船（Lift-on Lift-off、ロロ船）がある。LOLO船は、コンテナのみをクレーンで積み降ろしして積み込むタイプの船である。

イ ✕：12フィートコンテナなどの鉄道コンテナの大きさは、**標準的な11型パレットなどを効率的に積載できるように規格化されており、一貫パレチゼーションの実現を可能としている。**

ウ ✕：トラック輸送から鉄道輸送へのモーダルシフトは、トラックと鉄道の複合一貫輸送そのものともいえ、阻害することにはならない。

エ ✕：トラック輸送の長所は、小回りのきく機動性や集荷や発車時刻などの柔軟性などがあげられる。一方、**短所としては、長距離輸送における高コストやCO_2排出量が多いことなどがあげられる。**

オ ✕：本肢の内容は、**チャーター便（貸切便）の説明である。**荷物がトラック1台分ある場合には、トラック1台を貸切にし目的地までの直行輸送が可能となる。一方、路線便は、トラック1台分に満たない小口の荷物などを、あらかじめ運送会社が路線を定め定期的に運行しているトラックに積載して輸送するものである。直行輸送ではないためチャーター便に比べて時間を要することが多いが、少量の荷物を運ぶ場合にはチャーター便よりも安価で輸送することができる。

よって、**ア**が正解である。

第35問

トラックなど自動車による輸送形態に関する問題である。

ア ✕：貨客混載とは、貨物と旅客を同時に1台の車両で運ぶ輸送形態をいう。平成29年9月1日より国土交通省の通達が施行され、**一定の条件のもと、乗合バス、貸切バス、タクシー、トラックによる貨客混載が可能となっている。**なお、乗合バスによる貨客混載は全国的に認められ、貸切バス、タクシー、トラックによる貨客混載は過疎地域に限って認められている。

イ ✕：共同輸送は、複数の荷主の商品をトラック1台に混載する、という本肢前半の記述は正しい。しかし、**複数の荷主の納品先は一致している必要はなく、異なる納品先であっても共同輸送を行うことは可能である。**

ウ ○：正しい。ミルクランとは、巡回集荷ともよばれ、1つの車両で複数の納入業者のところを回って配送貨物を集荷してくる輸送形態である。各納入業者の出荷量がトラックをチャーターするほど多くなく、また隣接した地域に存在する場合などに用いられる。

エ ✕：一般的にトラック輸送では1つの輸送先を往復する場合、復路に輸送する貨

132

物がなく積載率が低下してしまうことがある。この事象を回避するひとつの方法がラウンド輸送である。ラウンド輸送は、貨物を輸送した先で新たに貨物を積載し、複数の輸送先を巡回することで、車両の積載率を高める輸送形態である。

よって、**ウ**が正解である。

第36問

物流センターの機能に関する問題である。

ア ✕：通過型物流センター（TC）内の作業工程数は、注文商品を事前に納品先別に仕分けした状態で納品するタイプ（ベンダー仕分型）のほうが、仕分けしていない状態で納品するタイプ（センター仕分型）よりも少ない。センター仕分型では、センター内で納品先別の仕分け作業を行うが、ベンダー仕分型では仕分け作業が不要のため、作業工程数は少なくなる。

イ ✕：「物流センターを経由しない場合に仕入先の数だけ荷受けが発生したとする」という状況は、小売店にすべての仕入先からトラックが1台ずつ訪れるという状況である。このとき、在庫型物流センター（DC）、通過型物流センター（TC）ともにセンターを経由したほうが、店舗の荷受回数が少なくなる。いずれのタイプのセンターにおいても、複数の仕入先からの商品をまとめて小売店に配送することに変わりがないためである。

ウ ○：正しい。カテゴリー納品とは、センター内にて同じ商品カテゴリーの商品群をまとめて梱包し、小売店に納品する形式のことである。カテゴリー納品が行われない場合、同じ商品カテゴリーの商品が複数の梱包に散在することとなり、商品を売場に補充する際に、同じ商品カテゴリーの商品をまとめる作業が発生するが、カテゴリー納品の場合は、特定の梱包に同じカテゴリーの商品がまとまっているため、補充作業の軽減につながる。

エ ✕：物流センターには、常温、低温、冷凍などの温度管理が可能なセンターも多く、多様な温度帯の商品の取り扱いが可能となっている。

よって、**ウ**が正解である。

第37問

物流センターの運営に関する問題である。

ア ○：正しい。ASNとは事前出荷明細（ASN：Advanced Shipping Notice）のことである。ASNは、送り先に対して商品を出荷する前に電子データで伝達する出荷案内データである。また、ITFシンボルには、集合包装用商品コード（GTIN-14）などが表示されている。集合包装用商品コードは、単品レベルで設定されたJANコ

ードをベースとしており、同一商品のみが梱包された外箱に印字されている。また、複数の商品が混載されている場合には、特定商品のJANコードを用いた集合包装用商品コードでは内容物を表現できないため、SCM（Shipping Carton Marking）ラベルを用いて、その内容物を表現する。入荷検品においては、事前出荷明細の電子データと、外箱に示されたITFシンボルやSCMラベルのバーコードを読み取ったデータが一致することで、箱を開けることなく検品を行うことも可能であり、検品作業の軽減に寄与する。

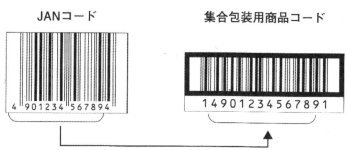

イ ✕：包装は、JISの定義により「個装」、「内装」、「外装」に分類することができる。

包装の分類	定　義
個装 （JIS Z 0108-1003）	物品個々の包装で、物品の商品価値を高めるためもしくは物品個々を保護するための適切な材料、容器、それらを物品に施す技術または施した状態。商品として表示などの情報伝達の媒体にすることもできる。
内装 （JIS Z 0108-1004）	包装貨物の内部の包装で、物品に対する水、湿気、光、熱、衝撃などを考慮した適切な材料、容器、それらを物品に施す技術または施した状態。
外装 （JIS Z 0108-1005）	包装貨物の外部の包装で、物品もしくは包装物品を箱、袋、たる、缶などの容器に入れまたは無容器のまま結束し、記号、荷印などを施した材料、容器、または施した状態。

個装は、本肢前半の「内容物（物品個々）を保護」する機能があることは正しい。しかし、本肢後半の「複数の商品を１つにまとめて取り扱いやすくしたりする」機能は、個装ではもち得ない。この機能は、外装がもつ機能と考えられる。

ウ ✕：固定ロケーション管理とは、在庫型物流センターや倉庫などに商品を在庫する場合に、棚と商品を固定的に対応させる管理方法である。特定の棚に決められた

商品以外の商品を保管することがないため、管理が容易となるメリットがある一方、在庫量が減少しても他の商品を格納することができないため、保管効率が悪いというデメリットもある。

エ ✕：本肢の内容は、種まき方式ピッキング（トータルピッキング）の説明である。摘み取り方式ピッキングとは、シングルピッキングともよばれ、顧客から注文された商品を在庫型物流センターや倉庫などから出荷する際に、注文ごとに商品を棚から集める（ピッキングする）方式のことをいう。

オ ✕：トラックドライバーが倉庫内でフォークリフトを使用（運転）することは、法律で禁止されておらず、使用（運転）することができる。トラックドライバーが集品先または納品先において輸送する貨物の積み降ろしを行う際にフォークリフトも運転することができれば、集品先、納品先では別の人員を確保する必要がなく、効率的な作業が可能となる。トラックドライバーがフォークリフトも運転する場合、トラックを運転するための中型、大型などの自動車運転免許のほかに、フォークリフトを運転するためのフォークリフト運転技能講習修了証が必要となる。

よって、**ア**が正解である。

第38問

QRコードやバーコードを用いた電子決済（QR決済）に関する問題である。QR決済は、IT企業や携帯電話キャリア、コンビニエンスストアチェーンなど多様な企業が独自の規格を設け、現在では全国の多くの販売店（小売店、飲食店、サービス店など）で利用されている。利用者（消費者）は、自らのスマートフォンに取り込んだアプリケーションを通して決済を行うことができる。決済時には、店舗側の読み取り機でスマートフォンに表示されたQRコードなどを読み取る形式や、店舗に用意されたQRコードをスマートフォンで読み取る形式などがある。

a ◯：正しい。前述のとおり、購入者のアプリケーションに表示されたQRコードを店舗側の読み取り機で読み取る決済方式が存在する。

b ◯：正しい。前述のとおり、店舗側に用意されたQRコードを、購入者のアプリケーションで読み取って決済する方法が存在する。

c ✕：日本国内のQR決済において、スマートフォンの生産国は問わず、各規格のアプリケーションを登録、起動できればQR決済が可能である。

d ✕：日本国内の現在利用できるQR決済の多くは、決済と同時に利用料金が引き落とされるプリペイド方式であるが、利用料金を月単位でまとめて翌月に支払うような「後払い方式」も利用され始めている。

よって、**a**と**b**の組み合わせが正しいため、**ア**が正解である。

135

第39問

小売業におけるFSP（Frequent Shoppers Program）に関する問題である。FSPとは、高頻度で自店に来店する優良顧客に注目し、その階層に応じてプロモーションを展開する手法であり、具体的には会員カードを配布し購入金額の一定割合のポイントを付与する、いわゆる「ポイントカード」の仕組みなどを指す。本問の各選択肢の「FSP」は、「ポイントカード」としてとらえると判断しやすくなる。

a 〇：正しい。FSPデータから顧客セグメントを識別する分析方法として、RFM分析がある。RFM分析は、顧客を「R：Recency（最終購買日）」「F：Frequency（購買頻度）」「M：Monetary（購買金額）」という3つの観点でそれぞれポイントを付け、その合計点により、顧客をランクづけして管理していく手法である。

b ✕：マーケット・バスケット分析は、併買分析ともいい、1人の顧客が「何と何をいっしょに買う（カゴに入れた）か」をレシート単位で分析するものである。併買度の高い（あるいは高めたい）商品の関連陳列やセット販売を促し、客単価の増大を目指すものであり、**データから優良顧客層を発見する分析方法ではない。**

c 〇：正しい。FSPは、CRM（Customer Relationship Management）の一手法であり、短期的な売上の増加を目指すものではない。CRMとは、個々の顧客のロイヤリティを長期的に高め、利益の改善を図るために、顧客の過去の行動を分析したうえで、ロイヤリティ向上に有効な施策を計画し実行するマーケティング活動である。

d ✕：FSPは、顧客の行動から顧客を層別に分類して、ランクごとに対応を変えていくものである。特売期間を限定せず、すべての顧客に各商品を年間通じて同じ低価格で販売する手段は、**EDLP（Everyday Low Price）政策**である。

よって、**a**と**c**の組み合わせが正しいため、**イ**が正解である。

第40問

PI（Purchase Incidence）値に関する問題である。PI値とは、来店客数の影響を除外して、商品の販売実績を評価する指標である。一般的には、販売期間来店客数1,000人あたりの商品販売実績を表すものである。PI値には「金額PI」と「数量PI」があり、それぞれの算出方法は以下のとおりである。

$$金額\ PI = \frac{総販売金額}{販売期間来店客数} \times 1,000$$

$$数量\ PI = \frac{総販売点数}{販売期間来店客数} \times 1,000$$

「販売期間来店客数」は、「レシート枚数またはレジ通過人数」で代用することができる。

よって、空欄には「レシート枚数またはレジ通過人数」が入るため、**オ**が正解である。

第41問

GTINに関する問題である。GTINは、GS 1 標準の商品識別コードの総称であり、以下の 4 つのコードが含まれる。

コード	内　容
GTIN- 8	JAN/EAN短縮コード
GTIN-12	UPCコード
GTIN-13	JAN/EAN標準コード
GTIN-14	集合包装用商品コード

ア　✕：上記のとおり、GTINは 4 つのコードの総称である。

イ　〇：正しい。上記のとおり、GTIN-8はJAN短縮コードである。JAN短縮コードは、JAN標準コード（GTIN-13）のJANシンボルを印字できないほど表示スペースが限られている小さな商品にJANシンボルを表示するための商品識別コードである。

ウ　✕：GTIN-12はUPCコードである。UPCコードは**アメリカ合衆国、カナダ**で利用されている12桁の商品識別コードである。

エ　✕：GTIN-14は、集合包装用商品コードである。集合包装用商品コードは、（パッケージ）インジケータ、GS 1 事業者コード、商品アイテムコード、**チェックデジット**の 4 つの要素で構成されている。

JANコード

集合包装用商品コード

4 901234 567894

1 4901234567891

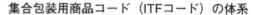

よって、**イ**が正解である。

第42問

資金決済法の「前払式支払手段」に関する問題である。「前払式支払手段」は、以下の4つの要件がすべて備わっているものが該当する。

① 金額または物品・サービスの数量（個数、本数、度数等）が、証票、電子機器その他の物（証票等）に記載され、または電磁的な方法で記録されていること
② 証票等に記載され、または電磁的な方法で記録されている金額または物品・サービスの数量に応ずる対価が支払われていること
③ 金額または物品・サービスの数量が記載され、または電磁的な方法で記録されている証票等や、これらの財産的価値と結びついた番号、記号その他の符号が発行されること
④ 物品を購入するとき、サービスの提供を受けるとき等に、証票等や番号、記号その他の符号が、提示、交付、通知その他の方法により使用できるものであること

以下には、「前払式支払手段」に該当するもの、4つの要件を満たすが適用除外となるもの、要件を満たさないものの例をあげる。

「前払式支払手段」に該当するもの	4つの要件を満たすが適用除外となるもの	要件を満たさないもの
・商品券 ・ギフト券 ・ビール券　　など	・乗車券、乗船券、航空券 ・入場券 　　　　　　　　　など	・日銀券、収入印紙、切手 ・ゴルフ会員権証 　　　　　　　　　など

以上より、**a**の「全国百貨店共通商品券」と**c**の「全国共通おこめ券」が「前払式支払手段」に該当し、**b**の「収入印紙」と**d**の「美術館の入場券」は「前払式支払手段」に該当しない。

よって、**オ**が正解である。

第43問

　統計学における４つの尺度水準に関する問題である。尺度水準とは、分析の対象となる各種データを、その性質に基づいて分類するものである。問題に与えられた４つの尺度、およびデータ項目の分類は以下のとおりである。

尺度水準	内　容	問題に与えられた データ項目の分類
名義尺度	「同じ値であるか、異なる値であるか」以外に意味をもたない尺度。 例：顧客ID00001、00002… 　異なる値であることだけに意味があり、数値の大小関係などには意味がない。	顧客ID、 商品、性別
順序尺度	上記の「名義尺度」の特徴に加え、「大小関係」も意味をもつ尺度。値同士の差（間隔）には意味がない。 例：営業マンの売上ランキング　１位、２位、３位… 　大小関係（順序）は意味をもつ。しかし、「１位と２位」、「２位と３位」の差（間隔）は、ランキングとしては「１」ずつの差であるが、売上金額の差を表しているわけではない。	（該当なし）
間隔尺度	上記２つの尺度の特徴に加え、「値同士の差」にも意味をもつ尺度。「０」は絶対的な意味をもたず、相対的な意味しかもたない。 例：西暦　2018、2019、2020… 大小関係（前後関係）に加え、「2018年と2019年の差」も「2019年と2020年の差」も１年間であり値同士の差も意味をもつ。一方、西暦には紀元前も存在するため、「（０から数えて）2019」という数値自体は、相対的な意味しかもたない。たとえば、「2020年は1010年の２倍」というような考え方はできない。	年、月、日、 時刻
比例尺度	上記３つの尺度の特徴に加え、「０」が絶対的な意味をもつ尺度。 例：体重　50kg、100kg 絶対的な「０（kg）」が基準となっているため、「100kgは50kgの２倍」という考え方が成立する。	購買点数、 購買金額

139

上記より、顧客IDは「名義尺度」、年は「間隔尺度」、性別は「名義尺度」、購買金額は「比例尺度」と判断することができる。

よって、**ア**が正解である。

平成30年度問題

平成30年度 問題

第1問 ★重要★

生産における管理目標（PQCDSME）に関する記述として、最も適切なものはどれか。

ア　職場環境に関する評価を行うために、検査によって不適合と判断された製品の数を検査対象の製品の総数で除して求められる不適合率を用いた。

イ　職場の安全性を評価するために、延べ労働損失日数を延べ実労働時間数で除し1,000を乗じて求められる強度率を用いた。

ウ　生産の効率性を評価するために、労働量を生産量で除して求められる労働生産性を用いた。

エ　納期に関する評価を行うために、動作可能時間を動作可能時間と動作不能時間の合計で除して求められる可用率を用いた。

第2問 ★重要★

加工方法が多様で、需要が安定していない寿命の短い製品の多品種少量生産に関する記述として、最も適切なものはどれか。

ア　加工品の流れが一定ではないので、機能別レイアウトを導入した。

イ　需要の動向にあわせて頻繁に生産計画を変更することが必要なので、MRPを導入した。

ウ　需要変動に対応するためには、生産量の変動で対応するより完成品在庫で対応することが効果的である。

エ　スループットタイムを短くし、コストダウンを図るために専用ラインを導入することが効果的である。

第3問 ★重要★

ある工場のレイアウト改善に関する次の文章の空欄AとBに入る語句として、最も適切なものの組み合わせを下記の解答群から選べ。

この工場では複数の設備を用いて製品の加工を行っており、各設備を製品ごとに直線に配置したレイアウトをとっている。最近、製品の種類が多様化してきたため加工方法が複雑になり、工程間の搬送の手間が増えてきたという問題点を抱えていた。

そこで、ものの流れに関する問題点の発見のためにPQ分析を行った。その結果が

下図の　A　であったので、　B　を作成した。それに基づいて工程編成を見直し、設備のレイアウトをジョブショップ型レイアウトに変更した。

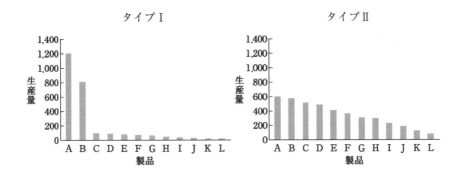

[解答群]
ア　A：タイプⅠ　　B：多品種工程図表
イ　A：タイプⅠ　　B：流れ線図
ウ　A：タイプⅡ　　B：多品種工程図表
エ　A：タイプⅡ　　B：流れ線図

第4問

ある職場では3種類の製品A、B、Cを製造している。この職場の作業条件は以下に示すとおりである。

＜作業条件＞
・各製品は第1工程と第2工程で同じ順序で加工される。
・各工程では一度加工が始まったら、その製品が完成するまで同じ製品を加工する。
・工程間の運搬時間は0とする。
・各製品の各工程における作業時間と納期は下表に示される。

製品	A	B	C
第1工程	4	1	3
第2工程	5	6	3
納期	17	11	10

また、第1工程において製品をA、B、Cの順に投入した場合のガントチャートは下図のように示され、総所要時間は18時間となる。

	0	2	4	6	8	10	12	14	16	18
第1工程	A		B	C						
第2工程				A			B		C	

この職場に製品がA、C、Bの順で到着した場合の、第1工程における投入順序決定に関する記述として、最も適切なものはどれか。

ア　3つの製品をSPT順に投入すると、総所要時間は15時間である。

イ　3つの製品を到着順に投入すると、総所要時間は14時間である。

ウ　3つの製品を到着順に投入すると、納期遅れはなくなる。

エ　3つの製品を納期順に投入すると、納期遅れはなくなる。

第5問

マシニングセンタに関する記述として、最も適切なものはどれか。

ア　工作物を回転させ、主としてバイトなどの静止工具を使用して、外丸削り、中ぐり、突切り、正面削り、ねじ切りなどの切削加工を行う工作機械。

イ　異なる機能をもつ数台から数十台の工作機械を等間隔、かつ、直線状に配置し、それらを搬送装置で結合した工作機械群。

ウ　自動制御によるマニピュレーション機能または移動機能をもち、各種の作業をプログラムによって実行できる、産業に使用される機械。

エ　主として回転工具を使用し、フライス削り、中ぐり、穴あけおよびねじ立てを含む複数の切削加工ができ、かつ、加工プログラムに従って工具を自動交換できる数値制御工作機械。

第6問

下表に示される作業A〜Fで構成されるプロジェクトについて、PERTを用いて日程管理をすることに関する記述として、最も適切なものを下記の解答群から選べ。

作業	作業日数	先行作業
A	3	なし
B	4	なし
C	3	A
D	2	A
E	3	B、C、D
F	3	D

［解答群］

ア　このプロジェクトのアローダイアグラムを作成するためには、ダミーが2本必要である。

イ　このプロジェクトの所要日数は8日である。

ウ　このプロジェクトの所要日数を1日縮めるためには、作業Fを1日短縮すればよい。

エ　作業Eを最も早く始められるのは6日後である。

第7問

　1台の工作機械で2種類の製品A、Bを加工している職場における基準日程計画について考える。計画作成上の前提条件は以下に示すとおりである。

＜計画作成上の前提条件＞

・製品Aのロットサイズは40個で、加工時間は0.5時間/個である。

・製品Bのロットサイズは60個で、加工時間は1.0時間/個である。

・1期当たりの製造可能時間の上限は60時間である。

・ロット分割はできない。

・各製品の生産は1期しか前倒しができない。

　この条件の下で、1期から6期までの予測需要量と1期目の期首在庫量から、生産能力を考慮しない場合の製品A、Bそれぞれの各期の生産量と必要生産時間を求めた。このときの期別の必要生産時間を下図に示す。

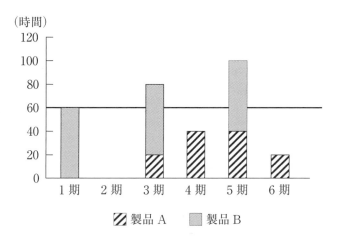

各製品の生産が1期前倒しできることを考慮して、実行可能となる基準日程計画を作成した。このときの1期から6期までの製品Bの必要生産時間として、最も適切なものはどれか。

ア

1期	2期	3期	4期	5期	6期
60	60	0	0	0	60

イ

1期	2期	3期	4期	5期	6期
60	60	0	60	0	0

ウ

1期	2期	3期	4期	5期	6期
60	20	40	0	20	40

エ

1期	2期	3期	4期	5期	6期
60	20	40	0	0	60

第8問　★重要★

NC工作機械5台を2人の作業者でオペレーションしている。ワークの着脱作業は作業者が行う。作業者によってワークが取りつけられプログラムが入力されれば自動的に加工が行われ、終了すると自動的に停止する。現在、この職場では作業者の稼働率が高く、機械が段取待ちで停止していることが多く発生している。

この職場における改善活動に関する記述として、最も適切なものはどれか。

ア　各機械の稼働率を調べるため、管理図を作成した。

イ　機械の停止時間を短くするため、加工時間を短縮する加工方法の検討を行った。

ウ　作業者の持ち台数を検討するため、マン・マシンチャートを作成した。

エ　製品の平均スループットタイムを短くするため、MTM法による分析を行った。

第9問　　★重要★

品質改善に関する次の文章の空欄A～Cに入るQC7つ道具として、最も適切なものの組み合わせを下記の解答群から選べ。

ある職場において不適合品が多発している。重要項目を絞り込むため不適合の種類と発生数を調べ　　A　　を作成した。その結果、重量に関する不適合が最も大きな割合を占めていることが分かった。そこで重量の　　B　　を作成した。その結果、重量のバラツキが大きいため、不適合が発生していることが分かった。この重量に影響を及ぼす要因について、過去の知見を特性要因図として整理し、加工速度に着目することとなった。そこで加工速度と重量の関係を調べるため　　C　　を作成した。

```
［解答群］
  ア　A：パレート図　　　B：散布図　　　　C：ヒストグラム
  イ　A：パレート図　　　B：ヒストグラム　C：散布図
  ウ　A：ヒストグラム　　B：散布図　　　　C：パレート図
  エ　A：ヒストグラム　　B：パレート図　　C：散布図
```

第10問　　★重要★

ある製品について行った製品工程分析の結果を下図に示す。この図から読み取ることができる記述として、最も適切なものを下記の解答群から選べ。

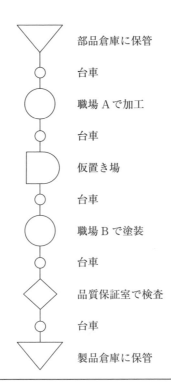

[解答群]
ア　作業者が4名いる。
イ　製品検査に抜取検査を採用している。
ウ　台車を自動搬送機にすることにより、運搬記号の数を減らすことができる。
エ　停滞を表す工程が3カ所ある。

第11問　★重要★

トヨタ生産方式の特徴を表す用語として、最も適切なものの組み合わせを下記の解答群から選べ。

a　MRP
b　かんばん方式
c　セル生産方式
d　製番管理方式
e　あんどん方式

[解答群]

ア a と c　　イ a と d　　ウ b と c　　エ b と e　　オ d と e

第12問　　★重要★

　ある見込生産型工場における需要予測において、従来と比較して、過去の実績需要量の中でも現在に近いものほど次月の需要量に大きく影響することが分かってきた。予測精度を向上させる試みに関する記述として、最も適切なものの組み合わせを下記の解答群から選べ。

a　移動平均法においては、対象範囲を3カ月から5カ月に変更する。

b　移動平均法においては、対象範囲を5カ月から3カ月に変更する。

c　指数平滑法においては、平滑化定数を0.3から0.5に変更する。

d　指数平滑法においては、平滑化定数を0.5から0.3に変更する。

[解答群]

ア a と c　　イ a と d　　ウ b と c　　エ b と d

第13問　　★重要★

資材の発注に関する記述として、最も適切なものはどれか。

ア　MRPでは、発注量と発注時期を生産計画と独立に決定できる。

イ　定期発注方式における発注量は、（発注間隔＋調達期間）中の需要推定量−発注残−手持在庫量−安全在庫量で求められる。

ウ　発注間隔を長くすることにより、きめの細かい在庫管理ができ在庫量が減少する。

エ　発注点は、調達期間中の払出量の大きさと不確実性を考慮して決定される。

第14問

JISで定義される現品管理の活動として、最も不適切なものはどれか。

ア　受け入れ外注品の品質と数量の把握

イ　仕掛品の適正な保管位置や保管方法の設定

ウ　製品の適正な運搬荷姿や運搬方法の検討

エ　利用資材の発注方式の見直し

150

第15問

新製品を組み立てるための標準時間をPTS（Predetermined Time Standard）法を利用して算定することにした。標準時間を設定するための準備に関する記述として、最も適切なものの組み合わせを下記の解答群から選べ。

a　PTS法で算定された標準時間を組立作業を行う作業者の習熟度に応じて調整するために、作業者の組立職場での就業年数を調査した。

b　設備による加工時間を別途付与するために、設備で試加工を実施して加工時間を計測した。

c　標準時間を見積もるための基礎資料を整備するために、既存製品の組立作業に対して時間分析を実施した。

d　試作品を組み立てるための模擬ラインを敷設して、製品組立の標準作業を決定した。

[解答群]
　ア　aとb　　イ　aとd　　ウ　bとc　　エ　bとd

第16問

次の文章を読んで、下記の設問に答えよ。

ある工場では、自動設備を利用して飲料の瓶詰を行っているが、瓶に詰められた内容量のバラツキを抑制する目的で新設備を試作した。この工場では、仮説検定を行うことで、試作機の性能向上を確かめたいと考えている。

設問1

現有設備を使用したときの内容量の標準偏差σ_0が1.1 mlであることから、新設備を使ったときの内容量の標準偏差をσとしたもとで、以下のように帰無仮説H₀を設定した。対立仮説H₁として、最も適切なものを下記の解答群から選べ。

$H_0：\sigma^2 = 1.1^2$

[解答群]

　ア　$H_1 : \sigma^2 < 1.1^2$　　　　イ　$H_1 : \sigma^2 > 1.1^2$

　ウ　$H_1 : \sigma^2 = 1.1^2$　　　　エ　$H_1 : \sigma^2 \neq 1.1^2$

設問2 ● ● ●

　仮説検定を行うために、新設備で瓶詰をした瓶の中から$n = 8$本のサンプルを取り出して内容量を計測したところ、以下のデータが得られた。

$$54.0 \quad 53.8 \quad 54.5 \quad 54.2 \quad 53.8 \quad 53.6 \quad 54.6 \quad 55.0 \text{（ml）}$$

$$\text{標本平均} \quad \bar{x} = \frac{1}{n}\sum_{i=1}^{n}x_i = 54.2$$

$$\text{平方和} \quad S = \sum_{i=1}^{n}(x_i - \bar{x})^2 = 1.61$$

　分散の検定は、サンプルから計算される統計量が自由度$n-1$のχ^2分布に従うことを利用して行われる。この統計量として、最も適切なものはどれか。

ア　$\dfrac{\sigma_0}{\bar{x}}$

イ　$\dfrac{S}{\sigma_0{}^2}$

ウ　$\dfrac{S}{\sigma_0}$

エ　$\dfrac{S}{\bar{x}}$

第17問

次の文章を読んで、下記の設問に答えよ。

　ある製品についての毎期の需要が下表のように予測されている。製品の発注費が1回当たり4,000円、保管費が1個1期当たり20円のもとで、発注費と保管費の総和である総費用を最小化する最適発注計画を考えたい。ただし、製品は、期首に発注し即時に納入される。従って、最適発注計画では、発注は期首在庫量が0である期に限られ、発注量はその後の需要量の何期分かになる。また、保管費は、当期に納入された製品の中で、翌期以降に持ち越した量にだけ発生するものとする。

152

	第1期	第2期	第3期
予測需要量	80個	60個	120個

設問1 ● ● ●

　発注計画を各期首に発注された製品量の組によって表すとき、発注計画(260,0,0)の総費用として、最も適切なものはどれか。

ア　10,000円

イ　10,400円

ウ　11,600円

エ　12,000円

設問2 ● ● ●

　予測されている需要量のもとで最適発注を行ったときの総費用として、最も適切なものを下記の解答群から選べ。なお、下表は計算過程の一部を示したものである。

80	60	120
	6,400	4,000
	8,000	
第1期	第2期	第3期

[解答群]

　ア　7,400円　　イ　8,000円　　ウ　9,200円　　エ　10,000円

第18問

　ある作業の出現率をワークサンプリング法を使って推定したい。出現率を信頼度95%、相対誤差 a で推定するために必要なサンプル数 n は次式で与えられる。ここで、p は予備調査により予想された作業の出現率である。

$$n = \frac{1.96^2}{a^2} \times \frac{1-p}{p}$$

　このサンプル数 n を絶対誤差 e を用いて求める下記の計算式について、空欄に入る

最も適切なものを下記の解答群から選べ。

$$n = \frac{1.96^2}{e^2} \times \boxed{}$$

[解答群]
ア　$1-p$　イ　p　ウ　$\dfrac{p}{1-p}$　エ　$p(1-p)$

第19問　★重要★

JISで定義される設備故障とその保全活動に関する記述として、最も適切なものはどれか。

ア　機能停止型故障を抑制するために、事後保全を実施した。

イ　寿命特性曲線上での設備の初期故障を抑制するために、保全予防を実施した。

ウ　設備故障の状態は、「設備が規定の機能を失う状態」と「設備が規定の性能を満たせなくなる状態」の2つに分類される。

エ　設備の信頼性を表す故障強度率は、$1 - \dfrac{\text{故障停止時間の合計}}{\text{負荷時間の合計}}$　によって計算される。

第20問

生産現場で行われる改善に関する記述として、最も適切なものはどれか。

ア　あい路工程での出来高を向上させる目的で、その直前工程の処理能力を高めた。

イ　生産ラインの編成効率を高める目的で、生産ラインのU字化を検討した。

ウ　同一製品を継続生産する職場での進度管理の手間を省く目的で、製番管理を導入した。

エ　入社直後のパート従業員を短期間で組立職場に配置できるようにする目的で、1人生産方式を導入した。

第21問　★重要★

次の文章は、いわゆる「まちづくり三法」のねらいに関する記述である。空欄A〜Cに入る語句として、最も適切なものの組み合わせを下記の解答群から選べ。

154

中心市街地活性化法は、都市中心部の衰退化現象に歯止めをかけるべく、都市中心部に対して政策的に資源を集中しようとするものであり、従来の　A　政策の系譜の中での取り組みである。　B　ではゾーニング的手法によって商業施設の立地を計画的に誘導することが期待され、　C　では施設周辺の生活環境を保持する観点からチェックが行われる。

［解答群］
ア　A：競争　　B：大規模小売店舗立地法　　C：都市計画法
イ　A：競争　　B：都市計画法　　　　　　C：大規模小売店舗立地法
ウ　A：振興　　B：大規模小売店舗立地法　　C：都市計画法
エ　A：振興　　B：都市計画法　　　　　　C：大規模小売店舗立地法

第22問　参考問題

　中小企業庁『平成27年度商店街実態調査報告書』で用いられている商店街のタイプに関する説明として、最も適切なものはどれか。

ア　近隣型商店街：最寄り品と買回り品の店舗が混在する商店街で、地域型商店街よりやや広い範囲であることから、徒歩、自転車、バス等で来街する商店街

イ　広域型商店街：百貨店・量販店を含む大型店があり、買回り品よりも最寄り品の店舗が多い商店街

ウ　地域型商店街：最寄り品中心の商店街で、徒歩または自転車等により買い物を行う商店街

エ　超広域型商店街：百貨店・量販店を含む大型店があり、有名専門店、高級専門店を中心に構成され、遠距離からも来街する商店街

第23問

　商圏分析として、A市およびB市がその中間に位置するX町から吸引する購買額の割合を、ライリーの法則に基づいて求めたい。その計算に必要な比率として、最も適切なものの組み合わせを下記の解答群から選べ。

a　「A市の人口」と「B市の人口」の比率

b　「A市の面積」と「B市の面積」の比率

c　「A市とX町の距離」と「B市とX町の距離」の比率

d 「A市とX町の住民の総所得の差」と「B市とX町の住民の総所得の差」の比率

[解答群]
ア　aとc　　イ　aとd　　ウ　bとc　　エ　bとd

第24問　　★重要★

次の文章は、照明の基礎知識に関する解説である。空欄A〜Cに入る語句または数値として、最も適切なものの組み合わせを下記の解答群から選べ。

照度とは自然光や人工照明で照らされた場所の明るさを意味する用語であり、一般的に　A　の単位で表される。JISでは維持照度の推奨値が示されている。例えば、商店（一般共通事項）の重要陳列部は750　A　であり、大型店（デパートや量販店など）の重要陳列部は　B　A　である。

照明された物の色の見え方を表す光源の性質を客観的に示すために、JISでは　C　が用いられている。例えば、商店（一般共通事項）および大型店（デパートや量販店など）の重要陳列部の推奨最小値は80である。

[解答群]
ア　A：ルクス　　B：　　500　　C：平均光色評価数
イ　A：ルクス　　B：2,000　　C：平均演色評価数
ウ　A：ルクス　　B：2,000　　C：平均光色評価数
エ　A：ワット　　B：　　500　　C：平均演色評価数
オ　A：ワット　　B：2,000　　C：平均演色評価数

第25問

地域商店街活性化法および同法に基づく商店街活性化事業に関する記述として、最も不適切なものはどれか。

ア　商店街活性化事業の成果として、商店街への来訪者の増加に着目している。

イ　商店街活性化事業は、第1に地域住民の需要に応じて行う事業であること、第2に商店街活性化の効果が見込まれること、第3に他の商店街にとって参考となり得る事業であること、以上の3点を満たす必要がある。

156

ウ 商店街活性化事業は、ハード事業のみによる振興を基本的な目的にしている。

エ 商店街は、地域コミュニティの担い手としての役割を発揮することを期待されている。

第26問　★重要★

下表は、ある店舗における1カ月の営業実績をまとめたものである。

人時生産性を改善するために、営業時間などを変えた販売計画を検討している。それぞれの販売計画に関する下記の解答群の記述のうち、現状の営業実績と比べて人時生産性を最も大きく改善できるものはどれか。

○年○月　営業実績

売上高	900万円
粗利益	270万円
粗利益率	30%
人件費	120万円
総労働時間	600時間
人件費単価	2,000円/人時

[解答群]

ア 営業時間を延長して売上高を20%増やす。ただし、総労働時間は810時間となり、粗利益率、人件費単価は変わらないものとする。

イ 人件費以外の販売経費を10%削減して営業利益を増加させる。ただし、総労働時間、粗利益率は変わらないものとする。

ウ 総労働時間を30時間減らして人件費を削減する。ただし、売上高、粗利益はそれぞれ5%減少し、人件費単価は変わらないものとする。

エ 値引きロスを減らして粗利益率を33%に改善する。ただし、売上高、人件費、総労働時間は変わらないものとする。

第27問　★重要★

小売店の品揃えの方針に関する記述として、最も適切なものの組み合わせを下記の解答群から選べ。

a 売れ筋商品を中心に品揃え商品数を絞り込むと、店全体の在庫回転率を高めやすい。

b　同じ商品カテゴリーの中で多数のメーカーの商品を品揃えすると、品揃えの総合化になる。

c　競合店にない独自商品を品揃えすれば、品揃え商品数を増やさなくても差別化ができる。

d　品揃えを専門化するためには、売れ筋商品に品揃え商品数を絞り込むことが重要である。

[解答群]
　　ア　aとb　　イ　aとc　　ウ　bとc　　エ　bとd　　オ　cとd

第28問　　★重要★

次の文章を読んで、下記の設問に答えよ。

　ある店舗で下表の商品を用いて、福袋を作って販売することを計画している。福袋は全部で5個作り、売価は4,000円とする。また、下表のすべての商品を使い切り、1つの福袋に同じ商品が入ることもある。なお、消費税は考慮しないものとする。

商品	通常売価 (円/個)	仕入原価 (円/個)	個数 (個)	通常売価合計 (円)	仕入原価合計 (円)
商品A	5,000	2,500	2	10,000	5,000
商品B	3,000	1,800	2	6,000	3,600
商品C	2,200	1,400	4	8,800	5,600
商品D	1,200	400	6	7,200	2,400
合計			14	32,000	16,600

設問1　●●●

　最初に売れた1つの福袋の粗利益率は10%であった。この福袋に入っていた商品の組み合わせとして、最も適切なものはどれか。

　ア　商品Aと商品Cがそれぞれ1個ずつ

　イ　商品Aが1個と商品Dが2個

　ウ　商品Bが1個と商品Dが2個

　エ　商品Bと商品Cと商品Dがそれぞれ1個ずつ

　オ　商品Cが2個と商品Dが1個

設問2 ● ● ● ●

福袋の販売計画に関する次の文章の空欄A～Cに入る数値として、最も適切なものの組み合わせを下記の解答群から選べ。

今の販売計画では、5個の福袋を計画した売価ですべて売り切ったときの福袋販売全体の粗利益率は ⎡ A ⎤%である。粗利益率を3ポイント高めて ⎡ B ⎤%とするためには、福袋の売価設定を ⎡ C ⎤円とする必要がある。

[解答群]
アA：17　B：20　C：4,120
イA：17　B：20　C：4,150
ウA：23　B：26　C：4,120
エA：23　B：26　C：4,150

第29問　★重要★

売場づくりの考え方に関する記述として、最も適切なものはどれか。

ア　売上数量が異なる商品でも売場スペースを均等に配分することで、欠品を減らし、商品ごとの商品回転率を均一化することができる。

イ　同じ商品グループを同じ棚段にホリゾンタル陳列すると、比較購買しやすい売場になる。

ウ　購買率の高いマグネット商品をレジ近くに配置することで、売場の回遊性を高めることができる。

エ　ゴールデンゾーンに商品を陳列する場合、それ以外の位置に陳列された商品より多フェイスにしなければ視認率は高まらない。

オ　棚割計画を立てる際、類似商品や代替性のある商品をまとめて配置することをフェイシングという。

第30問　★重要★

インストアプロモーションに関する次の文章の空欄A～Dに入る語句として、最も適切なものの組み合わせを下記の解答群から選べ。

特売は、インストアプロモーションの中でも ⎡ A ⎤ に売上を増加させるために有

問題

30年度

159

効である。価格弾力性が　B　商品は、　C　商品と比べて同じ値引率での売上の増加幅が大きい。ただし、特売を長期間継続した場合は、消費者の　D　が低下するため、特売を実施する際に注意が必要である。

```
[解答群]
 ア　Ａ：短期性　　Ｂ：小さい　　Ｃ：大きい　　Ｄ：外的参照価格
 イ　Ａ：短期性　　Ｂ：大きい　　Ｃ：小さい　　Ｄ：内的参照価格
 ウ　Ａ：短期性　　Ｂ：大きい　　Ｃ：小さい　　Ｄ：外的参照価格
 エ　Ａ：長期性　　Ｂ：小さい　　Ｃ：大きい　　Ｄ：内的参照価格
 オ　Ａ：長期性　　Ｂ：小さい　　Ｃ：大きい　　Ｄ：外的参照価格
```

第31問　　★重要★

小売店舗における在庫管理に関する記述として、最も適切なものはどれか。

ア　安全在庫を算出するときに用いる安全係数は、あらかじめ決められた一定の値であり、意図的に決める値ではない。

イ　欠品を少なくする方法は、フェイス数の増加や安全在庫の引き下げである。

ウ　サイクル在庫は、発注１回当たりの発注量を多くし発注頻度を引き下げると増加する。

エ　定量発注方式を採用しているときに過剰在庫を抑制する方法は、納品リードタイムをできるだけ長くすることである。

オ　適正な在庫量を表す理論在庫は、平均在庫と安全在庫の合計で算出する。

第32問

下図は、配送元Ｐ、配送先Ａ、Ｂの各拠点間における２種類のトラックの配送方法を表している。矢印は始点から終点へとトラックが走行することを表し、数字は配送距離である。配送元Ｐから配送先Ａ、Ｂへと、配送方法（Ⅰ）は２運行、配送方法（Ⅱ）は１運行で配送した場合を表している。

トラックの最適な配送ルートを選定する方法の１つにセービング法がある。セービング法の考え方に基づき、配送方法（Ⅰ）と（Ⅱ）を比較したときの配送距離の節約量（セービング）として、最も適切なものを下記の解答群から選べ。

160

配送方法（Ⅰ）　　　　配送方法（Ⅱ）

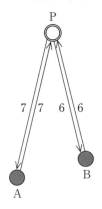 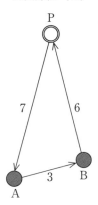

[解答群]
　ア　3　　イ　6　　ウ　10　　エ　16　　オ　20

第33問　★重要★

物流におけるユニットロードおよびその搬送機器に関する記述として、最も適切なものはどれか。

ア　一貫パレチゼーションとは、発地から着地までの間、保管用のパレットから輸送用のパレットへの積み替えを繰り返しながら、パレットに荷を積載し続けて物流を行うことである。
イ　平パレットは、主にプラスチックまたは鋼材で作られており、木製のパレットはほとんど使用されていない。
ウ　平パレットは、ワンウェイパレットとして利用されることが一般的である。
エ　ロールボックスパレットは、フォークリフトなどを用いずに人力だけでも荷役することができる。

第34問　★重要★

チェーン小売業の物流センターの機能に関する記述として、最も適切なものはどれか。

ア　在庫型物流センターを利用した取引における物流センターの在庫の所有権は、小

売業の仕入条件が店頭渡しの場合でも小売業が持つことが一般的である。

イ 物流センターから店舗に対するカテゴリー納品は、ケース単位の商品で行われ、ケース単位未満のボール単位やピース単位では行われない。

ウ 物流センターに対して商品を店舗別に仕分けて納入することは、取引に利用する物流センターの種類が在庫型か通過型かにかかわらず行われない。

エ 物流センターを利用した取引では、商品の所有権の移転経路が「製造業→卸売業→小売業」である場合でも、物流経路は卸売業を経由させないことが可能である。

第35問　★重要★

チェーン小売業の物流センターの運営に関する記述として、最も適切なものはどれか。

ア 3PL（Third Party Logistics）事業者は、倉庫や車両などの施設や設備を自ら所有しなければ、荷主に対してサービスを提供することができない。

イ デジタルピッキングは、人の手を介さずにピッキング作業を自動化する装置である。

ウ ピッキング作業は、ピッキングする商品品目数がオーダー数より多い場合は摘み取り方式で、少ない場合は種まき方式で行うのが一般的である。

エ マテハン機器のうち、ソーターは保管用の機器であり、フローラックは仕分用の機器である。

第36問

商品A〜Dの1年間における日別の売上金額について、2商品間の売上金額の相関係数を計算したところ、下表のようになった。これらの結果の解釈および相関係数の一般的な知識に関する記述として、最も適切なものを下記の解答群から選べ。

組み合わせ	相関係数
商品Aの売上金額　と　商品Bの売上金額	0.5
商品Bの売上金額　と　商品Cの売上金額	0.1
商品Aの売上金額　と　商品Dの売上金額	−0.7

＊ここで相関係数とはピアソンの積率相関係数である。

［解答群］

ア　売上金額の相関関係の強さを見ると、商品Aと商品Bの関係より、商品Aと商品Dの関係のほうが強い。

イ　商品Aと商品Bの相関係数が0.5で、商品Bと商品Cの相関係数が0.1であるため、表には計算されていないが、商品Aと商品Cの相関係数は0.4であると言える。

ウ　商品Aと商品Bの相関係数が0.5であるため、商品Bの平均売上金額は、商品Aの平均売上金額の半分であると言える。

エ　相関係数は、-100から100までの範囲の値として計算される。

オ　理論的に相関係数は0にはならない。

第37問　★重要★

ソースマーキングとインストアマーキングに関する記述として、最も適切なものはどれか。

ア　JANコードにおける日本の国番号は"49"のみである。

イ　JANコードには、大きく分けると拡張タイプ、標準タイプ、短縮タイプの3種類が存在する。

ウ　JANコードの先頭2桁は国番号であり、当該製品の原産国を表している。

エ　インストアマーキングには、バーコードの中に価格情報が含まれるPLU（Price Look Up）タイプがある。

オ　インストアマーキングの場合、先頭2桁のプリフィックスに"20"を利用することは正しい利用方法である。

第38問　★重要★

食品衛生管理方法であるHACCP（Hazard Analysis and Critical Control Point）に関する12手順が以下に示されている。空欄A～Cと記述群①～③の組み合わせとして、最も適切なものを下記の解答群から選べ。

＜HACCPの12手順＞

手順1　　　HACCPのチーム編成

手順2　　　製品説明書の作成

手順3　　　意図する用途及び対象となる消費者の確認

手順4	製造工程一覧図の作成
手順5	製造工程一覧図の現場確認
手順6	危害要因分析の実施
手順7	A
手順8	B
手順9	モニタリング方法の設定
手順10	改善措置の設定
手順11	C
手順12	記録と保存方法の設定

＜空欄に入る記述群＞

①重要管理点（CCP）の決定

②管理基準（CL）の設定

③検証方法の設定

```
[解答群]
 ア  A：①    B：②    C：③
 イ  A：①    B：③    C：②
 ウ  A：②    B：①    C：③
 エ  A：②    B：③    C：①
 オ  A：③    B：①    C：②
```

第39問　　★重要★

　マーケットバスケット分析は、頻繁に購入される商品の組み合わせ（相関ルール）を見つけ、併買を促すためのヒントを見つけ出すのに活用される方法の1つである。この相関ルールの評価に関する下記の設問に答えよ。

設問1 ●●●

　相関ルールを多角的な観点から評価するためには、複数の指標が用いられる。このうち、リフト値は重要な評価指標の1つであるが、他に2つの評価指標を挙げる場合、以下の①～④のうち、最も適切なものの組み合わせを下記の解答群から選べ。

164

① コンバージョン率
② 支持度（サポート）
③ 信頼度（コンフィデンス）
④ 正答率

[解答群]
　ア　①と③　　イ　①と④　　ウ　②と③　　エ　②と④　　オ　③と④

設問2

商品Xと商品Yの相関ルールを評価するとき、商品Xの購買が、どの程度、商品Yの購買を増大させているかを示すリフト値を計算する式を次に示す。

以下の①～④のうち、式の空欄AとBに入る語句として、最も適切なものの組み合わせを下記の解答群から選べ。

① 全顧客数
② 商品Xを購入した顧客数
③ 商品Yを購入した顧客数
④ 商品XとYを購入した顧客数

[解答群]
　ア　A：①　B：②
　イ　A：①　B：④
　ウ　A：②　B：②
　エ　A：②　B：③
　オ　A：③　B：④

第40問

日本国政府においては、「電子行政オープンデータ戦略」（平成24年7月4日 IT総合戦略本部決定）に基づき、各省庁のホームページ上で各種データの公開が進み、その利用についても関心が高まっている。ここで「オープンデータ」と言えるためには、機械判読に適したデータ形式で、二次利用が可能な利用ルールで公開されたデータである必要がある。この機械判読の容易性と著作権等の扱いにより、オープンデータは開放性の程度が5つの段階に分けられている。（平成25年度版　情報通信白書）

以下の3つのデータ形式例を、開放性の程度が低いものから高いものへと並べるとき、最も適切なものを下記の解答群から選べ。

【データ形式例】

① xlsやdoc
② PDFやJPG
③ XMLやCSV

［解答群］

ア　①－②－③
イ　①－③－②
ウ　②－①－③
エ　②－③－①
オ　③－①－②

平成30年度
解答・解説

nswers

平成30年度 解答

問題	解答	配点	正答率
第1問	イ	2	C
第2問	ア	2	B
第3問	ウ	3	B
第4問	ア	2	C
第5問	エ	2	C
第6問	エ	2	C
第7問	イ	2	B
第8問	ウ	2	A
第9問	イ	3	C
第10問	エ	2	C
第11問	エ	3	A
第12問	ウ	3	B
第13問	エ	3	B
第14問	エ	2	C
第15問	エ	2	C

問題	解答	配点	正答率
第16問 (設問1)	ア	2	D
第16問 (設問2)	イ	2	C
第17問 (設問1)	ア	2	B
第17問 (設問2)	ウ	2	B
第18問	エ	2	D
第19問	イ	2	D
第20問	イ	3	C
第21問	エ	3	B
第22問	エ	2	D
第23問	ア	2	A
第24問	イ	3	B
第25問	ウ	2	A
第26問	エ	2	C
第27問	イ	2	B

問題	解答	配点	正答率
第28問 (設問1)	エ	2	B
第28問 (設問2)	イ	2	B
第29問	イ	3	B
第30問	イ	3	A
第31問	ウ	3	B
第32問	ウ	2	A
第33問	エ	2	C
第34問	エ	2	B
第35問	ウ	2	D
第36問	ア	2	C
第37問	オ	3	C
第38問	ア	2	D
第39問 (設問1)	ウ	2	C
第39問 (設問2)	エ	2	D
第40問	ウ	2	C

※TACデータリサーチによる正答率
　正答率の高かったものから順に、A〜Eの5段階で表示。
A：正答率80％以上　　　　B：正答率60％以上80％未満　　　C：正答率40％以上60％未満
D：正答率20％以上40％未満　E：正答率20％未満

解答・配点は一般社団法人中小企業診断協会の発表に基づくものです。

平成30年度 解説

第1問

生産における管理目標（PQCDSME）に関する問題である。

ア ×：Eは環境性（EnvironmentまたはEcology）を指しており、**職場環境に関する評価ではない**。なお、本肢後半の**不適合率はQ**（Quality、品質）の管理指標のひとつであり、算出方法は本肢のとおり、検査によって不適合と判断された製品の数を、検査対象の製品の総数で除して求める。

イ ○：正しい。強度率はS（Safety、安全性）の管理指標のひとつであり、算出方法は本肢のとおり、延べ労働損失日数を延べ実労働時間数で除し1,000を乗じて求める。

ウ ×：生産の効率性とはP（Productivity、生産性）を指していると考えられる。生産性の管理指標の１つである労働生産性は、**生産量を労働量で除して求められる**。

エ ×：可用率（アベイラビリティ）は、**設備の可用性を評価する管理指標であり**、D（Delivery、納期）の評価に用いるものではない。なお、可用率の算出方法は本肢のとおり、動作可能時間を、動作可能時間と動作不能時間の合計で除して求める。

よって、**イ**が正解である。

第2問

多品種少量生産に関する問題であるが、問題文前半の「加工方法が多様で、需要が安定していない寿命の短い製品（の生産）」という補足の記述をふまえた選択肢の正誤判断が求められる。

ア ○：正しい。「加工方法が多様」という記述があるため、加工品の流れは一定ではないことが推測される。このような場合、物や作業者の流れを強く意識した製品別レイアウトを採用することは難しく、類似の機能を有する設備を近接して配置する機能別レイアウトを採用する。また、機能別レイアウトは汎用機を中心とした生産を行うこととなり、製品の品種や仕様の変更に柔軟に対応することができるので、需要が安定していない寿命の短い製品の生産を行う場合に適したレイアウトということができる。

イ ×：MRP（Material Requirement Planning、資材所要量計画）は、最終製品が必要とする構成部品の必要量を決める基本的な計算のことをいう。基準生産計画（MPS、Master Production Schedule）を立案し、部品構成表、在庫情報、部品の調達リードタイム情報などを照合して、資材所要量計画（どの部品をいつ何個発注

するか）を算出するものである。このようなシステムは、**同一の製品を長期間にわたり生産する場合に有効である。**

ウ ✕：需要が安定していない寿命の短い多品種の製品に対して、**完成品在庫を保有すると死蔵在庫を多く保有してしまう可能性が高まる。**よって、このような場合は需要変動に対応するために、完成品在庫で対応するより生産量の変動で対応することが効果的である。

エ ✕：（各製品の）**専用ラインを導入するのは、需要が安定して寿命の長い製品の少品種多量生産の場合に効果的である。**多品種少量生産の場合、多様な加工方法に応じて多様な専用ラインを導入すると各専用ラインの稼働率を確保することができず、コストダウンを図ることも困難といえる。

よって、**ア**が正解である。

第3問

システマティック・レイアウト・プランニングの手法に基づいた、工場レイアウトの改善に関する空所補充問題である。システマティック・レイアウト・プランニング（SLP…Systematic Layout Planning）は、R.ミューサー（Muther）によって開発された工場レイアウトの計画策定における系統的な手法である。SLPでは、レイアウトを構成する諸要素の相互関係（近接度合）・面積・調整の3つの基本的重要項目が提起され、それらを段階的に精査することでレイアウト案が作成される。本問の設問文は、SLPにおける計画手順のうち、製品の種類（Product）と生産量（Quantity）の関係を分析する「PQ分析」と、その結果をふまえて工程経路と物が移動するときの最も効率的な順序を決定するために実施する「物の流れ分析」に関する文章である。

空欄A：問題文に「設備のレイアウトをジョブショップ型レイアウトに変更した」とあるので、PQ分析の結果は、ジョブショップ型レイアウトが適した生産形態ということになる。ジョブショップ型レイアウトとは、同一の機能や性能をもつ機械・設備をグルーピングしたレイアウトであり、機能別レイアウトともよばれる。ジョブショップ型レイアウトは、一般的に多品種少量生産に適するレイアウトであるため、PQ分析を行った結果のグラフも、多品種少量生産の様態を示していることになる。したがって、空欄Aには、A〜Lの各種製品の生産量の差が比較的少ない「タイプⅡ」が入る。これは、問題文第一段落の「最近、製品の種類が多様化してきた」という記述とも整合する。タイプⅠは生産量が製品AとBに極端に偏っているため、少品種多量生産の様態を示すグラフである。

空欄B：問題文には、PQ分析の結果を受けて、「□□B□□」を作成した。それに基づ

いて工程編成を見直し、設備のレイアウトをジョブショップ型レイアウトに変更した」とある。したがって、空欄Bには、PQ分析の結果に基づいて作成した、工程編成の検討に役立つツールの名称が入ることになる。〔解答群〕のBの選択肢のうち、工程編成の検討、すなわち物の流れ分析に役立つツールは「多品種工程図表」である。多品種工程図表とは、縦軸に製品名、横軸に工程名を記入した用紙を作成し、製品ごとの加工工程の順に工程経路を番号で記入した図表である。なお、「流れ線図」とは、設備や建屋の配置図に工程図記号を記入したものを指し、各工程図記号の位置関係を示す。フローダイヤグラムともよばれ、ヒトやモノの無駄な動きなどを分析する「流れ分析」に用いられるが、「物の流れ分析」とは直接は関係しない。

よって、**ウ**が正解である。

第4問

スケジューリング法の1つであるディスパッチング法に関する問題である。各選択肢のガントチャートを作成し確認する必要があり、手間と時間を要する問題である。

ア　○：正しい。SPT順（Shortest Processing Time）とは、「作業時間が短いジョブ順に作業を行うルール」である。問題文では「第1工程における投入順序決定に関する記述」となっており、第1工程の作業時間が短い順に作業順を決定すると、B→C→Aとなり、ガントチャートは以下のとおりとなる。

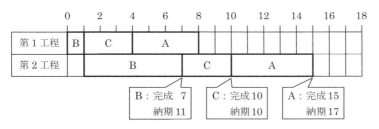

上図により、総所要時間は15時間となる。

イ　×：到着順に作業順を決定することをFIFO（First-In First-Out）とよぶ。3つの製品を問題文に示された到着順に投入するとA→C→Bの順となり、ガントチャートは以下のとおりとなる。

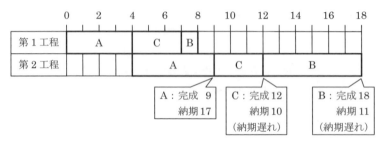

上図により、**総所要時間は18時間**となる。

ウ ✕：選択肢**イ**の図により、**製品Bと製品Cが納期遅れ**となる。

エ ✕：納期順に作業順を決定することをEDD（Earliest Due Date）とよぶ。3つの製品を納期順に投入するとC→B→A→の順となり、ガントチャートは以下のとおりとなる。

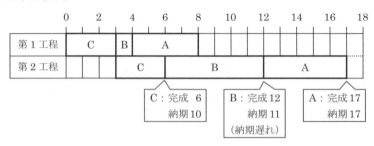

上図により、**製品Bが納期遅れ**となる。

よって、**ア**が正解である。

第5問

マシニングセンタをはじめとする工作機械など、生産設備に関する問題である。

ア ✕：**旋盤**に関する記述である。旋盤は、主として静止工具（バイト）を使用して、外丸削り、中ぐり、突切り、正面削り、ねじ切りなどの丸い形状の回転切削加工を行う工作機械のことを指す。工具は回転せず、工作物（被加工物、ワークともよぶ）を回転させることにより加工を行うことが特徴である。

イ ✕：**トランスファーマシン**に関する記述である。トランスファーマシンとは、異なる機能をもつ数台から数十台の工作機械を等間隔、かつ、直線状に配置し、それらを搬送装置で結合した工作機械群のことを指す。被加工物の位置決めや着脱も自動で行うため、一定の時間間隔で、能率的な加工が可能である。

ウ ✕：**産業用ロボット**に関する記述である。産業用ロボットとは、自動制御によるマニピュレーション機能（人間の腕や手のような動作で多様な加工を行う機能）ま

たは移動機能をもち、各種の作業をプログラムによって実行できる、産業に使用される機械のことを指す。なお、垂直多関節ロボット、水平多関節ロボット、パラレルリンクロボット、直交ロボットの4種類があり、汎用性が高く、1台でさまざまな工程に対応できるため、多品種のものを量産する製造現場に向いている。

エ 〇：正しい。マシニングセンタとは、主として回転工具を使用し、フライス削り、中ぐり、穴あけおよびねじ立てを含む複数の切削加工ができ、かつ、加工プログラムにしたがって工具を自動交換できる数値制御（NC制御）工作機械のことを指す。NC制御に基づく3軸（前後／上下／左右）、または5軸（3軸＋回転2軸）の同時制御と10～100種以上の工具の自動交換により、複雑な形状の部品でも自動で精密に加工することが可能になっている。

よって、**エ**が正解である。

第6問

各作業と先行作業を紐づけて、アローダイヤグラムを作成することにより容易に解答が導き出せる問題である。表より与えられた条件に従い、アローダイヤグラムを作成すると、以下のとおりになる。

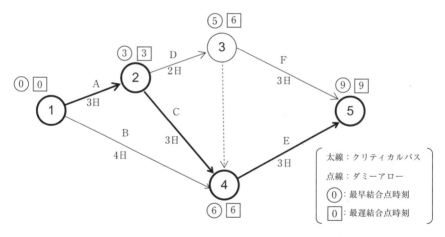

ア ✕：ダミー（アロー）とは、アローダイヤグラムを作成する際に、ノード間に複数作業が並行することを避けるために、順序関係を示すだけの目的で設定する作業時間0の作業のことを指す。上記のとおり、このプロジェクトで設定されるダミーは1本である。

イ ✕：最早結合点時刻（最早着手日）と最遅結合点時刻（最遅完了日）が同一なノードを結んでいくと、「プロジェクトの所要日数を決定する作業の列」（JIS Z 8141-

3317）であるクリティカルパスが導き出される。所要日数を表すクリティカルパスは、上記のとおり「①→②→④→⑤」、「作業A（3日）→作業C（3日）→作業E（3日）」となり、所要日数は3日＋3日＋3日＝**9日**となる。

ウ ✕：上記のとおり、クリティカルパスは「作業A（3日）→作業C（3日）→作業E（3日）」であるため、所要日数を1日短縮するためには、作業A、作業C、作業Eのいずれかを短縮する必要がある。作業Fを1日短縮しても、フロート（余裕日数）が1日増加するだけで**所要日数の短縮にはつながらない**。

エ ◯：正しい。作業Eは、クリティカルパス上の先行作業である作業C（3日）と、作業Cの先行作業である作業A（3日）が終了しないと始められないため、作業Eを最も早く始められる日数（最早着手日）は6日後ということになる。

よって、**エ**が正解である。

第7問

所与の前提条件から基準日程計画を考える問題である。与えられた前提条件、グラフ、選択肢の表からかなり手間を要するように見える。しかし、選択肢の表に与えられた6期の数値に着目すると選択肢**イ**のみ必要生産時間が0となっており、他の選択肢は必要生産時間が40または60となっている。グラフでは製品Bは1期、3期、5期に必要生産時間が示されており、前提条件には「各製品の生産は1期しか前倒しができない」となっているため、結果的に6期に生産することはないことがわかる。

よって、**イ**が正解である。

これ以降は、念のため各期の必要生産時間が選択肢**イ**のとおりになるか検証するための手順を示す。

①　3期、5期は「1期あたりの製造可能時間の上限60時間」を超過しているため、前倒しが必要である。

②　3期に必要な製品B（生産量60個＝生産時間60時間）を2期に前倒す。

③　3期に生じた生産能力の余裕（上限60時間－製品Aの生産時間20時間＝40時間）に、4期の生産予定分（製品A　80個＝生産時間40時間）を前倒す。

④　4期に生じた生産能力の余裕（上限60時間）に、5期の生産予定分（製品B　60個＝生産時間60時間）を前倒す。

これらの前倒しを行った結果は、以下の図のようになる。

174

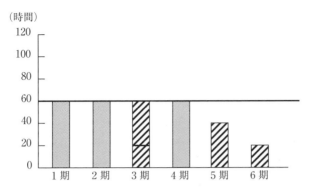

以上より、製品Bの必要生産時間は、1期60時間、2期60時間、4期60時間となる。

第8問

IE (Industrial Engineering) による改善活動に関する問題である。

ア ✗：管理図の作成目的は、工程の変動を減少させ、工程を管理状態にすること（解析用管理図）や、工程が管理状態にあるかどうかを判断すること（管理用管理図）であり、**各機械の稼働率の調査には向かない**。

イ ✗：本問で記されている機械の停止時間の発生原因は、作業者の稼働率が高いことによる機械の段取待ちであり、加工方法を検討して加工時間を短縮したとしても、**作業者の稼働率改善（低減）によって段取替えの円滑化が図られなければ、機械の停止時間を短縮することにはつながらない**。

ウ ○：正しい。マン・マシンチャートとは、連合作業分析（人と機械、または2人以上の人が協同して作業を行う際の、作業効率を高めるための分析手法）において、人と機械の作業状況を分析する際に用いられる図表である。人と機械の作業状況を時系列で分析することで、ロスの少ない作業方法への改善の検討材料とする。作業者の持ち台数の検討も、連合作業分析の目的のひとつと見なし得る。

エ ✗：MTM（Methods Time Measurement）法とは、作業の標準時間の設定方法のひとつであるPTS（Predetermined Time Standard）法の一種で、手や眼などの身体動作からなる基本動作を設定し、作業に含まれている基本動作の内容を分析したうえで、それらの基本動作の種類や移動距離、難易度などに応じて定められた正味時間値を計算的に合成することにより、作業の標準時間を求めるという手法である。MTM法は標準時間の設定を目的としたものであり、**正味作業時間以外の、在庫としての滞留時間や運搬時間も含むスループットタイムの短縮のための検討材料が直接提供されるわけではない**。

よって、**ウ**が正解である。

第9問

品質管理におけるQC7つ道具の基本的な知識を問う問題である。

空欄A：「パレート図」が入る。パレート図は、項目別に層別して、出現頻度の大きさの順に棒グラフを並べるとともに、その累積和を示し、累積比率を折れ線グラフで示した図表である。問題文のように不適合品が多発している場合に、不適合の種類と発生数を調べるためには、不適合の種類別に層別を行い、それぞれの発生数を大きい順に棒グラフで並べ、累積比率を折れ線グラフで示したパレート図を作成すれば、不適合の発生件数全体の中で、どの種類の不適合がどの程度の割合で多く発生しているかを容易に把握することができる。

空欄B：「ヒストグラム」が入る。ヒストグラムは、データの分布状況を把握するために用いる図で、データの範囲を適当な間隔に分割し、データを集計した度数分布表を棒グラフ化したものである。ヒストグラムでは、個々のデータ集団の中のバラツキ具合が一目でとらえることができる。本問に合わせて考えると、「重量に関する不適合」について、重量のデータに関するヒストグラムを作成することによって、重量データのバラツキが大きいことを明らかにすることが可能になる。

空欄C：「散布図」が入る。散布図は、2つの特性の相関関係を解析するために使用するツールである。たとえば、「機械の回転スピード」と「不良率」の関係を調べるなどがある。機械の回転スピードを速めるほど、不良率が低下するのであれば、両者は負の相関関係があるといえる。問題文の中に「加工速度と重量の関係を調べる」とあるので、加工速度と重量との間に相関関係があるのかないのか、またあるとすればそれは正の相関関係なのか、負の相関関係なのかを調べるためには、散布図が最も適しているといえる。

【パレート図】

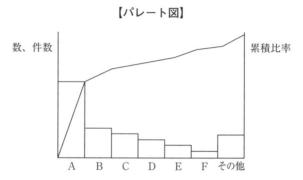

【ヒストグラム】

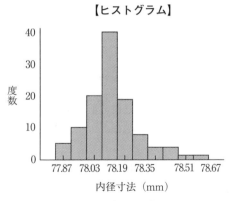

内径寸法（mm）

【散布図】

1) 強い正相関がある場合　　2) 強い負相関がある場合

よって、**イ**が正解である。

第10問

製品工程分析に関する問題である。問題の図中の基本図記号は以下のとおりである。

要素工程	記号の名称	記号	意　味
加　工	加　工	○	原料、材料、部品または製品の形状、性質に変化を与える過程を表す。
運　搬	運　搬	○	原料、材料、部品または製品の位置に変化を与える過程を表す。
停　滞	貯　蔵	▽	原料、材料、部品または製品を計画により貯えている過程を表す。
停　滞	滞　留	D	原料、材料、部品または製品が計画に反して滞っている状態を表す。
検　査	品質検査	◇	原料、材料、部品または製品の品質特性を試験し、その結果を基準と比較してロットの合格、不合格または個品の良、不良を判定する過程を表す。

ア ✕：問題に与えられた図からは、**作業者の人数は読み取ることができない**。製品工程分析では、作業者の人数を分析対象とはしていない。

イ ✕：製品検査は、**抜取検査と判断することはできない**。問題に与えられた図の工程がすべての製品に適用されているとすれば、製品検査は全数検査が行われていると考えられる。

ウ ✕：運搬工程について、台車を自動搬送機にしても、**運搬記号（運搬工程）の数を減らすことはできない**。運搬方法の変更により、運搬の省力化、高速化が実現する可能性はあるが、工程数の削減につながる改善策ではない。

エ 〇：正しい。上記の表のように、停滞には貯蔵と滞留があり、それぞれの工程数は貯蔵が 2 カ所、滞留が 1 カ所であるため、停滞の工程数は合計 3 カ所である。

よって、**エ**が正解である。

第11問

トヨタ生産方式に関連する用語を問う問題である。用語の内容は問わず、名称のみを問う問題であり、確実に得点したい問題である。

a ✕：MRP（Material Requirement Planning、資材所要量計画）は、最終製品が必要とする構成部品の必要量を決める基本的な計算のことをいう。基準生産計画（MPS、Master Production Schedule）を立案し、部品構成表、在庫情報、部品の調達リードタイム情報などを照合して、資材所要量計画（どの部品をいつ何個発注するか）を算出するものである。MRPは特定の資材を継続的に使用することを前提としているため、**同一製品を連続的に生産する場合に有効であり、トヨタ生産方式で用いるシステムではない**。

b 〇：正しい。かんばん方式とは「トヨタ生産システムにおいて、後工程引取り方式を実現する際に、かんばんとよばれる作業指示票を利用して生産指示、運搬指示をする仕組み」（JIS Z 8141-2203）のことである。トヨタ生産方式の運用に欠かせない仕組みである。

c ✕：セル生産方式とは、1 〜数人の作業員が組立、検査など複数の工程を担当する生産方式のことである。異なる機械をまとめて機械グループ（セル）を構成して工程を編成して生産を行う。トヨタ生産方式の現場改善から発展して登場した生産方式とされているが、**トヨタ生産方式において必ずしも導入されているわけではなく、トヨタ生産方式の特徴を表す用語ということはできない**。

d ✕：製番管理方式は「製造命令書を発行するときに、その製品に関するすべての加工と組立の指示書を準備し、同一の製造番号をそれぞれにつけて管理を行う方式。備考　個別生産のほか、ロットサイズの小さい、つまり品種ごとの月間生産量が少

ない場合のロット生産で用いられることが多い。」（JIS Z 8141-3211）と定義されている。上記備考にあるとおり、**個別生産や小ロットの受注生産で見られる管理方式であり、トヨタ生産方式で用いられる生産管理方式ではない**。

e ○：正しい。あんどん方式とは、トヨタ生産方式の主要な仕組みである「自働化」（機械設備の異常発生時に機械設備を自動停止させムダと異常を顕在化させるシステム）を支える目で見る管理の手法のひとつである。作業者が異常発見時にラインをストップさせそれを他工程に伝えるための「ラインストップ表示板」があんどんとよばれている。

よって、**b**と**e**が正しいため、**エ**が正解である。

第12問

需要予測に関する問題である。問題文に「従来と比較して、過去の実績需要量の中でも現在に近いものほど次月の需要量に大きく影響することが分かってきた」とあるため、直近のデータをより重視するための方法を選択することとなる。

a ✕：移動平均法は、過去における任意の個数の実績量を平均して需要予測値として用いる観測予測法である。対象範囲を３カ月とした場合には、前月、２カ月前、３カ月前の実績量の平均値を次月の予測量とする。この対象範囲を３カ月から５カ月に変更すると、**前月などの現在に近い実績量の影響を弱めて（薄めて）しまう**こととなる。本問のケースでは、**予測精度を向上させるには対象範囲を狭める必要がある**。

b ○：正しい。**a**の解説にあるとおり、本問の場合、予測精度を向上させるには対象範囲を狭める必要があるので、対象範囲を５カ月から３カ月に変更する試みは有効である。

c ○：正しい。指数平滑法とは、観測値が古くなるにつれて指数的に「重み」を減少させる重みづけ移動平均法である。どの程度「重み」を減少させるかは、平滑化定数によって決定される。単純指数平滑法による次月の予測量は次の式で算出する。

> 次月の予測量＝当月の予測量＋α（当月の実績量－当月の予測量）
> α：平滑化定数（$0 < \alpha < 1$）

上式の括弧の中は、当月の実績値と当月の予測量とのブレを表す。平滑化定数（α）を大きくすることによって、このブレの影響度を強めることができ、その結果、直近の実績量である当月の実績量に近い値を次月の予測量とすることとなる。反対に、平滑化定数（α）を小さくすると直近の実績量を軽視することとなる。

d ✕：**c**の解説にあるとおり、**平滑化定数を小さくすると、直近の実績を軽視する**

こととなる。

よって、**b**と**c**が正しいため、**ウ**が正解である。

第13問

資材の発注に関する問題である。

ア ✕：MRP（Material Requirement Planning、資材所要量計画）は、最終製品が必要とする構成部品の必要量を決める基本的な計算のことをいう。基準生産計画（MPS、Master Production Schedule）を立案し、部品構成表、在庫情報、部品の調達リードタイム情報などを照合して、資材所要量計画（どの部品をいつ何個発注するか）を算出するものである。したがって、**MRPは生産計画を基に発注量と発注時期を決定するシステム**であり、発注量と発注時期を生産計画と独立には決定できない。

イ ✕：定期発注方式における発注量の算出式は以下のとおりである。

> 発注量＝在庫調整期間中の需要推定量－発注残－手持在庫量＋安全在庫量
> ※ 在庫調整期間＝発注間隔＋調達期間

発注量から安全在庫量を控除するのではなく、安全在庫量を加える必要がある。

ウ ✕：資材の必要量に対して、発注間隔を長くすると1回あたりの発注量を多くせざるを得ない。このような状態では、発注間隔の長さから欠品が生じやすくなり、また欠品を防ぐためには大量の在庫を抱え込む必要があり、過剰在庫となる可能性も高まる。よって、**きめの細かい在庫管理や在庫量の減少を図る場合、発注間隔を短くすることが望ましい。**

エ ◯：正しい。発注点とは、発注点方式において発注を促す在庫水準のことである。発注点方式における発注点の算出式は以下のとおりである。

> 発注点＝調達期間中の推定需要量＋安全在庫
> ※ 調達期間中の推定需要量
> 　＝調達リードタイム × 調達リードタイム中の1日あたりの平均需要量

本肢の「調達期間中の払出量」が上式の「調達期間中の推定需要量」にあたり、本肢の「不確実性の考慮」が上式の「安全在庫」にあたる。なお、安全在庫は「需要変動または補充期間の不確実性を吸収するために必要とされる在庫」（JIS Z 8141-7304）のことである。

よって、**エ**が正解である。

第14問

現品管理に関する問題である。現品管理は「資材、仕掛品、製品などの物について運搬・移動や停滞・保管の状況を管理する活動。備考　現品の経済的な処理と数量、所在の確実な把握を目的とする。現物管理ともいう」と定義されている（JIS Z 8141-4102）。

ア　○：正しい。受け入れ外注品の「品質と数量の把握」は現品管理の活動である。

イ　○：正しい。仕掛品の「適正な保管位置や保管方法の設定」は現品管理の活動である。

ウ　○：正しい。製品の「適正な運搬荷姿や運搬方法の検討」は現品管理の活動である。

エ　✕：利用資材の「発注方式の見直し」は改善活動の一環として行うものであり、現品管理の活動とはいえない。

よって、**エ**が正解である。

第15問

標準時間設定法のひとつであるPTS法（Predetermined Time Standard System、既定時間法）に関する問題である。PTS法とは、作業を微動作（サーブリッグ）レベルまで分解し、あらかじめ定めた微動作ごとの作業時間値を積み上げて、標準時間を求める方法である。本問ではPTS法による標準時間を設定するための準備について問われている。

a　✕：「標準時間を組立作業を行う作業者の習熟度に応じて調整する」という表現は、**レイティング**のことを指している。レイティングとは「時間観測時の作業速度を基準とする作業速度と比較・評価し、レイティング係数によって観測時間の代表値を正味時間に修正する一連の手続き」（JIS Z 8141-5508）のことである。**レイティング**は、作業者の作業を観測して標準時間を設定する**ストップウォッチ法**などにおいて、作業者の作業時間の個人差を調整する際に用いる手法であり、PTS法は**レイティングを必要としない。**

b　○：正しい。新製品の組立作業に設備を用いる場合、設備による加工時間は、作業者の作業時間とは別に計測し、把握する必要がある。その際には、設備で試加工を実施して加工時間を計測するなどの手段がとられる。

c　✕：問題文の表現は、標準時間設定法のひとつである**標準時間資料法**（の準備）のことを指している。標準時間資料法は「作業時間のデータを分類・整理して、時間と変動要因との関係を数式、図、表などにまとめたものを用いて標準時間を設定する方法」（JIS Z 8141-5506）のことである。標準時間資料法は、仕事自体は異な

181

るが、同じ要素作業の発生が多い作業に対して用いる。PTS法は、微動作ごとに設定した時間を積み上げて標準時間を設定するものであり、既存製品の組立作業に対する時間分析は必要としない。

d 〇：正しい。PTS法に限らず、作業の標準時間を設定するためには、事前に標準作業の決定が必要となる。標準作業を決定することにより、標準時間の設定や使用する設備の種類や配置位置の決定が可能となる。そのため、試作品を組み立てるための模擬ラインの敷設は有効な手段となる。

よって、**b**と**d**が正しいため、**エ**が正解である。

第16問

統計学の仮説検定の領域からの出題である。この領域（統計学）は、これまで経営情報システムにおいて毎年出題されてきた（ちなみに、平成30年度の経営情報システムでの出題はなかった）。

（設問1）（設問2）ともに、仮説検定の知識の有無を試す問題である。（設問1）は、検定に関して少しでも知識があれば、問題の設定から正解できるチャンスがあるが、（設問2）は、知識がなければ正解は困難である。

設問1 ●●●

対立仮説、帰無仮説を含む仮説検定の知識を試す問題である。仮説検定のおおまかな流れは、次のようになっている。

ある事実を検証・証明するにあたり、以下のような考え方で検定を行う。

1) 作業仮説を対立仮説とする。

2) 1)の対立仮説（作業仮説）を否定する仮説を帰無仮説とする。

3) 2)の帰無仮説が棄却されるか検定を行い、棄却されれば対立仮説（作業仮説）が支持される。

これを本問の設定にあてはめてみる。

・作業仮説は、「新設備を使ったときの内容量のバラツキは抑制される」である。これを与えられた設定により具体化すると、「新設備を使ったときの内容量の標準偏差は、現有設備を使用したときの標準偏差1.1mlより小さくなる（$\sigma < 1.1$。分散＝（標準偏差）^{2}のため$\sigma^2 < 1.1^2$）」となり、これが対立仮説となる。

・対立仮説を否定する仮説「新設備を使ったときの内容量の標準偏差は、現有設備の内容量の標準偏差と同じである（$\sigma < 1.1$。分散＝（標準偏差）^{2}のため$\sigma^2 = 1.1^2$）」が、帰無仮説となる。

ここで注意したいのは、検証したい内容である対立仮説が問われている点である。

この点に気づけば、この対立仮説を表現している選択肢**ア**を選択できる。気づかない場合、問題に与えられた帰無仮説の反対である $\sigma^2 \neq 1.1^2$（選択肢**エ**）を選んでしまう可能性がある。

よって、**ア**が正解である。

設問2 ●●●

問題の設定である「分散の検定は、サンプルから計算される統計量が自由度 $n-1$ の χ^2（カイ2乗）分布に従うことを利用して行われる」をもとに該当する統計量を選択する問題である。これは母平均が未知の場合にサンプルの平均を使って統計量を求めるという考え方である。

この場合、統計量 $\dfrac{1}{\sigma_0^2}\sum_{i=1}^{n}(x_i-\overline{x})^2$ となる。

与えられているサンプル（標本）平均 $\overline{x}$ と平方和 S を使って、この統計量を表すと、

$$
\begin{aligned}
統計量 &= \frac{1}{\sigma_0^2}\sum_{i=1}^{n}(x_i-\overline{x})^2 \\
&= \frac{1}{\sigma_0^2}\times S \\
&= \frac{S}{\sigma_0^2}
\end{aligned}
$$

よって、**イ**が正解となる。

第17問

在庫関連の総費用を最小化するための最適発注計画に関する計算処理問題である。（設問1）は単純に計算を行うことになるが、（設問2）は時間短縮のためにもすべての計算を行うのではなく、所与の条件や選択肢の数値から手がかりを探して判断することも検討したい。まず、所与の条件について整理する。

＜条件＞

・予測需要量

	第1期	第2期	第3期
予測需要量	80個	60個	120個

・製品の発注費が1回あたり4,000円、保管費が1個1期あたり20円。

・製品は、期首に発注し即時に納入される。

・発注は、期首在庫量が0である期に限られ、発注量はその後の需要量の何期分かになる。

・保管費は、当期に納入された製品の中で、翌期以降に持ち越した量にだけ発生す

る。

以上の条件から、発注計画は以下の4通りが考えられる。

＜発注計画＞

① 第1期に第1～3期の分を発注する（発注計画（260,0,0））。

② 第1期に第1期分を、第2期に第2～3期分を発注する（発注計画（80,180,0））。

③ 第1期に第1～2期分を、第3期に第3期分を発注する（発注計画（140,0,120））。

④ 第1～3期に各期の分を発注する（発注計画（80,60,120））。

設問1 ● ● ●

上記発注計画①（発注計画（260,0,0））について総費用を計算する。

【発注計画①（発注計画（260,0,0））】

	第1期	第2期	第3期
予測需要量（①）	80個	60個	120個
発注量（②）	260個	0個	0個
期末在庫量 （前期末在庫量＋②－①）	180個	120個	0個

総費用＝発注費＋保管費
＝1回あたり発注費 × 発注回数
　＋1個1期あたり保管費 × 期末在庫総数
＝4,000×1＋20×（180＋120）
＝10,000（円）

よって、**ア**が正解である。

設問2 ● ● ●

上記発注計画①～④について総費用が最小化する発注計画を決定する。各計画の総費用を計算するのは手間がかかるため、与えられた選択肢の数値から解答を導くことができないか検討する。

ア ✕：1回あたりの発注費が4,000円かかるため、7,400円では2回発注（発注費は4,000円×2＝8,000円）をかけることはできない。1回ですべての予測需要量を発注するケースは（設問1）で計算済みである（10,000円）。よって、**ア**は成立しない。

イ ✕：1回あたりの発注費が4,000円かかるため、8,000円では1回または2回の発注が可能である。1回の発注であった場合、（設問1）や選択肢**ア**の解説のとおり総費用は10,000円となる。また2回の発注をかける場合、発注費はちょうど8,000円

184

となるため、保管費は0円でないといけない。しかし、**保管費を0円とするには、翌期にもち越す在庫量を0個とする必要があり、各期に各期分を発注する必要がある。**この場合、発注回数は3回（発注費は4,000円×3＝12,000円）となる。よって、**イ**は成立しない。

ここまでで、選択肢**ウ**と**エ**の2択までは絞ることができる。また、**エ**については（設問1）の解答であり、発注を1回だけかけたときの総費用となるが、予測需要量が最多である第3期の在庫量を第1期、第2期と2期ももち越さなければならず、第3期分の保管費だけで（20×120）×2＝4,800円かかることとなり、これであれば4,000円の発注費をかけて保管費を削減する（第3期分は第3期に発注する）ほうが望ましいことがうかがえる。以上により、消去法で**ウ**を選択することができる。

これ以降は、（設問1）の発注計画以外で、実際に実現可能な発注計画（前述の発注計画②〜④）について、総費用を計算した結果を示す。

【発注計画②（発注計画（80,180,0））】

	第1期	第2期	第3期
予測需要量（①）	80個	60個	120個
発注量（②）	80個	180個	0個
期末在庫量 （前期末在庫量＋②－①）	0個	120個	0個

```
総費用＝発注費＋保管費
　　　＝1回あたり発注費 × 発注回数
　　　　＋1個1期あたり保管費 × 期末在庫総数
　　　＝4,000×2＋20×120
　　　＝10,400（円）
```

【発注計画③（発注計画（140,0,120））】

	第1期	第2期	第3期
予測需要量（①）	80個	60個	120個
発注量（②）	140個	0個	120個
期末在庫量 （前期末在庫量＋②－①）	60個	0個	0個

```
総費用＝発注費＋保管費
　　　＝1回あたり発注費 × 発注回数
　　　　＋1個1期あたり保管費 × 期末在庫総数
　　　＝4,000×2＋20×60
　　　＝9,200（円）（選択肢ウ）
```

185

【発注計画④（発注計画（80,60,120））】

	第１期	第２期	第３期
予測需要量（①）	80 個	60 個	120 個
発注量（②）	80 個	60 個	120 個
期末在庫量 （前期末在庫量＋②－①）	0 個	0 個	0 個

総費用＝発注費＋保管費
　　　＝１回あたり発注費 × 発注回数
　　　　＋１個１期あたり保管費 × 期末在庫総数
　　　＝ 4,000×3 ＋20×0
　　　＝ 12,000（円）

　第１期と第３期に発注をかける（上記発注計画③）の総費用が9,200円で最小となり、最適発注が実現する。

　よって、**ウ**が正解である。

　なお、本問に与えられた「計算過程の一部」であるが、計算の意図が読み取りづらい。結果的にこれを用いずに解答を導出することはできるが、読み取りに時間を多く費やしてしまった場合、時間調整のバランスを崩してしまったことも考えられる。

第18問

　相対誤差と絶対誤差に関する問題である。与えられた式が複雑なため戸惑ったかもしれないが、相対誤差と絶対誤差の知識さえあれば、正解を特定することができる。相対誤差は、簡単にいえば「絶対誤差を理論値で割ったもの」である。一般的な例として、過去の実績などから10cmの寸法を想定していたもの（これを理論値ととらえる）が11cmであった場合、絶対誤差は11cm－10cm＝１cmである。この場合、相対誤差は絶対誤差１cm÷理論値10cm＝0.1（＝10％）となる。

　この問題では、相対誤差を使って表現した必要なサンプル数nの算出式を、絶対誤差に置き換えることを要求している。

　設定を確認すると、「pは予備調査による予想された作業の出現率」という記述があり、ここから、理論値はpと判断できる。

　この理論値を使って、相対誤差aと絶対誤差eの関係を表すと、次のようになる。

$$a = \frac{e}{p}$$

これを与えられた必要なサンプル数nの算出式に代入する。

$$n = \frac{1.96^2}{a^2} \times \frac{1-p}{p}$$

$$= \frac{1.96^2}{\left(\dfrac{e}{p}\right)^2} \times \frac{1-p}{p}$$

$$= \frac{1.96^2}{e^2} \times p^2 \times \frac{1-p}{p}$$

$$= \frac{1.96^2}{e^2} \times p(1-p)$$

よって、空欄は、$p(1-p)$ となり、**エ**が正解である。

第19問

設備故障と保全活動に関する問題である。

ア ✕：機能停止型故障を抑制するためには、**予防保全**を行う必要がある。予防保全は、「故障に至る前に寿命を推定して、故障を未然に防止する方式の保全。備考 予防保全の基本的な考え方には、生産停止または性能低下をもたらす状態を発見するための点検・診断、初期段階に行う調整・修復の 2 側面がある」（JIS Z 8141-6210）と定義されている。また、事後保全は「設備に故障が発見された段階で、その故障を取り除く方式の保全」（JIS Z 8141-6209）のことであり、重要性の低い設備などに対して行われる保全である。

イ 〇：正しい。寿命特性曲線は、その形状からバスタブ曲線とよばれている。横軸に設備の使用期間、縦軸に故障率をとったグラフであり、一般的に設備の故障が多いのは初期故障期と摩耗故障期であることを示している。初期故障期は、作業者の設備使用に対する習熟度の低さによる誤操作などが原因となる故障が多く、摩耗故障期は設備の寿命を超したことによる設備自体や構成部品の摩耗などによる故障が多いとされる。

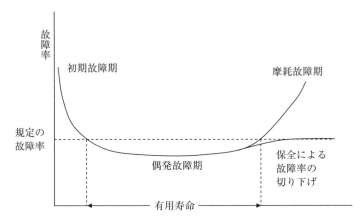

また、保全予防は「設備、系、ユニット、アッセンブリ、部品などについて、計画・設計段階から過去の保全実績または情報を用いて不良や故障に関する事項を予知・予測し、これらを排除するための対策を織り込む活動」（JIS Z 8141-6212）のことである。基本的に新しい設備を導入する際に、故障しにくい設備とするように設計を行うことを指す。寿命特性曲線上の初期故障期の故障を抑制するためには、故障しにくい設備の導入が不可欠であり、保全予防は有効な手段となる。

ウ ✕：JISでは「故障」という用語についても以下のような定義づけがされている。「設備が次のいずれかの状態になる変化。a)規定の機能を失う、b)規定の性能を満たせなくなる、c)設備による産出物や作用が規定の品質レベルに達しなくなる」（JIS Z 8141-6108）。本肢では、故障は上記定義のa)、b)の２つとなっているが、JISの定義ではc)も含む３つに分類されている。

エ ✕：一般的に、設備の信頼性を表す故障強度率は以下のとおりに算出する。

$$故障強度率 = \frac{故障時間の合計}{負荷時間の合計} \times 100\ (\%)$$

これは労働災害の評価指標である強度率と同様に、全体の負荷時間に対する損失に値する故障時間の合計との比率をとるものである。

よって、**イ**が正解である。

第20問

生産現場の改善に関する横断的に知識を問う問題である。

ア ✕：「あい路（隘路）」とは、元々は幅が狭くて通行が困難な道という意味である。生産管理用語としての「あい路」は「能力所要量が利用可能能力を上回っている工

程、設備、機能または部門。備考　ボトルネックともいう」（JIS Z 8141-4109）と定義されている。あい路工程は処理能力が相対的に低いため、直前工程の処理能力を高めてしまうと、直前工程とあい路工程の間に仕掛品が増加してしまうおそれがある。あい路工程に関しては、あい路工程の生産能力をできる限り活用することや、あい路工程自体の処理能力を高める改善が必要となる。

イ　○：正しい。U字ラインは「U字型の形状をとるライン生産方式。備考　この形状をとることによって、一人の作業者に割り付ける作業の組み合わせ方が豊富になる」（JIS Z 8141-3406）のことである。U字ラインを導入することで、一人または複数の作業員で多くの工程を担当して作業を行うこととなる（多能工化）。このことにより、工程間の作業負荷や処理能力の差から生まれる作業員の手待ちなどのロスタイムが減少し、ラインの編成効率を高める効果が期待できる。なお、（単一品種ラインの）編成効率は、以下のとおりに算出する。

$$（単一品種ラインの）編成効率（\%）= \frac{各工程の所要時間合計}{サイクルタイム \times 工程数} \times 100$$

ウ　✕：製番管理（方式）とは「製造命令書を発行するときに、その製品に関するすべての加工と組立の指示書を準備し、同一の製造番号をそれぞれにつけて管理を行う方式。備考　個別生産のほか、ロットサイズの小さい、つまり品種ごとの月間生産量が少ない場合のロット生産で用いられることが多い」（JIS Z 8141-3211）と定義されている。本肢の前半の「同一製品を継続生産する職場」というのは連続生産を指しているため、個別生産、小ロットのロット生産に適した製番管理を導入するのは適切ではない。なお、同一製品を継続生産する職場での進度管理の方法としては、追番管理などの手法がある。

エ　✕：1人（一人）生産方式は「一人の作業者が通常静止した状態の品物に対して作業を行う方式。備考1．複数の作業者が協働して作業を行う場合がある。2．ライン生産方式の対極をなす方式」（JIS Z 8141-3405）と定義されている。1人生産方式では、すべての組立および検査の工程を1人の作業者が担当することが多いため、作業者には高い習熟度が求められる。よって、入社直後のパート従業員を短期間で組立職場に配置できるようにする目的にはそぐわない改善手法である。

よって、**イ**が正解である。

第21問

「まちづくり三法」に関する問題である。

中心市街地活性化法の目的は、第一条で「この法律は、中心市街地が地域の経済及び社会の発展に果たす役割の重要性にかんがみ、近年における急速な少子高齢化の進

展、消費生活の変化等の社会経済情勢の変化に対応して、中心市街地における都市機能の増進及び経済活力の向上を総合的かつ一体的に推進するため、中心市街地の活性化に関し、基本理念、政府による基本方針の策定、市町村による基本計画の作成及びその内閣総理大臣による認定、当該認定を受けた基本計画に基づく事業に対する特別の措置、中心市街地活性化本部の設置等について定め、もって**地域の振興**及び秩序ある整備を図り、国民生活の向上及び国民経済の健全な発展に寄与することを目的とする。」と定められている。条文にもあるように、本法は「**地域の振興**」を目的とした法律である。

次に**都市計画法**では、第一種低層住居専用地域など13の用途地域を定めている。商業施設に関しては、用途地域ごとに建設できる業種や規模が定められており、土地の利用規制（ゾーニング）を設けることで計画的に誘導している。

また**大規模小売店舗立地法**では大型商業集積の出店に際し、その周辺地域の生活環境の保持のため、大規模小売店舗を設置する者にその施設の設置および運営方法について適正な配慮がなされることを求めている。

よって、空欄Aには「振興」、空欄Bには「都市計画法」、空欄Cには「大規模小売店舗立地法」が入るため、**エ**が正解である。

第22問

中小企業庁『平成27年度商店街実態調査報告書』で用いられている商店街の定義に関する問題である。中小企業庁では、3年に1度、全国の商店街に対し、景況や直面している問題、取り組んでいる事業等についての調査を実施しており、その結果を『商店街実態調査』としてまとめている。同報告書では、商店街を以下の4つのタイプに分けている。

① 近隣型商店街 ：最寄り品中心の商店街で地元主婦が日用品を徒歩または自転車などにより買物を行う商店街

② 地域型商店街 ：最寄り品および買回り品が混在する商店街で、近隣型商店街よりもやや広い範囲であることから、徒歩、自転車、バス等で来街する商店街

③ 広域型商店街 ：百貨店、量販店を含む大型店があり、最寄り品よりも買回り品が多い商店街

④ 超広域型商店街：百貨店、量販店を含む大型店があり、有名専門店、高級専門店を中心に構成され、遠距離から来街する商店街

ア ✕：本肢の内容は、**地域型商店街**のことである。地域型商店街は、**近隣型商店街**よりやや広い範囲を商圏とする。

- **イ ✕**：広域型商店街は、最寄り品よりも買回り品の店舗が多い。
- **ウ ✕**：本肢の内容は、近隣型商店街のことである。
- **エ ○**：正しい。

よって、**エ**が正解である。

第23問

商圏分析に用いられるライリーの法則に関する問題である。ライリーの法則は、小売引力の法則ともよばれ、2つの都市がその中間にある都市から販売額（顧客）を吸引する割合を求めるのに用いられる代表的な手法である。「ある地域から2つの大都市A、Bへ流れる購買力の比は、AとBの人口に比例し、その地域からAとBへの距離の2乗に反比例する」との考えに基づいている。

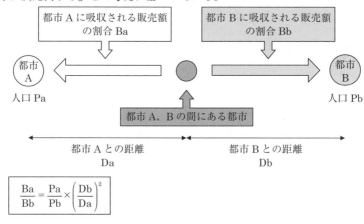

計算に必要な比率は、「A市の人口」と「B市の人口」の比率および「A市とX町の距離」と「B市とX町の距離」の比率である。

よって、**a**と**c**の組み合わせである**ア**が正解である。

第24問

照明の基礎知識に関する問題である。空欄を埋めた問題の文章およびその補足は以下のとおりである。

照度とは自然光や人工照明で照らされた場所の明るさを意味する用語であり、一般的に A：ルクス の単位で表される。JIS（JIS Z 9110）では、維持照明の推奨値が示されている。たとえば、商店（一般共通事項）の重要陳列部は750ルクスであり、大型店（デパートや量販店など）の重要陳列部は B：2,000 ルクスである（参考までに、その他の業種の重要陳列部は、高級専門店（貴金属、衣服、芸術品など）は1,000

ルクス、ファッション店（衣料、装身具、眼鏡、時計など）は750ルクスとなっている）。

照明された物の色の見え方を表す光源の性質を客観的に示すために、JISでは C：平均演色評価数（Ra） が用いられている。たとえば、商店（一般共通事項）および大型店（デパートや量販店など）の重要陳列部の推奨最小値は80である（階段や廊下は40となっている）。

なお、空欄Bは500（ルクス）か2,000（ルクス）かを選択することとなるが、2,000という数値を覚えていなくても、問題に与えられた商店の750と比較して、大型店（デパートや量販店など）の照明のほうが明るい（数値が大きい）のではないか、と推察することで選択を行うことができる。

よって、空欄Aには「ルクス」、空欄Bには「2,000」、空欄Cには「平均演色評価数」が入るため、**イ**が正解である。

第25問

地域商店街活性化法および同法に基づく商店街活性化事業に関する問題である。

地域商店街活性化法（正式名称：商店街の活性化のための地域住民の需要に応じた事業活動の促進に関する法律）は、平成21年8月に施行されており、商店街の組合の行う地域住民のニーズに応える取り組みが商店街活性化事業として認定されれば補助金、無利子融資、税制などで支援を受けることができる。

ア　○：正しい。商店街活性化事業の内容は、商店街振興組合等が中心となって地域住民のニーズに応える取り組みであり、収益のみにこだわらず、「地域コミュニティの担い手」としての商店街に期待される役割を発揮することにより、商店街の来訪者を増加させ、中小商業者または中小サービス業者の事業機会の増大を図るものとされている。よってその成果として、商店街の来訪者の増加に着目していることは正しい。

イ　○：正しい。商店街活性化事業計画は、国として認定し、政策資源を投入して支援することから、全国的見地から商店街の活性化に有意義な事業であることが求められている。具体的には次の要件を満たす必要がある。

① 地域住民の需要に応じて行う事業であること

② 商店街活性化の効果が見込めること

③ 他の商店街にとって参考となり得る事業であること

ウ　✕：商店街活性化事業は、高齢者や子育て世代への支援、防犯・防災対策、地域文化の保存・継承、歴史的な町並みの保全、環境・リサイクル活動等の地域コミュニティ機能を商店街が担うことへの期待が高まりつつあることを背景としており、ハード事業のみではこれらの要件を満たすことは難しいと考えられる。したがって

原則として、ハード事業のみでは認定を受けることはできない。

エ　○：正しい。選択肢**ア**の解説参照。

よって、**ウ**が正解である。

第26問

人時生産性に関する問題である。人時生産性とは、従業員の労働１時間あたりの粗利益額のことであり、一般的には以下のように算出する。

$$人時生産性 = \frac{粗利益額}{総労働時間}$$

改善前の人時生産性は、270万円／600時間＝4,500円／時となる。

各選択肢の検討においては、改善後の総額を算出すると計算の負担が大きいため、粗利益額の増加率と総労働時間の増加率との大小関係を比較することで正誤判断を行いたい。

ア　✕：売上高が20％増加し粗利益率が不変であれば、粗利益額は20％増加する。また、総労働時間は810時間となるため、改善前の600時間から35％増加する（(810－600)÷600より）。よって、**人時生産性の分母となる総労働時間の増加率が、分子となる粗利益額の増加率を上回るため、人時生産性は低下する。**参考までに、改善後の人時生産性を計算すると以下のようになる。

$$改善後の人時生産性 = \frac{270万円 \times (1 + 0.2)}{810時間} = 4,000円／時$$

イ　✕：販売経費（販管費）の削減のみを行うため、売上高、粗利益率は不変である。よって、粗利益額も不変であり、総労働時間も不変のため、**人時生産性は変わらない。**

ウ　✕：総労働時間を30時間削減するということは、改善前と比較して５％の減少となる（30÷600より）また、粗利益額も５％減少するため、**人時生産性は不変である。**参考までに、改善後の人時生産性を計算すると以下のようになる。

$$改善後の人時生産性 = \frac{270万円 \times (1 - 0.05)}{600時間 - 30時間} = 4,500円／時$$

エ　○：正しい。売上高が不変で粗利益率が30％から33％に改善すれば、粗利益額は10％増加する（(33％－30％)÷30％より）。また、総労働時間は不変のため、人時生産性は向上する。改善後の人時生産性を計算すると以下のようになる。

$$改善後の人時生産性 = \frac{900万円 \times 33％}{600時間} = 4,950円／時$$

よって、**エ**が正解である。

第27問

小売店の品揃えに関する問題である。品揃えと在庫回転率、品揃えの方向性としての総合化と専門化、差別化などとの関係が問われている。

a ○：正しい。売れ筋商品を中心に品揃え商品数を絞り込むと、死に筋商品が排除されることになり、店全体の在庫回転率を高めやすくなる。

b ✕：同じ商品カテゴリーの中で多数のメーカーの商品を品揃えすると、**品揃えの専門化**となる。

c ○：正しい。競合店にない独自商品を品揃えすれば、他店にない品揃えが実現でき、差別化することができる。反対に、品揃え商品数を増やしても、他店が同じような品揃えをしていた場合、差別化は実現できない。

d ✕：品揃えを専門化するためには、**特定の商品カテゴリー**に品揃え商品数を絞り込むことが重要である。売れ筋商品に品揃え商品数を絞り込んでも、特定の商品カテゴリーに特化した専門化を図ることはできない。

よって、**a**と**c**の組み合わせである**イ**が正解である。

第28問

粗利益の計算問題である。ひとつひとつ丁寧に計算していけば正解にたどり着くことができる。

設問1 ●●●

与えられた売価4,000円、粗利益率10％から売上原価は3,600円となる（4,000円×（1－0.1）より）。各選択肢の組み合わせから仕入原価が3,600円となる組み合わせを探す。

ア ✕：商品A　1個の原価2,500円＋商品C　1個の原価1,400円＝**3,900円**

イ ✕：商品A　1個の原価2,500円＋商品D　2個の原価400円×2＝**3,300円**

ウ ✕：商品B　1個の原価1,800円＋商品D　2個の原価400円×2＝**2,600円**

エ ○：正しい。商品B　1個の原価1,800円＋商品C　1個の原価1,400円＋商品D　1個の原価400円＝**3,600円**

オ ✕：商品C　2個の原価1,400円×2＋商品D　1個の原価400円＝**3,200円**

よって、**エ**が正解である。

設問2 ●●●

今の販売計画（売価4,000円の福袋を5個販売し、すべての商品を使い切る）ですべて売り切ったときの粗利益率は以下のように算出する。

$$粗利益率 = \frac{売上\,4{,}000\,円 \times 5 - 売上原価\,16{,}600\,円}{売上\,4{,}000\,円 \times 5} \times 100\,（\%）= 17\%\,（空欄 A）$$

粗利益率を3ポイント高めると20％（空欄B。17％＋3％より）となり、売上原価率は80％（1－20％より）となる。粗利益率20％のときの売価設定は以下のように算出する。

$$売価 = \frac{売上原価\,16{,}600\,円}{売上原価率\,80\%\,（= 0.8）} \div 福袋の数\,5 = 4{,}150\,円\,（空欄 C）$$

よって、**イ**が正解である。

第29問

売場づくりの考え方に関する問題である。それぞれの選択肢に出現する売場に関する用語の正確な知識が問われている。

ア ✕：売上数量が異なる商品に対して売場スペースを均等に配分すると、**売上数量が多い商品は、売場スペースが不十分で十分な陳列数を確保することができずに欠品の可能性が高まる**。また、売上数量が少ない商品は、陳列数（売場における在庫数）に対して売上が十分に確保できずに商品回転率が低くなることやスペース効率が低くなる可能性が高まる。一般的に、売場スペースは各商品群の売上金額や粗利益額に応じて配分することが望ましいとされる。

イ 〇：正しい。ホリゾンタル（水平）陳列とは横陳列ともよばれ、同じ棚段に商品を水平的に陳列する手法である。顧客は視線を横に動かすだけで複数の商品を見ることができるため、同じ商品グループの比較購買に適した陳列手法とされている。

ウ ✕：マグネット商品とは、購買率が高い、顧客を引き寄せる力が強い商品のことである。マグネット商品をレジ近くに配置した場合、レジ近くの当該商品のみを購入し退店してしまう顧客が増加してしまう。結果的に、**客動線を短くしてしまい、売場の回遊性を低下されることが懸念される**。マグネット商品は、通路の突き当たりや什器のエンド部分に配し、顧客を店舗の奥に誘導しやすくするのが一般的である。

エ ✕：ゴールデンゾーンとは、陳列棚の高さの中で、最も来店客の手の届きやすい高さの陳列スペースのことを指す。一般的に、男性で70～160cm、女性で60～150cmの範囲を指し、大まかには直立した成人の目から腰までの高さ程度と考えればよい（数値は諸説あるため覚える必要はない）。ゴールデンゾーンはそれ以外の陳列スペースと比較して顧客の視認率が高く、多くのフェイス数を確保しなくても顧客が目に止める可能性が高い。反対に、ゴールデンゾーン以外の陳列スペースに陳列した商品を多く販売したいのであれば、多フェイス陳列として視認率を高める

方法は有効である。

オ ✕：類似商品や代替性のある商品をまとめて配置することを**グルーピング**という。類似製品や代替性のある商品とは、同じカテゴリーでメーカーや容量、味、色などが異なる商品と考えればよい。これらをまとめて近くに配置することで、顧客の同時購買（たとえばアイスクリームのチョコレート味とストロベリー味を両方買うこと）や比較購買（たとえば飲料の500mℓボトルよりもお得な1.5ℓボトルを買うこと）を促し、購買点数や購買単価の向上を図ることができる。なお、フェイシングとは売上実績データに基づいて、陳列する商品のフェイス数を最適化する取組みのことをいう。

よって、**イ**が正解である。

第30問

インストアプロモーションに関する問題である。小売店舗での売上は、客数と客単価によって決まる。インストアプロモーションは、すでに入店している顧客に向けたプロモーションであり、客単価向上を狙った施策である。インストアプロモーションは、価格対応型と非価格対応型とに分けることができ、価格対応型の代表的な手法は特売である。

特売は、インストアプロモーションの中でも A：短期的 に売上を増加させるために有効である。価格弾力性が B：大きい 商品は、 C：小さい 商品と比べて同じ値引率での売上の増加幅が大きい（価格弾力性が大きいということは、わずかな価格の低下で需要が大きく増えるため）。ただし、特売を長期間継続した場合は、消費者の D：内的参照価格 が低下するため、特売を実施する際に注意が必要である。

なお、内的参照価格とは、消費者がこれまでの購買行動で培ってきたある特定商品に対する記憶に残っている価格のことである。内的参照価格が低下するとそれよりも低い価格でないと安いと感じなくなるため、販売する側はより一層の値下げを行う必要が生じたり、ブランド価値が低下したりすることがある。

よって、空欄Aには「短期的」、空欄Bには「大きい」、空欄Cには「小さい」、空欄Dには「内部参照価格」が入るため、**イ**が正解である。

第31問

小売店舗における在庫管理に関する問題である。安全在庫やサイクル在庫など在庫に関する用語や発注方式に関する用語など、幅広く基本的な知識が問われている。

ア ✕：安全在庫を算出するときに用いる安全係数は、需要のばらつきの大きい商品の場合は安全在庫が大きくなるように、需要のばらつきが小さい商品の場合は安全

在庫が小さくなるように設定する。安全係数は、一般的には以下の値が使われている。

欠品許容率（％）	1	5	10	20	30
安全係数	2.33	1.65	1.29	0.85	0.53

　欠品許容率とは、たとえば5％であれば100回の発注のうち5回は欠品が発生するかもしれないという確率である。欠品許容率を設定すれば統計的手法により安全係数が決まるが、欠品許容率をどの程度に設定するかは、品揃え政策や需要の動向により**店舗が任意に設定する**ものである。

イ ✕：フェイス数を増加させることは、陳列する商品数が増える効果があり欠品を少なくすることができる。しかし、安全在庫を引き下げると、**需要が増えた場合、欠品を発生させる**ことになる。

ウ ◯：正しい。サイクル在庫とは、納入から次の納入までの需要に対する在庫であり、一般的にサイクル在庫は次の式で求められる。

$$サイクル在庫 = \frac{発注量}{2}$$

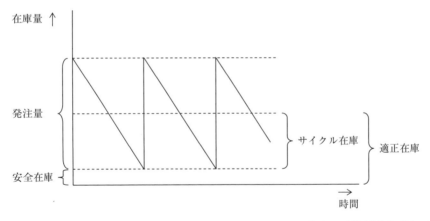

　上記の式からわかるように、発注1回あたりの発注量を多くし発注頻度を引き下げるとサイクル在庫は増加する。

エ ✕：定量発注方式を採用しているときに過剰在庫を抑制するひとつの方法は、納品リードタイムをできるだけ**短く**することである。納品リードタイムを短くすることで、選択肢**ア**の安全在庫や、選択肢**ウ**のサイクル在庫を抑制することができる。

オ ✕：適正な在庫量は一般的に選択肢**ウ**の解説の図のとおり、**サイクル在庫と安全在庫**の合計で算出する。平均在庫とはある一定期間の在庫量の平均であり、平均在庫には安全在庫が含まれている。なお、本肢の「理論在庫」であるが、一般的には

「帳簿上の在庫数量」のことをいう。実際に存在する在庫量（実在庫、物理在庫）と理論在庫は、入荷や払出しの入力ミス、盗難などにより差異が生じることがあるため、定期的な実地棚卸を行って、実在庫の把握や理論在庫の修正を行う必要がある。

よって、**ウ**が正解である。

第32問

物流ネットワークにおいて巡回経路を計画するための技法であるセービング法に関する問題である。セービングとは配送先が複数ある場合、配送ルートによって節約（セービング）できる距離または時間のことである。ネットワーク図から行き先ごとのセービング値を計算し、戸別に訪問するのではなく、この値の大きいものから巡回して配達を実行していく。

本問はセービング法の知識がなくても、単純に問題に示された配送距離の差を計算するだけで正解を導き出すことができた。

・配送方法（Ⅰ）の配送距離：$7 \times 2 + 6 \times 2 = 26$
・配送方法（Ⅱ）の配送距離：$7 + 3 + 6 = 16$
・セービング（節約距離）：$26 - 16 = \underline{10}$

よって、**ウ**が正解である。

（参考文献：日本ロジスティクスシステム協会監修『基本ロジスティクス用語辞典』白桃書房）

第33問

ユニットロードおよびその搬送機器に関する問題である。

ア ✕：一貫パレチゼーションとは、発地でパレットに荷を積載してから着地で荷卸しされるまでの間、**パレットの積み替えを行うことなく**物流を行うことである。

イ ✕：平パレットは、平面状で上部構造物のない、フォークリフト用の差込口をもつパレットである。

【平パレット】

平パレットは、**木製のものが世界中で普遍的に使用されている**。木製パレットは、

一般的に価格が安く、比較的積荷がすべらない、補修が簡単であるといったメリットがある一方、木材不足や価格が不安定といった問題点も指摘されている。また、他にプラスチック製、金属製（鋼製、アルミ製など）、紙製（段ボール製、ファイバーボード製）などのパレットが流通している。

1970年にJISによって「一貫輸送用平パレット」の規格サイズとして、T11（1100×1100×144mm）が定められている。

ウ ✕：平パレットは、有効的な資源利用の観点から、**回収して再利用されることが多くなっている**。一方で、輸出などにおいては、パレット回収が困難な場合もあり、ワンウェイ（一方通行）で使用されることも少なくない。

エ ◯：正しい。ロールボックスパレット（Roll Box Pallet）は、一般的にカゴ車、カゴ台車などとよばれ、パレットの四方上方に柵が付き、底面にはキャスターがついたものであり、宅配業などで多く用いられている。

【ロールボックスパレット】

物流センターなどにおいては、トラックの荷台の高さに荷積み場の床面を合わせ、人が荷台までロールボックスパレットを押してトラックへの荷積みを行うなど、人力による荷役が行われている。フォークリフトを用いた荷役に比べ小回りの良さなど作業性の高さといったメリットがあるが、一方では指を挟まれるなどのロールボックスパレットを使用することによる労働災害の多さも指摘されている。

よって、**エ**が正解である。

（出所：日本パレット協会HP「パレットとは」https://www.jpa-pallet.or.jp/page.php?page_id=105）

第34問

チェーン小売業の物流センターの機能に関する問題である。

ア ✕：小売業の仕入条件の店頭渡しとは、仕入価格に小売店までの運送費などを含んだ価格設定とするものである。店頭渡し価格を仕入条件とした場合、小売店としては運送費を追加で支払う必要がないため、多頻度（小口）配送を要求することが多いとされる。一般的に、店頭渡しの仕入条件設定がなされていても、**在庫型物流センターの在庫の所有権は卸売業がもつことが多い**。

イ ✕：カテゴリー納品とは、小売店の陳列作業の負担を軽減することなどを目的として、同カテゴリーの商品を同梱して小売店に納品する方式のことをいう。また、ケース単位とは外装（段ボール箱など。たとえば350mlの缶ビール24本入りのケース）を1単位とし、ボール単位とは外装に含まれる小箱（たとえば350mlの缶ビール6本を紙でくくったもの）を1単位とし、ピース単位とは1つひとつの商品（たとえば350mlの缶ビール1本）を1単位とする商品の数え方のことである。**カテゴリー納品では、ケース単位のみならず、ボール単位からピース単位の商品までカテゴリー別に同梱して納品が行われる。**

ウ ✕：メーカーや卸売業から物流センターに対して商品を店舗別に仕分けて納入することは、一般的にベンダー仕分けといわれる。ベンダー（メーカーや卸売業）であらかじめ最終納入先の小売店別に仕分けを行っておいて、物流センターでは、物流センター内の在庫や他のベンダーから納品された商品と荷合わせを行って小売店に発送を行う。在庫型物流センターに商品を納入する場合は、一般的に納入する小売店が確定していないため、ベンダー仕分けは行われない。一方、通過型物流センターに商品を納入する場合は、小売店の発注に基づいて物流センターに納入することが多く、ベンダー仕分けが行われることがある。なお、通過型物流センターへの納入はベンダー仕分けのほかに、物流センターで小売店別の仕分けを行うセンター仕分けの場合もある。

エ ◯：正しい。物流センターを利用した取引では、商品の所有権の移転経路が「製造業→卸売業→小売業」でも、物流経路は「製造業→小売業」（メーカーからの直接仕入）とすることが可能である。この場合、卸売業は、形式上製造業からの仕入と小売業への売上を計上するが、商品は在庫することなく、商品手配や配送などだけを行うこととなる。

よって、**エ**が正解である。

第35問

チェーン小売業の物流センターの運営に関する問題である。一部に未学習の用語があっても、本問はピッキングに関する基本的な知識があれば正解が可能である。

ア ✕：3PL（Third Party Logistics）事業者には、アセット型とノンアセット型の2種類が存在する。倉庫や車両などの施設や設備を自ら所有している3PL事業者がアセット型であり、自ら所有せず顧客の要求に応じて最適な輸送業者や倉庫を利用するのがノンアセット型である。したがって、**施設や設備を自ら所有しなくても、荷主にサービスを提供することは可能である。**

イ ✕：デジタルピッキングとは、棚に設けられたデジタル表示器によるピッキング

200

作業の支援システムであり、作業者は表示器が光った場所に移動し表示されている数量をピックアップする。これにより作業ミスの低減を図ることができるが、人の手を介さずにピッキング作業を自動で行う装置ではない。

ウ ○：正しい。ピッキング作業には、摘み取り方式と種まき方式がある。摘み取り方式は、納入する店別に商品をピッキングしていく方式であり、多品種少量出荷やピッキングする商品品目数がオーダー（納入先）数より多い場合に採用される。種まき方式は、まず商品を必要数ピッキングし、次に納入先ごとに仕分けしていく方式であり、少品種多量出荷やピッキングする商品品目がオーダー（納入先）よりも少ない場合に採用される。

エ ×：マテハン機器とは、物流業務において運搬や荷役作業を支援する専用機器のことである。フォークリフト、パレット、コンベアなどのほか、さまざまな機器がある。ソーターとは、商品を種類別、送り先別に仕分けする設備であり人手を介さずに大量の商品を処理することができる。またフローラックとは、商品を置く棚板が背面から前面へ斜めに設けられている棚のことである。商品の補充は背面から行い、取り出しは前面から行う。棚板が斜めになっているため、商品が取り出されると自動的に次の商品が前面に移動するため、先入れ先出しが行いやすい。**ソーターは仕分用、フローラックは保管用**の機器である。

よって、**ウ**が正解である。

第36問

複数商品の売上の関連を分析するための相関係数に関する問題である。中小企業診断士試験第1次試験では、財務・会計でよく問われる知識である。

相関係数は、2つの変数の相関性を評価する係数であり、−1以上1以下の値となる。相関係数は以下のように算出することができる。

$$\text{相関係数} = \frac{2\text{つの変数の共分散}}{1\text{つの変数の標準偏差} \times \text{もう1つの変数の標準偏差}}$$

相関係数のポイントは、①数値の絶対値が大きければ（1や−1に近づけば）2つの変数の相関性が高く、絶対値が小さければ（0に近づけば）2つの変数の相関性は低い、②符号が＋であれば正の相関関係にあり、符号が−であれば負の相関関係にある、というものである。

ア ○：正しい。商品Aの売上金額と商品Bの売上金額との相関係数は0.5であり、商品Aの売上金額と商品Dの売上金額との相関係数は−0.7である。上記解説の①より、相関係数の絶対値が大きい（0.7＞0.5）商品Aと商品Dの関係のほうが、商品Aと商品Bの関係よりも強い、と評価できる。

201

イ ✕：問題に与えられたデータである商品Aと商品Bの相関係数、商品Bと商品Cとの相関係数だけでは商品Aと商品Cの相関係数は算出することはできない。商品Aと商品Cの相関係数が必要な場合は、上記解説の算出式を用いて改めて算出する必要がある。

ウ ✕：上記解説のとおり、相関係数は2つの変数の相関性を表す係数であり、商品間の平均売上金額の比率を表すものではない。

エ ✕：上記解説のとおり、相関係数は－1以上1以下の値をとる。

オ ✕：上記解説のとおり、相関係数は－1以上1以下の値をとるため、理論的には0となることもある。相関係数が0の場合は、相関性がないものとみなされる。

よって、**ア**が正解である。

第37問

ソースマーキング（JANコード）とインストアマーキングに関する問題である。JANコードのデータ構成は以下のようになっている。

【JANコードのデータ構成】

13桁標準タイプ

8桁短縮タイプ

9桁GS1事業者コード　　7桁GS1事業者コード

①…GS1事業者コード
②…商品アイテムコード
③…チェックデジット

ア ✕：JANコードにおける日本の国番号は「49」と「45」の2種類である。

イ ✕：JANコードには、大きく分けると標準タイプ（13桁、GTIN-13）、短縮タイプ（8桁、GTIN-8）の2種類が存在する。なお、上図には3種類のJANコードが示されているが、13桁標準タイプには9桁GS1事業者コードを利用したものと、7桁GS1事業者コードを利用したものがある。2001年以降の新規登録分は、9桁GS1事業者コードが利用されている。

ウ ✕：JANコードの先頭2桁は国番号であることは正しい。しかし、国番号はブランドオーナー、発売元、製造元などの供給責任者がどこの国に存在するかを表すも

のであり、当該商品の原産国（どこの国の工場で生産されたか）を表すものではない。

エ ✕：インストアマーキングとは、店内でバーコードを印刷して商品に貼り付ける方法のことをいう。インストアマーキングはスーパーマーケットの惣菜や店内でカットする精肉などに用いられている。インストアマーキングには、バーコード自体には価格情報を含まないPLUタイプと、価格情報が含まれるNon-PLUタイプがある。

オ ◯：正しい。プリフィックスとは、バーコードデータ（商品コードなど）の前に付加する設定のことをいう。インストアマーキングの場合、先頭2桁のプリフィックスには「02」もしくは「20〜29」を用いる。

よって、**オ**が正解である。

第38問

食品衛生管理手法であるHACCP（Hazard Analysis and Critical Control Point）の12手順に関する問題である。HACCPは、食品の中に潜む生物的、化学あるいは物理的危害要因を科学的に分析し、それが除去あるいは低減できる工程を常時管理し記録する方法であり、その導入は以下の12の手順に沿って進められる。

手順1	HACCP のチーム編成	製品を作るために必要な情報を集められるよう、各部門から担当者を集める。
手順2	製品説明書の作成	製品の安全について特徴を示す。原材料や特性等をまとめておき、危害要因分析の基礎資料とする。
手順3	意図する用途及び対象となる消費者の確認	用途は製品の使用方法（加熱の有無等）を、対象は製品を提供する消費者を確認する。
手順4	製造工程一覧図の作成	受入れから製品の出荷もしくは食事提供までの流れを工程ごとに書き出す。
手順5	製造工程一覧図の現場確認	製造工程一覧図ができたら、現場での人の動き、モノの動きを確認して必要に応じて工程図を修正する。
手順6	危害要因分析の実施	工程ごとに原材料由来や工程中に発生しうる危害要因を列挙し、管理手段をあげていく。
手順7	重要管理点（CCP）の決定（空欄 A）	危害要因を除去・低減すべき特に重要な工程を決定する。
手順8	管理基準（CL）の設定（空欄 B）	危害要因分析で特定したCCPを適切に管理するための基準を設定する。

203

手順9	モニタリング方法の設定	CCP が正しく管理されているかを適切な頻度で確認し、記録する。
手順10	改善措置の設定	モニタリングの結果、CL が逸脱していたときに講ずるべき措置を設定する。
手順11	検証方法の設定 （空欄 C）	HACCP プランに従って管理が行われているか、修正が必要かどうか検討する。
手順12	記録と保存方法の設定	記録は HACCP を実施した証拠であると同時に、問題が生じた際には工程ごとに管理状況を遡り、原因追究の助けとなる。

（出所：公益社団法人日本食品衛生協会ホームページ　一部改変）

　上述のように空欄Aには「①重要管理点（CCP）の決定」が入り、空欄Bには「②管理基準（CL）の設定」が入り、空欄Cには「③検証方法の設定」が入る。

　よって、**ア**が正解である。

第39問

　POSデータ分析のひとつであるマーケットバスケット分析に関する問題である。

設問1 ● ● ●

　複数商品の併売を促すための相関ルールを評価するための代表的指標として、リフト値、支持度（サポート）、信頼度（コンフィデンス）などがある。

　支持度（サポート）とは、あるルールに基づく結果が全体に対してどの程度の割合かを示すものである。支持度が高ければ全体に与える影響が大きくなり、支持度が低ければ全体に与える影響は小さくなる。仮に分析の対象が商品Xと商品Yの２つであった場合、支持度は以下の式で算出される。

$$支持度 = \frac{商品 X と商品 Y を同時購入した人数}{全顧客数} \times 100 （\%）$$

　また、仮に分析の対象が商品Xと商品Yの２つであった場合、信頼度（コンフィデンス、確信度）は、以下の式で算出される。

$$信頼度 = \frac{商品 X と商品 Y を同時購入した人数}{商品 X を購入した人数} \times 100 （\%）$$

　信頼度が高ければ２つの商品の併売が頻出するものと類推され、低ければ稀にしか発生しないと類推できる。

　よって、②の支持度と③の信頼度が正しいため、**ウ**が正解である。

設問2 ● ● ●

　リフト値とは、ある商品の購買が他の商品の購買にどの程度相関しているかを表す指標である。本問の場合、「商品Xを購入した顧客の中で、商品Yも同時に購入する顧客の確率（信頼度）が、全顧客のうち商品Yを購入した顧客の割合の何倍あるか」を表す。この値が高ければ商品Xと商品Yは関連がある、つまり同時に購入されることが多いと判断される。なお一般的にはリフト値が2を超えると関連ありとみなされる。また低ければなんらかの理由で商品Yが単独でよく購入されていると考えられるため、商品Xとの因果関係よりも商品Y特有の要因が強い、つまり単品で購入されることが多いと判断される。

$$
リフト値 = \frac{\dfrac{商品Xと商品Yを購入した顧客数}{商品Xを購入した顧客数（空欄A）}}{\dfrac{商品Yを購入した顧客数（空欄B）}{全顧客数}}
$$

　よって、空欄Aには「商品Xを購入した顧客数」、空欄Bには「商品Yを購入した顧客数」が入るため、**エ**が正解である。

第40問

　オープンデータに関する問題である。オープンデータとは①コンピュータプログラムが自動的にデータの加工、編集を行える、または、特定のアプリケーションに依存しないような機械判別に適したデータ形式で、②著作権の制約がかからないよう、二次利用が可能な利用ルールで公開されたデータ、である必要がある。それにより人手をかけずにデータの二次利用が可能となる。「電子行政オープンデータ戦略」（平成24年7月4日　IT総合戦略本部決定）において、オープンデータの意義・目的について、①行政の透明性・信頼性の向上、②国民参加・官民協働の推進、③経済の活性化・行政の効率化、の3点があげられている。オープンデータの機械判読の容易性、著作権等の扱いにより、その開放性の程度が5段階に分けられている。

【オープンデータの５つの段階とデータ形式】

段階	公開の状態	データ形式例	
１段階	オープンライセンスのもと、データを公開	PDF、JPG	人が理解するための公開文書（編集不可）
２段階	１段階に加え、コンピュータで処理可能なデータで公開	xls、doc	公開文書（編集可）
３段階	２段階に加え、オープンに利用できるフォーマットでデータ公開	XML、CSV	
４段階	Web標準のデータフォーマットでデータ公開	RDF、XML	機械判読可能な公開データ
５段階	４段階が外部連携可能な状態でデータを公開	LOD、RDF スキーマ	

よって、開放性の低いものから順に、②PDFやJPG－①xlsやdoc－③XMLやCSVとなるため、**ウ**が正解である。

（出所：『平成25年版　情報通信白書』　総務省）

平成29年度 問題

平成29年度 問題

第1問　★重要★

生産システムにおける評価尺度に関する記述として、最も適切なものはどれか。

ア　MTBFは、故障した設備を運用可能状態へ修復するために必要な時間の平均値である。

イ　稼働率は、人または機械の利用可能時間を有効稼働時間で除した値である。

ウ　原材料生産性は、生産量を原材料の総使用量で除した値である。

エ　スループットは、製品を発注してから納入されるまでの時間である。

第2問　★重要★

生産システムにおけるICTの活用に関する記述として、最も適切なものはどれか。

ア　CAE（Computer Aided Engineering）を導入することにより、製品開発過程の早い段階での事前検討が可能となり、開発期間の短縮が期待できる。

イ　CAM（Computer Aided Manufacturing）を導入することにより、時々刻々変化する生産現場の状況をリアルタイムで把握することが可能となり、納期変更や設計変更などへの対応が容易になる。

ウ　PDM（Product Data Management）を導入することにより、メーカーとサプライヤーが在庫データを共有することができ、実需に同期した精度の高い予測に基づく生産が可能になる。

エ　POP（Point of Production）を導入することにより、タイムバケットに対して計画が作成され、調達・製造すべき品目とその量、各オーダーの着手・完了時期の必然性を明確にすることが可能となる。

第3問

製品開発・製品設計に関する記述として、最も不適切なものはどれか。

ア　下流工程での問題を可能な限り上流で防止し、短い設計納期を実現するために、バリューエンジニアリングを取り入れることが有効である。

イ 試作品製作は製品開発プロセスの中でも重要な位置を占めており、試作時の製作方法や加工条件から、量産時の工程編成における重要な情報を得ることが可能である。

ウ 新製品の設計段階でデザインレビューを活用する際には、設計構造の矛盾や誤りを排除することに重点がおかれるため、設計の熟練者がレビューアとなることが有効である。

エ モジュール設計の考え方を取り入れると、生産工程の合理化・簡素化が期待できるが、設計に問題が発生した場合にその影響が大きいというデメリットもある。

第4問

モジュール生産方式に関する記述として、最も不適切なものはどれか。

ア あらかじめ複数種類の部品を組み立てておき、注文を受けてからそれらの組み合わせによって多品種の最終製品を生産することが可能となる。

イ 外部のサプライヤーに対してモジュール単位で発注を行えば、サプライヤーの数を絞ることが可能となるため、管理の負担を軽減することが期待できる。

ウ 組立工程で扱う部品点数が削減され、組立工程が短くなり注文を受けてから納品するまでのリードタイム短縮が期待できる。

エ 製造設備の使用日程・資材の使用予定などにオーダーを割り付け、顧客が要求する納期通りに生産する方式で、平準化生産など製造効率の良い生産が可能となる。

第5問

工場レイアウトに関する次の文中の空欄A~Cに入る語句の組み合わせとして、最も適切なものを下記の解答群から選べ。

工場レイアウトとはあらゆる施設における　　A　　の配置問題である。

代表的なレイアウト技法としてMutherによって開発されたSLPがある。SLPでは、　　B　　・面積・調整の3つの基本的重要項目が提起され、それらを段階的に精査することでレイアウト案が作成される。SLPは直観的でわかりやすい反面、主観的評価に依存しているという課題がある。

他方、コンピュータを活用したレイアウトのためのヒューリスティック技法が開発されている。そこでは評価関数として、一般的に　　C　　が用いられている。

210

[解答群]

ア　A：機能　　　B：アクティビティ　　C：加重総移動距離

イ　A：機能　　　B：相互関係　　　　　C：加重総移動距離

ウ　A：設備　　　B：アクティビティ　　C：スループット

エ　A：設備　　　B：相互関係　　　　　C：スループット

第6問　　★重要★

　下表は、ある職場で製品Aに関する工程分析を行った結果から得られた各工程分析記号の出現回数を示している。この分析結果に関するa～cの記述の正誤の組み合わせとして、最も適切なものを下記の解答群から選べ。

a　加工の割合は約53.6％である。

b　数量検査の出現回数は1である。

c　滞留の出現回数は3である。

工程分析記号	回数
◯（大）	7
○	15
▽	3
D	0
□	1
◇	2
合計	28

[解答群]

　ア　a：正　　b：正　　c：誤

　イ　a：正　　b：誤　　c：正

　ウ　a：誤　　b：正　　c：誤

　エ　a：誤　　b：誤　　c：正

第7問　　★重要★

　下表は、ある職場で加工に用いられている機械Aについてワークサンプリングを行った結果を示している。主作業以外の作業を改善対象として抽出するため、対象となる作業のパレート分析を行った。80%を超えない範囲でできるだけ多くの作業を改善対象とするとき、その作業の数として、最も適切なものを下記の解答群から選べ。

作業	観測回数
機械加工	1,320
加工部材の着脱作業	251
段取替え	205
着脱作業待ち	189
段取替え待ち	155
加工部材待ち	124
故障	76
合計	2,320

[解答群]

　ア　3　　　イ　4　　　ウ　5　　　エ　6

第8問　　★重要★

　自動生産および生産情報管理に関する記述として、最も不適切なものはどれか。

ア　開発・製造・販売などの情報ネットワークを統合化するために、FAを導入することにした。

イ　複数の工作機械や搬送機器などを集中制御するために、DNCを導入することにした。

ウ　部材加工や、工具管理、工場内搬送などを自動化したいので、FMSを導入することにした。

エ　部材の取り付け・取り外し、工具の選択・交換などを行う作業者を削減したいので、MCを導入することにした。

第9問　★重要★

かんばん方式に関する記述として、最も不適切なものはどれか。

ア　かんばんは、あらかじめ定められた工程間、職場間で循環的に用いられる。

イ　かんばん方式を導入することにより、平準化生産が達成される。

ウ　仕掛けかんばんには、品名、品番、工程名、生産指示量、完成品置場名などが記載される。

エ　引取かんばんのかんばん枚数によって、工程間における部材の総保有数を調整することができる。

第10問　★重要★

標準時間に関する記述として、最も不適切なものはどれか。

ア　PTS法ではレイティングを行う必要はない。

イ　内掛け法では、正味時間に対する余裕時間の割合で余裕率を考える。

ウ　主体作業時間は、正味時間と余裕時間を合わせたものである。

エ　人的余裕は、用達余裕と疲労余裕に分けられる。

第11問

購買・外注管理に関する次の業務のうち、調達に関わる量産開始前の業務として、最も不適切なものはどれか。

ア　在庫管理

イ　調達先の選定

ウ　デザイン・イン

213

エ　内外製区分の決定

第12問

在庫を評価するための尺度に関する記述として、最も適切なものはどれか。

ア　在庫回転率は、標準在庫量を使用実績量で除したものである。

イ　在庫月数は、月間使用量を平均在庫量で除したものである。

ウ　品切れ率は、品切れ件数を受注件数で除したものである。

エ　納期遵守率は、納期遅延件数を受注件数で除したものである。

第13問　★重要★

工場内でのマテリアルハンドリングに関する記述として、最も不適切なものはどれか。

ア　運搬活性示数は、置かれている物品を運び出すために必要となる取り扱いの手間の数を示している。

イ　運搬管理の改善には、レイアウトの改善、運搬方法の改善、運搬制度の改善がある。

ウ　運搬工程分析では、モノの運搬活動を「移動」と「取り扱い」の2つの観点から分析する。

エ　平均活性示数は、停滞工程の活性示数の合計を停滞工程数で除した値として求められる。

第14問

標準時間を用いた作業改善のPDCAサイクルにおける各要素とその内容の組み合わせとして、最も適切なものを下記の解答群から選べ。

＜各要素の内容＞

①　標準時間の順守を徹底するとともに、生産の合理化に向けて作業改善を行う。

②　実際の作業時間と標準時間の差異を確認し、その原因を追求する。

③　対象となる作業の標準作業を設定して、標準時間を算定する。

④　実際に作業を実施して、その作業時間を測定する。

［解答群］

ア　P：②　　D：①　　C：③　　A：④

イ　P：②　　D：④　　C：③　　A：①

ウ　P：③　　D：①　　C：④　　A：②

エ　P：③　　D：④　　C：②　　A：①

第15問

　次の４つの手法で分析した結果から改善案を検討する際に、「ECRSの原則」が利用できる手法の数として、最も適切なものを下記の解答群から選べ。

＜分析手法＞

① ABC分析

② 連合作業分析

③ 事務工程分析

④ 流動数分析

［解答群］

　ア　1　　　イ　2　　　ウ　3　　　エ　4

第16問　　★重要★

　ある作業者が第１作業として穴あけ作業、第２作業として曲げ作業を行う金属加工工程において、時間分析とワークサンプリングを実施した。時間分析は正味時間を計測する目的で行われ、下表はその結果を示している。また、ワークサンプリングは余裕率を算定する目的で行われ、延べ500回の計測の中で余裕に該当するサンプルが50個得られた。

　この工程で１個の部品を製造するための標準時間（分/個）として、最も適切なものを下記の解答群から選べ。

表　時間分析の結果

作業内容	レイティング前の 平均作業時間（分/個）	レイティング値
穴あけ作業	1.2	110
曲げ作業	1.5	80

[解答群]
　ア　2.80　　　イ　2.97　　　ウ　3.00　　　エ　3.08

第17問　　★重要★

シューハート管理図に関する記述として、最も適切なものはどれか。

ア　解析用管理図は、過去の生産実績から得られた標準値を利用して、工程を管理状態に保持する際に利用される。

イ　管理用管理図は、既に集められた観測値によって、工程が統計的管理状態にあるかどうかを評価する際に利用される。

ウ　群の大きさが一定の状況下で、サンプルに生起した不適合数を用いて工程を評価する場合には、c管理図を利用する。

エ　工程能力指数は、規定された公差を工程能力で除した値として求められ、その値が小さい程、工程能力が高いことを示している。

第18問　　★重要★

基準サイクルタイムが2分/個に設定されている加工機械について、1,000時間の負荷時間内での設備データを収集したところ下表が得られた。この機械の設備総合効率の値として、最も適切なものを下記の解答群から選べ。

設備データの内容	値
稼働時間	800 時間
加工数量（不適合品を含む）	18,000 個
不適合品率	20 %

216

[解答群]

ア　0.48　　　イ　0.50　　　ウ　0.52　　　エ　0.54

第19問

食材の加工・販売を行う食品会社において、ある食材の経済的発注量を検討することを考える。当日に納入された食材は、注文に応じて販売分だけを加工して客に提供される。食材は翌日以降に持ち越して販売することはできない。食材の仕入れ単価は80円/個、加工単価は40円/個、加工食材の販売単価は460円/個である。また、販売できずに売れ残った食材は、飼料会社によって20円/個で買い取られていく。

以下の設問に答えよ。

設問1 ●●●

この食品会社において、「食材を需要量よりも１個多く発注したときの売れ残り損失」と「食材を需要量よりも１個少なく発注したときの品切れ損失」の組み合わせとして、最も適切なものはどれか。ただし、品切れが発生したときの信用損失は考慮しないものとする。

ア　売れ残り損失：　60円　　　品切れ損失：340円
イ　売れ残り損失：　60円　　　品切れ損失：460円
ウ　売れ残り損失：100円　　　品切れ損失：340円
エ　売れ残り損失：100円　　　品切れ損失：460円

設問2 ●●●

食材の過去100日の需要量の分布を調べたところ、表１のようなデータが得られた。表２は、この需要分布のもとで、食材の１日当たりの発注量を変化させたときの平均損失額を計算したものである（一部は空欄になっているので注意すること）。表２を利用して１日当たりの平均損失額を最小化する発注量を求めることを考えるとき、最適発注量の値として最も適切なものを下記の解答群から選べ。

表1　過去100日の需要量の分布

需要量（個）	度数（日）	累積度数（日）
48	10	10
49	20	30
50	40	70
51	20	90
52	10	100
合計	100	

表2　各発注量のもとでの平均損失額

		発注量（個）				
		48	49	50	51	52
需要量（個）	48	0	6	12	18	24
	49	68	0	12	24	
	50	272		0	24	48
	51	204	136	68	0	12
	52	136	102	68	34	0
平均損失額（円）		680		160	100	

［解答群］

　ア　49個　　　イ　50個　　　ウ　51個　　　エ　52個

第20問　　★重要★

　生産現場で行われる改善施策に関する記述として、<u>最も不適切なもの</u>はどれ<u>か</u>。

ア　機械設備の稼働状況を可視化するために、「あんどん」を設置した。

イ　「シングル段取」の実現を目指して、内段取の一部を外段取に変更した。

ウ　品種変更に伴う段取り替えの回数を抑制するために、製品の流れを「1個流し」
　　に変更した。

エ　部品の組み付け忘れを防止するために、部品の供給棚に「ポカヨケ」の改善を施した。

第21問

3Dプリンターに関する記述として、最も適切なものはどれか。

ア　3次元の形状データから、立体物の断面図情報を作り出して造形が行われる。

イ　造形する際の積層ピッチを大きくすることにより、より高精細な造形が可能になる。

ウ　同一の製品を安価かつ短時間に大量生産することができる。

エ　モンキレンチのウオームギアのように、複数個の部品が組み合わされた製品は造形できない。

第22問　参考問題

中小企業庁「平成27年度商店街実態調査報告書」から確認できる記述として、最も適切なものはどれか。

ア　最近3年間に商店主が退店（廃業）した理由として最も回答が多いものは「大型店の進出」である。

イ　最近3年間の商店街への来街者数の変化について、「減った」と回答した商店街の割合は平成24年度調査よりも増加している。

ウ　商店街の最近の景況について、「衰退している」と回答した商店街の割合は平成24年度調査よりも増加している。

エ　商店街の全体の平均店舗数は平成24年度調査よりも増加している。

第23問

都市計画法に関する次の文中の空欄A〜Dに入る語句の組み合わせとして、最も適切なものを下記の解答群から選べ。

都市計画区域は、自然的、社会的条件や人口、土地利用、交通量などの現況および推移を勘案して、一体の都市として総合的に整備、開発および保全する必要がある区域であり、　A　が指定するものである。都市計画区域において、無秩序な市街化を防止し計画的な市街化を図るために市街化区域と市街化調整区域との区分を定めることを　B　という。

219

C 　とは都市計画法により、都市の環境保全や利便性の向上を目的として、ある地域における建物の用途に一定の制限を行う地域のことである。例えば、床面積が1万㎡を超える店舗の出店が可能な地域は、原則として近隣商業地域、商業地域、　 D 　の3地域である。

［解答群］
　ア　A：市町村　　　B：区域区分　　C：用途制限地域　　D：準工業地域
　イ　A：市町村　　　B：区分設定　　C：用途地域　　　　D：工業地域
　ウ　A：都道府県　　B：区域区分　　C：用途制限地域　　D：準工業地域
　エ　A：都道府県　　B：区域区分　　C：用途地域　　　　D：準工業地域
　オ　A：都道府県　　B：区分設定　　C：用途制限地域　　D：工業地域

第24問

　1970年代、1980年代および1990年代における地域商業に関連する流通政策を説明する以下のa～cの記述について、古いものから新しいものへと並べた順番として、最も適切なものを下記の解答群から選べ。

a　流通政策の中にまちづくりの視点を導入し、「コミュニティ・マート構想」の積極的な推進を打ち出した。

b　地域商業近代化の必要性を指摘し、商業近代化地域計画の充実・強化を求めた。

c　「ハイマート2000構想」が示され、それまでの商店街組織を対象とした政策から商業集積を対象とした政策へと踏み出した。

［解答群］
　ア　a→b→c
　イ　a→c→b
　ウ　b→a→c
　エ　b→c→a
　オ　c→a→b

220

第25問　参考問題

　わが国のショッピングセンター（SC）の現況について、一般社団法人日本ショッピングセンター協会が公表している「全国のSC数・概況」（2016年末時点で営業中のSC）から確認できる記述として、最も適切なものはどれか。

　なお、立地については、以下のように定義されている。

　　中心地域：人口15万人以上の都市（東京23区を含む162都市）で、商業機
　　　　　　能が集積した中心市街地
　　周辺地域：上記中心地域以外の全ての地域

ア　1SC当たりの平均店舗面積は約50,000㎡である。

イ　2016年にオープンしたSCの立地は、周辺地域よりも中心地域の方が多い。

ウ　キーテナント別SC数では、1核SCの割合が最も高い。

エ　新規オープン1SC当たりの平均テナント数は、2001年以降年単位で一貫して増加している。

第26問　★重要★

　大規模小売店舗立地法に関する記述として、最も適切なものはどれか。

ア　大規模小売店舗の設置者が配慮すべき基本的な事項の1つは、地域商業の需給調整である。

イ　大規模小売店舗立地法が適用対象とする小売業には、飲食店が含まれる。

ウ　大規模小売店舗立地法が適用対象とする小売店舗は、敷地面積が1,000㎡を超えるものである。

エ　大規模小売店舗立地法の施行に伴い、地域商業の活性化を図ることを目的として大規模小売店舗法の規制が緩和された。

オ　都道府県は大規模小売店舗の設置者が正当な理由がなく勧告に従わない場合、その旨を公表することができる。

第27問　★重要★

　店舗Xにおける商品カテゴリー別の売上高と粗利高を示した次の表を見て、この店舗における今後の販売計画を検討する際の考え方に関する記述として最も適切なものを、下記の解答群から選べ。

　ただし、値引きや廃棄ロスを考慮せず、商品カテゴリーごとの粗利益率は変動しないものとする。

商品カテゴリー	売上高	売上構成比	粗利高	粗利益率	相乗積
カテゴリー a	1,500万円	30.0%	600万円	40.0%	12.0%
カテゴリー b	1,000万円	20.0%	250万円	25.0%	5.0%
カテゴリー c	600万円	12.0%	300万円	50.0%	6.0%
カテゴリー d	1,200万円	24.0%	360万円	30.0%	7.2%
カテゴリー e	700万円	14.0%	315万円	45.0%	6.3%
全体	5,000万円	100.0%	1,825万円	36.5%	

[解答群]
ア　カテゴリー bの売上高が表の数値の2倍になり、他のカテゴリーの売上高が変わらない場合、カテゴリー bの相乗積はカテゴリー aより高くなる。
イ　カテゴリー cの売上高が表の数値の2倍になり、他のカテゴリーの売上高が変わらない場合、カテゴリー cの相乗積は2倍になる。
ウ　カテゴリー eの売上高が表の数値の2倍になり、他のカテゴリーの売上高が変わらない場合、店舗全体の粗利益率は高まる。
エ　すべてのカテゴリーの売上高が表の数値からそれぞれ10%ずつ増えた場合、相乗積がもっとも増加するのはカテゴリー cである。
オ　すべてのカテゴリーの売上高が表の数値からそれぞれ100万円ずつ増えた場合、カテゴリーそれぞれの相乗積は変わらない。

第28問　★重要★

　ある売場において、商品を300万円で仕入れ、10日間ですべての商品を販売することを計画している。この売場で、2人の従業員が毎日それぞれ5時間ずつ労働し、売上高が500万円であった場合、この期間の人時生産性として、最も適切なものはどれか。

ア　1万円

イ　2万円

ウ　3万円

エ　4万円

オ　5万円

第29問

　セルフサービス店舗のフロアレイアウトにおけるワンウェイコントロールに関する記述として、最も適切なものはどれか。

ア　売れ筋商品を見やすい位置に陳列して、買上率を高めること。

イ　買物客の売場回遊を促進して、商品との接点を増やすこと。

ウ　商品の陳列スペースを最適化して、店員の商品補充頻度を減らすこと。

エ　商品を買物しやすい順に配置して、買物客の店内動線長を最短にすること。

オ　レジ前の売場に低価格商品を陳列して、衝動購買を促進すること。

第30問

　売場や商品を演出する色彩に関する次の文中の空欄AとBに入る語句として、最も適切なものの組み合わせを下記の解答群から選べ。

　色には、見やすさに大きく影響するいくつかの性質がある。注意を向けている人に遠くからでも見つけやすく、周囲から際立って見えるような色や配色を「　A　が高い」という。また、見つけた対象物の形や細部が認めやすく、意味や情報が細かく判別できるような色や配色を「　B　が高い」という。

```
[解答群]
 ア　A：視認性　　B：識別性
 イ　A：視認性　　B：明視性
 ウ　A：誘目性　　B：識別性
 エ　A：誘目性　　B：明視性
```

第31問　　★重要★

　小売業の商品政策・価格政策に関する記述として、最も適切なものはどれか。

ア　EDLP政策では、CRMを強化するなど店舗のサービス水準を高めることが必要である。

イ　小売業が自ら企画し、外部に生産を委託したプライベート・ブランド商品を中心とした品揃えは、他店との差別化に有効であるが粗利益率を低下させる。

ウ　小規模な店舗で狭い商圏の顧客を囲い込むためには、特定の商品カテゴリーで奥

問題

29年度

223

行きの深い品揃えを追求する。

エ　ハイ・ロープライシング政策で、来店促進のために利益が出ないほど安く販売する目玉商品をロスリーダーという。

第32問

不当景品類及び不当表示防止法（景品表示法）では一般消費者の利益を保護するために、店舗で販売促進を実施する際に遵守しなければならない事項が定められている。例えば、商品の購入者全員に景品類を提供することを総付景品といい、その限度額が定められている。この限度額に関する記述として、最も適切なものはどれか。

ア　取引価額が1,000円以上の場合、景品類の最高額は取引価額の10分の1である。

イ　取引価額が1,000円未満の場合、景品類の最高額は200円である。

ウ　取引価額が5,000円以上の場合、景品類の最高額は10万円である。

エ　取引価額が5,000円未満の場合、景品類の最高額は200円である。

オ　取引価額が5,000円未満の場合、景品類の最高額は取引価額の2％である。

第33問　★重要★

小売店舗における在庫管理に関する記述として、最も適切なものはどれか。

ア　経済的発注量とは、在庫量を最小にする1回当たりの発注量のことである。

イ　サイクル在庫は、定量発注方式の場合に発生し、定期発注方式の場合には発生しない。

ウ　定量発注方式を採用した場合、発注点は調達期間中の推定需要量と安全在庫の和として求められる。

エ　補充点は、最大在庫量から調達期間中の推定需要量を差し引いた値である。

オ　見越在庫とは、発注済みであるがまだ手元にない在庫のことである。

第34問　★重要★

需要予測に関する記述として、最も適切なものはどれか。

ア　移動平均法は、過去の一定期間の実績値の平均に過去の変動要因を加えて予測する方法である。

イ　季節変動とは、3か月を周期とする変動のことである。

ウ 指数平滑法は、当期の実績値と当期の予測値を加重平均して次期の予測値を算出
する方法である。

エ 重回帰分析では、説明変数間の相関が高いほど良い数式（モデル）であると評価
できる。

第35問 ★重要★

国内の輸送手段に関する記述として、最も適切なものはどれか。

ア 鉄道輸送では、パレットを利用することができず、一貫パレチゼーションを阻害
する。

イ 鉄道輸送は、常温での輸送であり、冷蔵・冷凍など温度管理が必要な荷物を輸送
できない。

ウ トラック輸送からのモーダルシフトとは、貨物輸送を鉄道や内航海運などへ転換
し、トラックと連携して複合一貫輸送を推進することである。

エ トラック輸送からのモーダルシフトは、単独荷主の貸切便で行われ、複数荷主の
混載便では行われない。

第36問 ★重要★

物流におけるユニットロードに関する記述として、最も適切なものはどれか。

ア 折畳み容器とは、物品を収納しないときには折り畳んでその容積を縮小できる容
器のことであり、ネスティング形容器に分類される。

イ 通い容器とは、一定の企業または事業所などの間で繰り返し使用される輸送用容
器のことである。

ウ パレチゼーションとは、物品をパレットに積み、パレット単位で物流を行うこと
であり、輸送量の増加を促す手段である。

エ 物流クレートは、小売業各社、メーカー各社が自社専用のものを使用しており、
各社が共同利用できる標準化されたクレートは開発されていない。

第37問 ★重要★

チェーン小売業の物流に関する記述として、最も適切なものはどれか。

ア TC（Transfer Center）は、入荷した商品を保管することを主な機能としており、
店舗からの注文に応じて商品をピッキングして、仕分けし、出荷する。

イ　多頻度小口配送は、車両積載効率を低下させ、店舗の荷受回数を減少させる。

ウ　物流センターの運営は、商品の売買に関する取引関係がある仕入先の卸売業には委託することができない。

エ　物流センターを利用すると、仕入先からの納品に対する店舗の荷受作業を集約することができる。

オ　流通加工は、物流センターでは行われず、各店舗で全て行われる。

第38問　★重要★

物流センターの運営に関する記述として、最も適切なものはどれか。

ア　3PL（Third Party Logistics）とは、荷主の物流業務を代行するサービスのことであり、発荷主と着荷主との関係で第三者に当たることからこのように呼ばれる。

イ　ABC分析は、多くの在庫品目を取り扱うとき、在庫品目をその取扱数量の多い順や単価の高い順に並べて区分し、在庫管理の重点を決めるのに用いる。

ウ　シングルピッキングは、注文伝票ごとにピッキングすることであり、一般的に種まき方法で行われる。

エ　有効在庫とは、現時点で利用可能な手持在庫のことである。

オ　ロケーション管理とは、どの商品が、どの保管場所にあるかを管理する保管方式のことであり、保管場所を特定の場所に決めておく方式と入庫の都度自由に決定する方式がある。

第39問

ある売上の事象に対するXとYという2つの評価データがあるとき、この2つの評価データの相関係数に関する記述として、最も適切なものはどれか。ただし、XまたはYが、すべて同じ値の場合は除く。

ア　相関係数が0.1であれば、サンプル数に関係なく5％の有意水準では有意にならない。

イ　相関係数は、－100～100の範囲の値として計算される。

ウ　両者の評価が同じ方向に強く類似している場合、相関係数は必ず正の値になる。

エ　両者の評価に関連性がない場合、相関係数は必ず負の値になる。

第40問　★重要★

次の文章を読んで、下記の設問に答えよ。

あるスーパーマーケットの、ある期間に購買のあった顧客1,000人分のID-POSデータを用いて、顧客が当該期間内に購入する商品の組み合わせを分析した。その結果、商品Aの購入者が200人、商品Bの購入者が250人、商品Aと商品Bの両方の購入者が100人であった。

設問1 ●●●

「商品Aを購入した当該顧客の何パーセントが商品Bを購入するか」という値を、商品Bのプロモーションを検討する材料として計算したい。このときこの値は、一般に何と呼ばれる値か、最も適切なものを選べ。

ア　Jaccard係数
イ　支持度（サポート）
ウ　信頼度（コンフィデンス）
エ　正答率
オ　リフト値

設問2 ●●●

設問1の「商品Aを購入した当該顧客の何パーセントが商品Bを購入するか」という値を実際に計算したとき、最も適切な値はどれか。

ア　15％
イ　20％
ウ　25％
エ　40％
オ　50％

第41問　　★重要★

小売業を取り巻く電子商取引の方式を整備・標準化し、製・配・販3層一連での業務効率の向上を図るため、流通システム標準普及推進協議会が定めている「流通ビジネスメッセージ標準　運用ガイドライン（基本編）第1.3.3版（2014年10月）」に関する記述として、最も不適切なものはどれか。

ア　GLNとは、企業間取引において企業や事務所などを識別するために、国際流通標準機関であるGS1が定めた、グローバルでユニークなコードのことである。

イ　GLNは、企業コード＋ロケーションコード＋チェックデジットから構成される。

ウ　GTINとは、商品またはサービスを国際的に識別する番号であり、国際標準の商品識別コードの総称である。

エ　GTINには、JANコード、UPCコードの２種類のみ存在する。

オ　不定貫商品とは、発注上、単価×個数で値段を算出できない商品で、実際の値段は、単価×重量で算出しなければならない。

第42問　★重要★

厚生労働省がHACCP導入のため平成27年10月に公表している手引書によるHACCPに関する基本的な用語とその説明の組み合わせとして、最も適切なものを下記の解答群から選べ。

【用語】
1　PRP
2　SSOP
3　CCP
4　CL

【用語の説明】
a　HACCPシステムを効果的に機能させるための前提となる食品取扱施設の衛生管理プログラム

b　衛生管理に関する手順のことで、その内容を「いつ、どこで、だれが、何を、どのようにするか」がわかるように文書化したもの

c　特に厳重に管理する必要があり、かつ、危害の発生を防止するために、食品中の危害要因を予防もしくは除去、または、それを許容できるレベルに低減するために必須な段階

d　HACCPプランに従って実施されているかどうか、HACCPプランに修正が必要かどうかを判定するために行う方法、手続き、試験検査

```
［解答群］
ア　1とb　　イ　2とa　　ウ　3とc　　エ　4とc　　オ　4とd
```

228

第43問

　ある企業が同じ商品を5つの異なるWEBサイトで、それぞれバナー広告A〜Eを掲載している。このとき、ある1か月で下表のような結果が得られたとする。ここでクリック単価はユニークな顧客がクリックしたときに発生する金額、クリック顧客数は各広告をクリックしたユニークな顧客数、広告費は当該広告をクリックされたことによって生じた総広告費用、商品購買客数は当該広告によって商品購買に至ったユニークな顧客数とする。

　コンバージョンレート（CVR）によってバナー広告を評価するとき、最も効率的なバナー広告はどれか。下記の解答群から選べ。

バナー広告	クリック単価 （円）	クリック顧客数 （人）	広告費 （円）	商品購買客数 （人）
A	100	600	60,000	7
B	50	200	10,000	4
C	250	100	25,000	1
D	200	250	50,000	4
E	150	150	22,500	4

［解答群］

　ア　A　　　イ　B　　　ウ　C　　　エ　D　　　オ　E

平成29年度
解答・解説

nswers

平成29年度 解答

問題	解答	配点	正答率	問題	解答	配点	正答率	問題	解答	配点	正答率
第1問	ウ	2	B	第16問	ア	3	C	第30問	イ	2	E
第2問	ア	2	C	第17問	ウ	3	C	第31問	エ	2	B
第3問	ア	2	D	第18問	ア	2	B	第32問	イ	3	D
第4問	エ	2	B	第19問 (設問1)	ア	2	D	第33問	ウ	2	C
第5問	イ	2	E	第19問 (設問2)	ウ	2	B	第34問	ウ	2	D
第6問	ウ	2	C	第20問	ウ	3	B	第35問	ウ	2	A
第7問	イ	3	D	第21問	ア	2	B	第36問	イ	2	B
第8問	ア	2	C	第22問	エ	3	E	第37問	エ	2	A
第9問	イ	3	D	第23問	エ	2	D	第38問	オ	3	C
第10問	イ	3	C	第24問	ウ	2	D	第39問	ウ	2	B
第11問	ア	2	D	第25問	ウ	2	D	第40問 (設問1)	ウ	2	E
第12問	ウ	2	B	第26問	オ	2	C	第40問 (設問2)	オ	2	B
第13問	ア	2	C	第27問	ウ	2	B	第41問	エ	2	B
第14問	エ	2	A	第28問	イ	2	B	第42問	ウ	3	D
第15問	イ	2	C	第29問	イ	2	C	第43問	オ	2	D

※TACデータリサーチによる正答率
　正答率の高かったものから順に、A～Eの5段階で表示。
A：正答率80％以上　　　　　B：正答率60％以上80％未満　　　C：正答率40％以上60％未満
D：正答率20％以上40％未満　E：正答率20％未満

解答・配点は一般社団法人中小企業診断協会の発表に基づくものです。

平成29年度 解説

第1問

生産システムにおける評価尺度について、知識を横断的に問う問題である。

- **ア ✕**：本肢は、MTTR（平均修復時間）の説明である。MTBF（平均故障間隔）とは、**故障設備が修理されてから、次に故障するまでの動作時間の平均値**であり、設備の信頼性を評価する指標である。
- **イ ✕**：稼働率とは、「人または機械における就業時間もしくは利用可能時間に対する有効稼働時間の比率」（JIS Z 8141-1237）のことである。よって、**有効稼働時間を人または機械の利用可能時間で除した値**であり、分母分子が逆である。
- **ウ ○**：正しい。原材料生産性は、原材料使用量に対する生産量の比のことである。つまり本肢の記述のとおり、生産量を原材料の総使用量で除した値である。
- **エ ✕**：本肢は、リードタイムの記述である。スループットとは、「**単位時間に処理される仕事量を測る尺度**」（JIS Z 8141-1207）と定義されている。

よって、**ウ**が正解である。

第2問

生産システムにおけるICT（情報通信技術）の活用に関する問題である。

- **ア ○**：正しい。CAE（Computer-Aided Engineering）は「製品を製造するために必要な情報をコンピュータを用いて統合的に処理し、製品品質、製造工程などを解析評価するシステム」（JIS B 3000-3001）と定義されている。CAEは設計データに基づく製品のシミュレーションを行うシステムであり、開発費用の削減や、開発期間の短縮を図ることができる。
- **イ ✕**：本肢の記述は、**POP（Point Of Production／生産時点情報管理）の説明**である。POPとは、生産現場で逐次発生する情報を直接（ペーパーレスに）収集し、リアルタイムに情報処理をして生産現場の管理者に提供する管理手法のことである。POPの導入により、時々刻々と変化する生産現場の状況をリアルタイムで把握することが可能になり、納期変更や設計変更などへの対応が容易になる。CAM（Computer-Aided Manufacturing）は「コンピュータの内部に表現されたモデルに基づいて、生産に必要な各種情報を生成すること、およびそれに基づいて進める生産の形式」（JIS B3401-0103）と定義されている。**生産現場の状況をリアルタイムで把握することとは直接には関係はない**。
- **ウ ✕**：本肢の記述は、**SCM（Supply Chain Management）の説明**である。

PDMは「生産活動を行うための情報を、データベースを使用して統合的に管理すること」（JIS B 3000-3035）と定義されている。**製品情報と開発プロセスを一元的に管理するシステム**である。

エ ✕：本肢の記述は、MRP（Material Requirement Program）の説明である。POPの内容は選択肢**イ**の記述のとおりである。

よって、**ア**が正解である。

第3問

製品開発・製品設計に関する問題である。

ア ✕：本肢の記述に適した施策は、**フロントローディング**である。フロントローディングとは、下流工程での変更対応を最小限とするため、上流で十分な検討・検証を行うことをいう。下流工程での問題発生による設計変更を最小化することで、短い設計納期の実現に寄与する。バリューエンジニアリング（Value Engineering／VE）とは「製品やサービスの「価値」を、それが果たすべき「機能」とそのためにかける「コスト」との関係で把握し、システム化された手順によって「価値」の向上をはかる手法」と定義されている。**VEは、設計納期の短縮化とは直接的には関係はない。**

イ ○：正しい。試作品製作は、実際に製品として量産する前に形にすることで、問題点や課題を把握することができるため、製品開発の中でも重要な位置を占めている。

ウ ○：正しい。デザインレビュー（Design Review／DR／設計審査）は「信頼性性能、保全性性能、保全支援能力要求、合目的性、可能な改良点の識別などの諸事項に影響する可能性がある要求事項及び設計中の不具合を検出・修正する目的で行われる、現存又は提案された設計に対する公式、かつ、独立の審査」（JIS Z 8115-MT 7）と定義されている。製品開発において企業の総合力を発揮し、高い技術を織り込むために、関係者の技術・経験を結集して評価することが重要となるため、レビュアー（審査員）は設計の熟練者が担当することが望ましいとされている。

エ ○：正しい。モジュール設計では、各モジュールという機能ごとに分割し設計等を行うため、生産工程の合理化・簡素化を実現できる。しかし1つのモジュールに問題があった場合、全体にも影響を及ぼすというリスクがある。

よって、**ア**が正解である。

（参考文献：日中央職業能力開発協会編・渡邉一衛監修『ビジネス・キャリア検定試験標準テキスト【専門知識】生産管理プランニング（製品企画・設計管理）2級』社会保険研究所）

第4問

モジュール生産方式に関する知識と理解を問う問題である。モジュール生産（方式）とは、「部品またはユニットの組合せによって顧客の多様な注文に対応する生産方式。備考　部品中心生産方式（part oriented production system）ともいう」（JIS Z 8141-3205）と定義されている。

ア　○：正しい。モジュール生産方式では、複数種類の部品を組み付けてユニット化したモジュール部品をあらかじめ組み立てておき、注文を受けてから、モジュール部品の組み合わせによって多品種の最終製品を生産する。これにより、受注後の組立工数を少なくすることができ、製造期間の短縮が実現される。

イ　○：正しい。モジュール生産では、複数種類の部品をあらかじめ組み付けたモジュール部品の単位でサプライヤーに発注することで、部品ごとにサプライヤーに発注をすることに比べて取引するサプライヤーの数を絞ることができるため、外注管理の負担を軽減することが可能になる。なお、モジュール単位での発注は、各サプライヤーとの取引量増加のスケールメリットが生まれるため、発注単価抑制も期待でき、結果として製造コストの削減にもつながる。

ウ　○：正しい。組立工程で扱う部品点数の削減により、工数の削減にもつながり、注文から納品までのリードタイムの短縮が期待できる。

エ　×：本肢の記述は**生産座席予約方式**に関する説明であり、モジュール生産方式の内容とは直接関係はない。生産座席予約方式とは、「受注時に、製造設備の使用日程・資材の使用予定などにオーダを割り付け、顧客が要求する納期どおりに生産する方式」（JIS Z 8141-3207）と定義される生産方式で、製造工程を新幹線や飛行機などの座席と見立てて、営業部門が、座席の予約をするような要領で顧客の希望する製品の出荷を予約する。営業部門にとっては納期の確約が容易に行え、製造部門にとっては、「座席」の設定を工夫することによって平準化生産が実現するなど、製造効率の向上を図りやすいというメリットがある。

よって、**エ**が正解である。

（参考文献：日本経営工学会編『生産管理用語辞典』日本規格協会、中央職業能力開発協会編・渡邉一衛監修『ビジネス・キャリア検定試験標準テキスト【専門知識】生産管理オペレーション（作業・工程・設備管理）2級』社会保険研究所）

第5問

工場レイアウトに関する空欄穴埋め問題である。空欄A・Bについては、語義の解釈の仕方によってはどちらの語句もあてはまると感じてしまうようなやや曖昧な選択

肢となっており、空欄Cについては、「ヒューリスティック（技法）」という特定業種以外の受験生にとっては耳慣れないと思われる概念が登場した（空欄A・Bで選択肢を特定できるため、空欄Cがわからなくても正解することは可能である）。いずれにしても、受験生にとっては語句の特定がしにくい問題であったと推察される。

空欄A：工場レイアウトとは、あらゆる施設における**機能**の配置問題である。工場レイアウトにおいては、設備の配置も重要な要素ではあるが、作業者や作業空間、原材料や仕掛品の保管、作業者やモノの移動経路など、設備以外の諸機能の配置についても考慮をする必要がある。

空欄B：SLPとは、システマティック・レイアウト・プランニング（Systematic Layout Planning）のことを指し、R.ミューサー（Muther）によって開発された工場レイアウトの計画策定における系統的な手法である。SLPでは、レイアウトを構成する諸要素の**相互関係**（近接度合）・面積・調整の3つの基本的重要項目が提起され、それらを段階的に精査することでレイアウト案が作成される。なお、アクティビティとは、人・設備・機械・材料・倉庫・事務所・工具室などといった、SLPにおけるレイアウトを構成する具体的な要素を指す。

空欄C：「ヒューリスティック」とは、『ブリタニカ国際大百科事典』によると「常に正しい方法とは考えられなくても問題解決に有効であると思われる経験的原理や方法のこと。発見方法、常識的方法ともいう」と説明されている。たとえば、ある問題を解決するにあたっては、すべての解決方法をしらみつぶしに調べ、その結果判明した最も妥当性の高い解決方法を採用するのが理想ではある。しかし、すべての選択肢の妥当性を調べていたのでは時間と手間が膨大になってしまい、かえって非効率になってしまうことがある。そのようなときに、完全な妥当性が保証されていなくても、最初に与えられた情報（ヒューリスティック情報）を足掛かりにして、試行錯誤的な推測によって、より短時間かつ効率的に解決策を見出す方法をヒューリスティック（な手法／技法）とよぶ。コンピュータを活用した工場レイアウトにおけるヒューリスティック技法では、レイアウト案の妥当性を評価する評価関数として、製品などの総移動距離に各工程間での製品重量といった重みづけを加味した「**加重総移動距離**」という概念が一般的に用いられる。なお、スループットとは、生産管理の分野においては1980年代にE.ゴールドラットやJ.F.コックスらによって提唱された「制約理論（TOC）」における「製品を販売して得られるキャッシュから、製品を販売するために投資したキャッシュを引いた額」のことを指し、ITの分野においては「単

位時間あたりにコンピュータが処理可能な情報量」を指す概念であり、工場レイアウトのためのヒューリスティック技法とは直接の関連はない。

よって、**イ**が正解である。

（参考文献：中央職業能力開発協会編・渡邉一衛監修『ビジネス・キャリア検定試験標準テキスト【専門知識】生産管理プランニング（生産システム・生産計画）２級』社会保険研究所、『ブリタニカ国際大百科事典 小項目事典』ブリタニカ・ジャパン）

第6問

工程分析に関する正誤を判断する問題である。各工程分析記号とその名称を正確に覚えていれば、容易に解答できる問題であった。

工程分析とは、「生産対象物が製品になる過程、作業者の作業活動、運搬過程を系統的に、対象に適合した図記号で表して調査・分析する手法。」（JIS Z 8141-5201）と定義されている。作業を「加工」「運搬」「検査」「停滞」の基本要素（工程）によって表現・把握し、作業の改善を図る。

問題で問われた工程分析記号とその名称は、以下のとおりである。

工程分析記号	回数	記号の名称	意　味
◯	7	加　工	原料、材料、部品または製品の形状、性質に変化を与える過程を表す。
○	15	運　搬	原料、材料、部品または製品の位置に変化を与える過程を表す。
▽	3	貯　蔵	原料、材料、部品または製品を計画により貯えている過程を表す。
⬭	0	滞　留	原料、材料、部品または製品が計画に反して滞っている状態を表す。
□	1	数量検査	原料、材料、部品または製品の量または個数を計測して、その結果を基準と比較して差異を把握する過程を表す。
◇	2	品質検査	原料、材料、部品または製品の品質特性を試験し、その結果を基準と比較してロットの合格、不合格または個品の良、不良を判定する過程を表す。
合計	28		

a　✕：上記のとおり、「加工」の出現回数は28回中7回であるため、加工の割合は

7（回）÷28（回）×100（％）＝**25.0％**である。約53.6％の割合を占めるのは「**運搬**」（出現回数15回）である。記号の形状が似ているため、混同しないように注意したい。

b ○：正しい。上記のとおり、「数量検査」の出現回数は1回である。

c ×：上記のとおり、「滞留」の出現回数は**0回**である。出現回数3回は、「**貯蔵**」である。

よって、**ウ**が正解である。

第7問

ワークサンプリングによって抽出された作業のパレート分析に関する問題である。

パレート分析とは、管理の重点を決めるための分析手法の一種で、管理対象となる事象を出現頻度の大きい順に並べて、累積和や累積比率を算出して、重点管理の対象範囲を定める。

「主作業以外の作業を改善対象として抽出するため、対象となる作業のパレート分析を行った」とあるので、まずは「主作業」に該当する作業を除外する。

稼働分析の作業分類結果は、以下のとおりである。

	作業の分類			性　　質	例
作業	準備段取作業			ロットごと、始業の直後および終業の直前に発生する準備、後始末、段取、運搬などの作業時間	「段取替え」
	主体作業	作業サイクルごと、または一定周期ごとに発生する作業時間	主作業	仕事の直接的な目的である材料、部品の変形、変質など、対象の変化そのものに直接的に寄与している作業	「機械加工」
			付随作業	主作業に付随して規則的に発生するが、材料の取付け、取外しなど、仕事の目的に対し間接的に寄与する作業	「加工部材の着脱作業」
余裕	管理余裕	作業余裕		主作業を行うなかで不規則的・偶発的に発生する作業や状況	「着脱作業待ち」「段取替え待ち」
		職場余裕		作業の管理のために不規則的・偶発的に発生する作業や状況	「加工部材待ち」「故障」
	人的余裕	疲労余裕		疲労を回復するための遅れ	－
		用達余裕		人間として普通に発生する生理的欲求	－
非作業				個人的理由による非作業。業務としては本来存在しないもの	－

したがって、「機械加工」は改善対象から除外する。

次に、示された表から「機械加工」を除外し、各作業の累積比率を算出すると、以下のようになる。

作　　業	観測回数	累　積　和	累積比率
（機械加工）	（1,320）	－	－
加工部材の着脱作業	251	251	25.1%
段取替え	205	456	45.6%
着脱作業待ち	189	645	64.5%
段取替え待ち	155	800	80.0%
加工部材待ち	124	924	92.4%
故障	76	1,000	100.0%
合　　計	2,320 － 1,320 ＝ 1,000		

　問題には、「80％を超えない範囲でできるだけ多くの作業を改善対象とする」とあるため、改善対象は「加工部材の着脱作業」「段取替え」「着脱作業待ち」「段取替え待ち」の**4種類**となる。

　なお、各作業の観測回数はキリの悪い数値であるが、合計の2,320と機械加工（主作業）の1,320に着目すると差分が1,000、改善対象が80％（800回）が最大であることに気付きやすい。

　よって、**イ**が正解である。

第8問

自動生産や生産情報管理の手法に関する問題である。

ア　×：開発・製造・販売などの情報ネットワークを統合化するために導入するのは、CIM（Computer Integrated Manufacturing）である。CIMは「受注から製品開発・設計、生産計画、調達、製造、物流、製品納品など、生産にかかわるあらゆる活動をコントロールするための生産情報をネットワークで結び、更に異なる組織間で情報を共有して利用するために一元化されたデータベースとして、コンピュータで統括的に管理・制御するシステム」（JIS Z 8141-2308）と定義されている。CIMは、製造を中心として、開発や販売、財務にまで及ぶ企業全体の情報ネットワークの統合化を志向するシステムといえる。これに対し、FA（Factory Automation：ファクトリーオートメーション）とは「工場における生産機能の構成要素である生産設備（製造、搬送、保管などにかかわる設備）と生産行為（生産計画及び生産管理を含む。）とを、コンピュータを利用する情報処理システムの支援のもとに統合化した工場の総合的な自動化」（JIS B 3000-1001）と定義されている概念で、情報ネットワークの統合化の範囲は工場レベルにとどまり、開発や販売

まで及んでいるとはいえない。

イ ○：正しい。DNC（Distributed Numerical Control：分散形数値制御）とは、生産管理コンピュータと数値制御システムとの間でデータを分配する階層システムのことである。複数のNC工作機械や搬送機器などの生産機械・機器・設備をオンラインで結び、生産管理コンピュータに集約された生産に関する情報をDNCにより適時に各機械・機器に送って集中制御することで、生産効率の向上を図ることができる。

ウ ○：正しい。FMS（Flexible Manufacturing System：柔構造製造システム）とは、「生産設備の全体をコンピュータで統括的に制御・管理することによって、混合生産、生産内容の変更などが可能な生産システム。」（JIS B 3000-1002）と定義される。FMSの導入により、部材加工や工具管理、工場内搬送などの自動化の実現が期待され、多様な製品を効率的に生産することができる。

エ ○：正しい。MC（Machining Center：マシニングセンター）とは、コンピュータの制御とATC（Automatic Tool Changer：自動工具交換装置）により、工具を自動で選択・交換しながら部材の取り付け・取り外しや旋削、穴あけ、平面加工その他の多種多様な加工を自動で行う、多機能工作機のことである。MCの導入により、導入前に部材の取り付け・取り外しや工具の選択・交換など段取替え作業にさいていた作業者の削減が期待される。

よって、**ア**が正解である。

第9問

かんばん方式に関する問題である。かんばん方式とは、「トヨタ生産システムにおいて、後工程引取方式を実現する際に、かんばんと呼ばれる作業指示票を利用して生産指示、運搬指示をする仕組み」である。かんばんは、生産指示をするための仕掛けかんばん（生産指示かんばん）と、運搬指示をするための引取りかんばんの2種類に大別される。かんばん方式を用いることで、必要なものを必要なときに必要なだけ作って運ぶことを実現し、生産効率の向上が期待できる。

【かんばん方式の概念図】

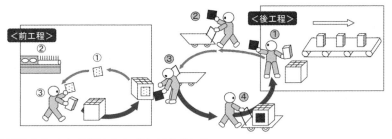

① 引取られると仕掛けかんばんがはずれる。
② 仕掛けかんばんに指示された数量を作る。
③ 仕掛けかんばんを作った部品につけて置場に置く。

① 使うときに引取かんばんをはずす。
② 引取かんばんを持って部品を取りに行く。
③ 仕掛けかんばんをはずし、引取かんばんをつける。
④ 引取かんばんをつけた部品を後工程に運ぶ。

ア ◯：上図のとおり、基本的にかんばんは、同じ工程間、職場間を循環する。
イ ✕：平準化生産とは、「需要の変動に対して、生産を適応させるために、最終組立工程の生産品種と生産量を平準化した生産」（JIS Z 8141-2202）と定義される。需要が不安定になると品切れを防止するために在庫をもつことになり、かんばん方式の運用が難しくなる。つまり、かんばん方式では平準化生産が前提となっており、**かんばん方式を導入することで平準化生産を達成できるわけではない**（因果関係が逆である）。
ウ ◯：仕掛けかんばん（仕掛かりかんばん、生産指示かんばんともいう）では、品名、品番、工程名、生産指示量、完成品置場名、発行日、担当者などが記載される。
エ ◯：上図のとおり、引取かんばんの枚数により、工程間における部材の量を管理することができる。

よって、**イ**が正解である。

第10問

IEのうち標準時間に関する問題である。標準時間とは、「その仕事に適性をもち、習熟した作業者が、所定の作業条件のもとで、必要な余裕をもち、正常な作業ペース

によって仕事を遂行するために必要とされる時間」（JIS Z 8141-5502）のことである。標準時間の設定で、基準となる時間を把握し、作業見積もりや割り当てを行っていく。

ア ○：正しい。PTS法は作業を微動作（サーブリッグ）レベルまで分解し、あらかじめ定めた微動作ごとの作業時間を積み上げて標準時間を求める。微動作レベルでは作業者の個人差がなく、一定の時間値が求められるという考え方に基づいているため、レイティングを必要としない。

イ ×：本肢は、**外掛け法**の説明である。内掛け法と外掛け法では、余裕率の算出方法が異なる。内掛け法では、**余裕時間と正味時間の合計時間に対する余裕時間の割合**で余裕率を算出する。

ウ ○：正しい。標準時間は準備段取作業時間と主体作業時間に分類され、それぞれ正味時間と余裕時間から構成される。

エ ○：正しい。人的余裕とは、作業中に発生する作業者の生理的欲求や疲労によるペースダウンをカバーするための余裕である。人的余裕は用達余裕と疲労余裕から構成される。

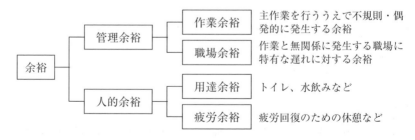

よって、**イ**が正解である。

第11問

　購買・外注管理のプロセスの理解度を問う問題である。選択肢**ウ・エ**の用語を理解できない場合でも、「量産開始前の業務」という問題文の文言から、開発・設計→生産（量産）という流れをイメージできれば、選択肢**ア・イ**の用語の正誤判断を行うことは可能である。

ア　✕：在庫管理は、円滑な事業運営と生産効率の両面から、部品・原材料、仕掛品、製品などの在庫を適正状態に維持するための管理活動である。管理の対象に仕掛品や製品（完成品）も含まれることから、調達にかかわる業務ではあるものの、主として**量産開始後**の業務としての性格が濃い。

イ　○：正しい。購買管理の5原則として、①最も適した品質のものを、②適正な数量だけ、③必要な時期に、④適正な価格で、⑤適正な購入先から購入することがあげられる。調達先の選定は、上記の購買管理の5原則の観点に適う取引先を、吟味・選定し、確保する活動であるが、量産開始後の部品調達に支障が生じないよう、量産開始前の段階に完了しておくべき業務といえる。したがって、調達先の選定は、調達にかかわる量産開始前の業務に該当する。

ウ　○：正しい。デザイン・インとは、「製品の企画・設計をする際に、研究・開発部門や製造及び外注購買部門と協議し、製品開発期間の短縮、製品原価の低減などを図る活動。」（JIS Z 8141-3103）のことである。デザイン・インの活動では、製品の量産開始より前の段階である企画・設計段階から、外注購買部門と原材料や部品の調達コストの抑制も視野に入れた協議がなされると考えられる。したがって、デザイン・インは調達にかかわる量産開始前の業務に該当する。

エ　○：正しい。内外製区分とは、「内作にするか、外注にするかを決める活動。」（JIS Z 8141-7105）と定義されており、狭義には、製品の生産に必要な部品の製造について、どれを内製、どれを外製として外注に出すかの意思決定を指す。また、広義には、製品製造に必要な生産設備を自社で導入するか、自社で導入せずに外注に出すかの意思決定も含まれる。当然のことながら、内外製区分により、内製として自社で生産するものと外部調達を行うものとが決定されて初めて量産に着手することができるため、内外製区分の決定は、調達にかかわる量産開始前の業務に該当する。

　よって、**ア**が正解である。

（参考文献：日本経営工学会編『生産管理用語辞典』日本規格協会）

第12問

　在庫管理を行う際の諸指標に関する問題である。

ア　✕：在庫回転率とは、「一定期間における在庫の回転回数」（JIS Z 8141-7303）を

解答・解説

29年度

243

表し、部品などを数量ベースで評価する場合、使用実績量を標準在庫量で除したものとすることがある。

$$在庫回転率（回）= \frac{使用実績量}{標準在庫量}$$

イ ✕：在庫月数とは、現在の在庫が消費量の何か月分あるかを図るための指標であり、**平均在庫量（月間）を月間使用量で除して算出する。**

$$在庫月数（月）= \frac{平均在庫量（月間）}{月間使用量}$$

月間使用量は、年間使用量÷12（か月）で平均値として算出する場合もある。

ウ ◯：正しい。品切れ率とは、受注総数に対する、品切れのために受注に対応できなかった件数の割合を示す指標であり、品切れ件数を受注件数で除して算出する。

$$品切れ率（％）= \frac{品切れ件数}{受注件数} \times 100$$

品切れ率の上昇は、売上機会の逸失を意味するほか、過度な品切れの頻発は受注先の信用を毀損する可能性を高める。したがって、数字上では品切れ率は０％であることが望ましいが、現実的には、品切れを回避し、あらゆる受注に即対応できるだけの在庫を確保するとなると、在庫コストの上昇と売れ残りリスクを抱えることになる。機会損失と在庫コストとのバランスを考慮したうえで、最適な在庫量と許容し得る品切れ率を設定し、管理することが肝要となる。

エ ✕：納期遵守率とは、受注総数のうち、納期遅延が発生しなかった件数の割合を示す指標で、**受注件数から納期遅延件数を差し引いた件数**を受注件数で除したものである。

$$納期遵守率（％）= \frac{（受注件数 - 納期遅延件数）}{受注件数} \times 100$$

よって、**ウ**が正解である。

第13問

マテリアルハンドリング（マテハン）や運搬分析で用いられる分析手法や指標に関する問題である。

ア ✕：運搬活性示数（活性示数）とは、「まとめる」「起こす」「持ち上げる」「持っていく」といった、置かれている物品を移動するためにかかる４つの手間のうち、**すでに省かれている手間の数**を指す指標である（下表参照）。

状　態	手間の説明	4つの手間の種類				活性示数
		まとめる	起こす	持ち上げる	持っていく	
床にバラ置き	まとめる→起こして→持ち上げて→持っていく	○	○	○	○	0
容器または束	起こして→持ち上げて→持っていく（まとめてある）	×	○	○	○	1
パレットまたはスキッド	持ち上げて→持っていく（起こしてある）	×	×	○	○	2
車	引いていく（持ち上げなくてよい）	×	×	×	○	3
動いているコンベア	不要（そのままいってしまう）	×	×	×	×	4

イ ○：正しい。運搬管理の改善の方向性としては、レイアウトの改善（設備の配置の変更などによる運搬距離の短縮）、運搬方法の改善（荷物の取扱い方法の改善や運搬機器の活用による作業の円滑化）、運搬制度の改善（運搬の専従担当者の設置による運搬作業の効率化促進など）といった3つの方向性がある。

ウ ○：正しい。運搬工程分析とは、観測対象となる品物が製品として加工されていく一連の過程（工程系列）でどのように運搬されているかを系統的に調べ、図表や、運搬分析における基本記号を用いて記録し、検討するという手法である。運搬工程分析にあたっては、工程分析の要素工程である「運搬」を、さらに移動（品物の位置の変化）と取扱い（品物の支持法の変化）という観点から分析する。

エ ○：正しい。運搬活性分析においては、対象の品物に関し、工程ごとの運搬活性示数の変化を運搬活性分析図にまとめ、工程全体の平均活性示数を算出する。平均活性示数は、以下の式によって算出する。

$$平均活性示数 = \frac{停滞工程における活性示数の合計}{停滞工程数}$$

平均活性示数の値が小さいほど、品物の置き方が悪く、移動に多くの手間を要すると解することができる。

よって、**ア**が正解である。

第14問

作業改善の基本的な管理方法であるPDCAサイクルに関し、各要素の内容を理解しているか否かを問う問題である。

PDCAサイクルとは、生産管理、品質管理などの管理活動、改善活動のサイクルを「計画（Plan）」「実施（Do）」「検証（Check）」「処置（Action）」の4つのフェーズに分け、「計画」→「実施」→「検証」→「処置」→「計画」…といったように、管理サイクルを繰り返すことによって改善活動を進めていくという手法である。

本問の場合、標準時間を用いた作業改善のPDCAサイクルの各要素の内容を表した文①～④が与えられ、それぞれがPDCAのどの要素の内容を指しているかを解答させる内容となっている。

P（計画）：③が該当する。「対象となる作業の標準作業を設定して、標準時間を算定する」という内容は、すなわち管理の目標となる標準作業や標準時間を「計画」として策定することを意味すると解せる。

D（実施）：④が該当する。「実際に作業を実施して、その作業時間を測定する」という内容は、すなわち標準作業の設定や標準時間の算定という形で策定された「計画」を「実施」に移すことを意味する。

C（検証）：②が該当する。「実際の作業時間と標準時間の差異を確認し、その原因を追究する」という内容は、「計画」と「実施」された実際の作業内容を比較し、差異が生じた原因を「検証」する取り組みにあたると解せる。

A（処置）：①が該当する。「標準時間の順守を徹底するとともに、生産の合理化に向けて作業改善を行う」という内容は、「検証」の結果を受け、「計画」と「実施」内容のギャップを埋めるための具体的な改善「処置」を行うことを意味する。

よって、**エ**が正解である。

第15問

「ECRSの原則」および各種の分析手法について横断的に知識を問う問題である。

「ECRSの原則」とは、工程、作業、動作の改善について、以下の順番で検討を図る原則のことを指す。

- E（Eliminate）　：排除　…「なくせないか」
- C（Combine）　：結合　…「一緒にできないか」
- R（Rearrange）　：交換　…「順序変更はできないか」
- S（Simplify）　：簡素化 …「簡単にできないか」

① 「ABC分析」とは、「多くの在庫品目を取り扱うときそれを品目の取り扱い金額又は量の大きい順に並べて、A、B、Cの3種類に区分し、管理の重点を決めるのに用いる分析」（JIS Z 8141-7302）である。分析の対象は**在庫品目**であり、工程、作業、動作は分析の対象外のため、「ECRSの原則」は利用**できない**。

② 「連合作業分析」とは、「人と機械、二人以上の人が協同して作業を行うとき、その協同作業の効率を高めるための分析手法。」（JIS Z 8141-5213）である。分析の対象は**作業**であるため、「ECRSの原則」が利用可能である。なお、連合作業分析は、人と機械の組合せを対象とした人・機械分析と、人と人との組合せを対象とした組

246

作業分析とに大別される。

③ 「事務工程分析」とは、経営方針決定に必要な情報を収集処理し、決定された方針を各部門に伝達し、伝達された経営方針に沿って各部門が計画を策定し実行する、といった一連の事務工程における情報の流れを分析することである。事務工程分析においては、生産改善と同じ手法をとる。分析の対象は事務**工程**であるため、**「ECRSの原則」**が利用可能である。

④ 「流動数分析」とは、生産の進度管理において、前工程からの仕掛品の累積受入数量と次工程への累積払出数量を日時で比較し、その差から仕掛品の在庫量や在庫の過少／過多、停滞時間などを分析、把握する手法である。分析の対象は**在庫量**であるため、**「ECRSの原則」**は利用できない。

よって、「ECRSの原則」が利用可能な分析手法は**2つ**となるため、**イ**が正解である。

（参考文献：日本経営工学会編『生産管理用語辞典』日本規格協会）

第16問

ワークサンプリング法による稼働分析における標準時間の設定に関する問題である。レイティング値からの正味時間の算出や、余裕率の算出、標準時間の算出の方法に関する正確な知識が問われる問題であった。

本問では、設問で与えられた条件より、以下の手順で標準時間を算出していく。

① 各作業の平均作業時間とレイティング値から、正味時間を求める。

② 文中のワークサンプリングに関する記述から、余裕率を算出する。

③ 正味時間と余裕率から、標準時間を算出する。

上記の①～③に沿って標準時間の算出を行う。

① 問題中の「表 時間分析の結果」に、2つの作業のそれぞれの「レイティング前の平均作業時間」と「レイティング値」が示されている。

レイティング値（レイティング係数）とは、正常な作業者が正常な速度で行う、基準とする作業ペースを100とした場合の観測対象者のペースをいい、速ければ100より大きく設定される。なお、レイティング値は以下の式であらわすことができる。

$$レイティング値（レイティング係数）= \frac{基準とする作業ペース}{観測作業ペース} \times 100（\%）$$

そして、正味時間は、以下の式で算出可能である。

正味時間＝観測時間の代表値（レイティング前の平均作業時間）×レイティング値（％）

したがって、各作業の正味時間は、以下のように算出できる。

「穴あけ作業」：レイティング前の平均作業時間×レイティング値

$$=1.2（分）\times 110 \div 100 = 1.32（分） \cdots （A）$$

「曲げ作業」　：レイティング前の平均作業時間×レイティング値

$$= 1.5(\text{分}) \times 80 \div 100 = 1.2(\text{分}) \cdots (\text{B})$$

作業全体の正味時間 ＝ (A) ＋ (B) ＝ 1.32 ＋ 1.2 ＝ **2.52(分)** ··· (C)

② 設問文中に「ワークサンプリングは余裕率を算定する目的で行われ、延べ500回の計測の中で余裕に該当するサンプルが50個得られた」とある。

したがって、本問における余裕率（内掛け法）は、以下のように算出できる。

$$\text{余裕率(内掛け法)} = \frac{\text{余裕のサンプル数}}{\text{全体のサンプル数}} = \frac{50}{500} = \textbf{0.1} \cdots (\text{D})$$

③ 内掛け法の場合、標準時間は以下の式で算出できる。

$$\text{標準時間} = \text{正味時間} \times \frac{1}{1 - \text{余裕率}} = (\text{C}) \times \frac{1}{1 - (\text{D})}$$

$$= 2.52 \times \frac{1}{1 - 0.1} = 2.52 \times \frac{1}{0.9} = \textbf{2.80}$$

よって、**ア**が正解である。

第17問

　QC　7つ道具のひとつである管理図（シューハート管理図）の特徴に関する問題である。

　シューハート管理図とは、工程が統計的管理状態にあるか否かを評価するための「シューハートの管理限界線」を用いた管理図のことで、打点された値の変動が、主として、偶然原因あるいは異常原因のどちらに起因するのかを見分けることを意図した管理図である。（JIS Z 8101-2-2.3.2「シューハート管理図」およびJIS Z 8101-2-2.4.5「シューハートの管理限界（線）」より）連続した量や数値として測定できるデータを時系列的に並べ、これが異常かどうかの判断基準となる管理限界線を記入した管理図表である。下図のように、平均値を中心線（CL）として、上方管理限界線（UCL）と下方管理限界線（LCL）が示される。

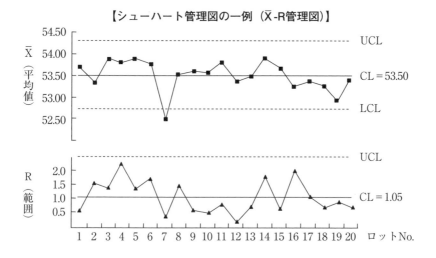

(出所:中央職業能力開発協会編・渡邉一衛監修『ビジネス・キャリア検定試験標準テキスト【共通知識】生産管理2級』社会保険研究所 一部改変)

ア ✕:**管理用管理図**の説明である。管理用管理図は、「工程を管理状態に保持するための管理図」(JIS Z 8101-2-5.14)と定義されている。

イ ✕:**解析用管理図**の説明である。解析用管理図は、「既に集められた観測値によって、工程が統計的管理状態であるかどうかを評価するための管理図」(JIS Z 8101-2-5.13)と定義されている。解析用管理図によって工程が統計的管理状態であると見なすことができる場合、その解析用管理図の管理限界を延長して管理用管理図に移行し、引き続きその管理図を工程の管理状態保持のために利用する。

ウ 〇:正しい。c管理図とは、不連続の計数値データを管理するための管理図で、「サンプルに生起した不適合数を用いて工程を評価するための管理図」(JIS Z 8101-2-5.23)と定義されている。たとえば、液晶パネル用ガラス基板1枚に含まれるキズや気泡の不適合数(欠点数)といったように、ある検査対象物に発生した不適合(欠点)がどの程度出現したかを調べる、といった用途に用いられる。

エ ✕:工程能力指数とは、「特性の規定された公差を工程能力(6σ)で除した値」(JIS Z 8101-2-5.10)と定義される。工程能力指数を算出する際に分母となる「工程能力」とは、評価対象となる品質特性のバラツキ度合いを示す値であり、バラツキ度合いが小さければ小さいほど、工程能力は高いと評価される。したがって、分母となる工程能力の値が小さいほど、すなわち**工程能力指数の値が大きいほど**、工程能力が高いことを示すことになる。

よって、**ウ**が正解である。

（参考文献：日本経営工学会編『生産管理用語辞典』日本規格協会）

第18問

与えられたデータをもとに、加工機械の設備総合効率を算出する問題である。設備総合効率とは、「設備の使用効率の度合を表す指標」（JIS Z 8141-6501）と定義され、当該設備の操業時間のうち、付加価値を創出している時間がどれだけ占めているかを表す指標である。設備総合効率は、以下の式で表すことができる。

$$設備総合効率 = 時間稼働率 \times 性能稼働率 \times 良品率$$

$$= \frac{稼働時間}{負荷時間} \times \frac{基準サイクルタイム \times \cancel{加工数量}}{\cancel{稼働時間}} \times \frac{良品数量}{\cancel{加工数量}}$$

$$= \frac{基準サイクルタイム \times 良品数量}{負荷時間}$$

問題文の条件より、基準サイクルタイム = 2 分/個、負荷時間 = 1,000 時間 = 60,000 分であることがわかる。良品数量は、以下の式から算出することができる。

$$良品数量 = 加工数量 \times 良品率 = 加工数量 \times (1 - 不適合品率)$$

$$= 18,000 \times (1 - 0.2)$$

$$= 18,000 \times 0.8 = 14,400 (個)$$

以上の数値を設備総合効率の式に代入する。

$$設備総合効率 = \frac{基準サイクルタイム \times 良品数量}{負荷時間} = \frac{2 \times 14,400}{60,000} = 0.48$$

よって、**ア**が正解である。

第19問

与えられた条件から経済的発注量を計算する問題である。（設問1）は与えられた条件を読み取ることで比較的短時間で解答することが可能であるが、（設問2）は与えられたデータが数多く、図表の読み取り自体も複雑なため、制限時間を考慮すると後回しにしたい問題である。

設問1 ● ● ●

＜1個あたりの売れ残り損失＞

問題文に「注文に応じて販売分だけを加工して」とあるため、売れ残り分には

加工は施されない（加工単価は発生しない）。また、「食材は翌日以降に持ち越して販売することはできない」とあるため、当日の売れ残りは全量飼料会社に買い取られる。よって、売れ残り分の「仕入れ単価」と「飼料会社に引き取られる単価」のみ考慮すればよい。

1個あたりの売れ残り損失＝仕入れ単価80－飼料会社買い取り単価20

$$＝60（円/個）$$

＜1個あたりの品切れ損失＞

機会費用の考え方が適用できる。在庫を保持していれば（販売できれば）得ることができた利益が機会費用に相当する。

1個あたりの品切れ損失＝加工食材の販売単価460－（食材の仕入れ単価80

＋加工単価40）

$$＝340（円/個）$$

よって、**ア**が正解である。

設問2 ● ● ●

与えられた図表の読み取りが難解な問題であり、制限時間を考慮すれば正解を導くことは困難である。表2の空欄の数値を算出してから最適発注量を求める。以下の表は与えられた表2を加工したものである。表の斜線がひかれた部分は、発注量＝需要量となっており、損失額はゼロである。斜線より左下の部分は、需要量＞発注量となるので、品切れ損失が発生する。また、斜線より右上の部分は、発注量＞需要量となるので、売れ残り損失が発生する。各損失の算出方法は以下のとおりである。

＜各発注量のもとでの品切れ損失＞

各発注量のもとでの品切れ損失＝1個あたりの品切れ損失×品切れ数

×（度数÷100）

＝340（設問1より）×（需要量－発注量）

×（度数÷100）

（例：下表①：発注量49個、需要量50個における品切れ損失）

①＝340×（50－49）×（40（表1より）÷100）＝**136**

＜各発注量のもとでの売れ残り損失＞

各発注量のもとでの売れ残り損失＝1個あたりの売れ残り損失×売れ残り数

×（度数÷100）

＝60（設問1より）×（発注量－需要量）

×（度数÷100）

（例：下表②：発注量52個、需要量49個における売れ残り損失）

　　②＝60×（52−49）×（20（表1より）÷100）＝**36**

　次に、各発注量のもとでの平均損失額を算出する。これは表の列（タテ）の合計で表される。

＜各発注量のもとでの平均損失額＞

　　各発注量のもとでの平均損失額＝各発注量のもとでの各需要量における平均損失額の合計

（例：下表③：発注量49個のもとでの平均損失額）

　　③＝6＋0＋136＋136＋102＝**380**

（例：下表④：発注量52個のもとでの平均損失額）

　　④＝24＋36＋48＋12＋0＝**120**

		発注量（個）				
		48	49	50	51	52
需要量（個）	48	0	6	12	18	24
	49	68	0	12	24	36…②
	50	272	136…①	0	24	48
	51	204	136	68	0	12
	52	136	102	68	34	0
平均損失額（円）		680	380…③	160	(100)	120…④

　以上より、発注量51個のもとでの平均損失額（100）が最小となるため、**ウ**が正解である。

　なお、解答する際に留意したい着眼点を以下に示す。

・発注量49個の平均損失額（上表③）は、空欄（上表①）を埋めなくても136、102が示されていることから合計が200を超えることは明白であり、また発注量50個の平均損失額は160であるため、両者は発注量51個の平均損失額100を上回ることがわかる。よって、選択肢**ア**、**イ**は排除でき、選択肢**ウ**、**エ**の2択と判断できる（解答に際して上表①・③は算出する必要がない）。

・上表の斜線より左下の部分の数値34、68…はすべて34の倍数である。また、斜線より右上の部分の数値6、12…はすべて6の倍数である（（設問1）で解答した数値を活用することが想像できる）。各行の数値は等差数列となっていることが確認でき、②については、0、12、24に続く数値であることがイメージできれば

252

36を導くことが可能であった。

第20問

　生産現場で行われる改善施策について、施策とその目的との整合性が理解できているかを問う問題である。

ア　○：正しい。あんどんとは、工場の生産ラインにおいて作業者が各工程の異常を発見した場合、ラインをストップさせてその問題をクローズアップさせるためのラインストップ表示板のことである。あんどんは、JIS Z 8141-4303の「目で見る管理」のうち、設備の管理のための一手法と位置づけられており、機械設備の稼働状況の可視化が主な設置目的であるといえる。

イ　○：正しい。シングル段取とは、機械の停止時間が10分未満の内段取のことをいう。シングル段取の実現を目指した段取替え時間の短縮の方策としては、内段取の時間自体の短縮化、内段取の一部の外段取化が考えられる。

ウ　✕：1個流しとは、製品を1個加工したらすぐに次工程に送り、工程間に仕掛品を置かない生産方式のことであり、JIT（ジャストインタイム）生産の導入要件のひとつとされる。製品の流れを1個流しにする目的は、**中間仕掛品の滞留や工程における遊休の防止であり、品種変更に伴う段取り替えの回数はむしろ増加する可能性がある**。品種変更に伴う段取り替えの回数抑制の方策としては、ロットサイズの最適化などがあげられる。

エ　○：正しい。ポカヨケとは、①誰が作業しても間違いが起こらない、②間違った作業をしても、自動的に間違いを検出して警告を出す、③不適合品を自動的に検出して適合品に混入させない、という3つの観点から、設備に施すミスの再発防止策である。本肢の記述では、部品の供給棚という設備に「ポカヨケ」の改善を施すとしており、それは「部品の組み付け忘れ」という間違いの発生を事前に防止するのに役立つと考えられる。

　　よって、**ウ**が正解である。

（参考文献：中央職業能力開発協会編・渡邉一衛監修『ビジネス・キャリア検定試験標準テキスト【共通知識】生産管理2級』社会保険研究所）

第21問

　3Dプリンターの構造や用途などの基礎的知識に関する問題である。

ア　○：正しい。3Dプリンターに用いられている技術は正式には「アディティブ・マニュファクチャリング（Additive Manufacturing／AM）技術」とよばれ、3次元の形状データから立体物の断面図情報を作り出し、プラスチック、樹脂、金属粉

などの材料を一層ごとに連続的に積層して立体物を造形する。３次元積層造形技術ともいわれる。

イ ✕：積層ピッチとは、３Ｄプリンターにおいて立体物を造形する際の、層状に造形を積み上げていく間隔のことを指す。積層ピッチを**小さくすること**により、より高精細な造形が可能になる。

ウ ✕：現在、３Ｄプリンターの主要な用途は、試作品やオーダーメイド品などの少量生産に限られ、**同一の製品を安価かつ短時間に大量生産するのには向かない**。ただし、安価な３次元積層造形装置が大量に導入され、AM 技術が本格的に普及すると、従来のものづくり技術が不要となり、ものづくりの方法が大きく変わる可能性を秘めている。

エ ✕：３Ｄプリンターは、個々の部品を製造して組み立てるのではなく、AM技術によって複数の部品が一体化した状態を一度で造形するため、**複数個の部品が組み合わされた製品の造形も可能である**。

よって、**ア**が正解である。

（参考文献：『2013年版ものづくり白書』経済産業省）

第22問

中小企業庁「平成27年度商店街実態調査報告書」からの出題である。商店街実態調査は、商店街の景況や空き店舗の状況、商店街が抱える課題などの商店街の実態を明らかにし、今後の商店街活性化施策の基礎資料とすることを目的として３年に１度、実施されている。前回調査の「平成24年度商店街実態調査報告書」からは、平成26年度第25問で出題されている。

ア ✕：最近３年間に商店主が退店（廃業）した理由として最も回答が多いものは「**商店主の高齢化・後継者の不在**」であり、66.6％を占めている。続いて「他の地域への移転」が23.8％、「同業種との競合」が12.9％、「商店街に活気がない」が12.8％となっており、「大型店の進出」は4.2％にすぎない。

イ ✕：最近３年間の商店街への来街者数の変化について、「減った」と回答した商店街は56.6％であり、平成24年度調査の72.6％と比べると16.0ポイント**減少している**。

ウ ✕：商店街の最近の景況について、「衰退している」と回答した商店街の割合は35.3％であり、平成24年度調査の43.2％と比べると7.9ポイント**減少している**。

エ ◯：正しい。商店街の平均店舗数は54.3店であり、平成24年度調査の52.9店よりも1.4店増加している。

よって、**エ**が正解である。

（参考文献：『平成27年度商店街実態調査報告書』中小企業庁）

第23問

　都市計画法に定められた用語の定義に関する問題である。以下に完成された文章を示す。

　都市計画区域は、自然的、社会的条件や人口、土地利用、交通量などの現況および推移を勘案して、一体の都市として総合的に整備、開発および保全する必要がある区域であり、 A：都道府県 が指定するものである。都市計画区域において、無秩序な市街化を防止し計画的な市街化を図るために市街化区域と市街化調整区域との区分を定めることを B：区域区分 という。

　 C：用途地域 とは都市計画法により、都市の環境保全や利便性の向上を目的として、ある地域における建物の用途に一定の制限を行う地域のことである。たとえば、床面積が1万㎡を超える店舗の出店が可能な地域は、原則として近隣商業地域、商業地域、 D：準工業地域 の3地域である。

　よって、空欄Aには**都道府県**、空欄Bには**区域区分**、空欄Cには**用途地域**、空欄Dには**準工業地域**が入るため、**エ**が正解である。

第24問

　1970年代、1980年代および1990年代における地域商業に関連する流通政策に関する問題である。各年代では、以下の流通政策が実施されている。

　1970年に中小企業庁から日本商工会議所への委託事業として「商業近代化地域計画」の作成が開始された。本計画は、市町村の都市計画等と調整を図りながら、当該地域の商業近代化を図ろうとするものである。商業近代化地域計画策定事業は、1990年度まで21年間にわたって実施された（bに該当）。

　1983年には、都市計画と商業集積のあり方とは相互に密接な関連があるとして、流通政策の中にまちづくりの視点が導入された「コミュニティ・マート構想」が発表された。「コミュニティ・マート構想」を推進することにより、商店街を単なる買い物の場から地域住民が生活上必要なさまざまなニーズを充たすために集い、交流する「暮らしの広場」へとその社会的機能を高めることを目指していた（aに該当）。

　1989年には、それまでの商店街組織を対象とした政策から、商業集積を対象とした政策に代わるものとして「ハイマート2000構想」が発表された。1991年には「ハイマート2000構想」をもとにして「特定商業集積の整備の促進に関する特別措置法（特定商業集積法）」が施行された。同法は、特定商業集積の整備を促進することにより、商業の振興および良好な都市環境の形成を図ることを目的としている（cに該当）。

解答・解説

29年度

上記の政策を古いものから新しいものへと並べると、b→a→cとなる。

よって、**ウ**が正解である。

第25問

　ショッピングセンター（SC）の現況について、一般社団法人日本ショッピングセンター協会が公表している「全国のSC数・概況」からの出題である。同協会は、我が国のショッピングセンターの発展を通じて消費者の豊かな生活づくりと地域社会の振興に貢献することを目的に設立されており、「全国のSC数・概況」は協会のホームページにて公開されている。

　2016年末時点で営業中のショッピングセンターの概況は以下のとおりである。

総SC数	3,211
総テナント数	159,066店
1 SC平均テナント数	50店
総キーテナント数	2,931店
総店舗面積	51,724,612㎡
1 SC平均店舗面積	16,109㎡

ア　✕：上記のとおり、1SCあたりの平均店舗面積は**16,109㎡**である。

イ　✕：2016年にオープンしたSCは、中心地域で16か所、周辺地域で38か所であり、**中心地域よりも周辺地域のほうが多い**。

ウ　◯：正しい。キーテナント別SC数は、核なし…774か所（構成比24.1％）、1核…2,006か所（同62.5％）、2核…377か所（同11.7％）、3核…48か所（同1.5％）、4核以上…6か所（同0.2％）である。したがって、キーテナント別SC数では1核SCの割合が最も高い。

エ　✕：新規オープン1SCあたりの平均テナント数は、2001年以降、年単位で**増減**を繰り返している。

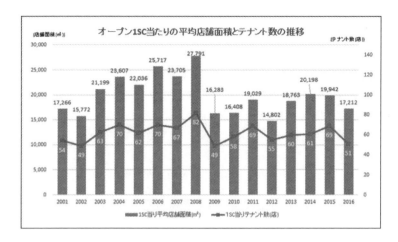

（出典：一般社団法人日本ショッピングセンター協会「全国のSC数・概況」
　　　　URL：http://www.jcsc.or.jp/sc_data/data/overview）
よって、**ウ**が正解である。

第26問

大規模小売店舗立地法に関する問題である。

ア ✕：大規模小売店舗の設置者が配慮すべき基本的な事項として、以下の事項が定められている。

①　周辺地域についての調査など
②　住民への適切な説明
③　都道府県などからの意見に対する誠意ある対応など
④　テナントの履行確保、責任体制の明確化など
⑤　開店後における適切な対応

本肢にある「地域商業の需給調整」は、大規模小売店舗の設置者が配慮すべき基本的な事項に含まれていない。

イ ✕：大規模小売店舗立地法が適用対象とする小売業には、**飲食店は含まれない**。

ウ ✕：大規模小売店舗立地法が適用対象とする小売店舗は、**店舗面積が1,000㎡を超える**ものである。

エ ✕：大規模小売店舗立地法の施行に伴い、大規模小売店舗法（およびその規制）は**廃止された**。

オ 〇：正しい。大規模小売店舗立地法第9条において、都道府県は大規模小売店舗の設置者が正当な理由がなく勧告に従わない場合、その旨を公表することができる

と定めている。

よって、**オ**が正解である。

第27問

　店舗における粗利益率と相乗積に関する問題である。相乗積とは、売り場の各部門（各商品群）の粗利益率に各部門（各商品群）の売上構成比を掛け合わせた値である。各部門の相乗積を合計すると、全体の粗利益率と一致する。相乗積は、以下の式で求めることができる。

　相乗積＝各商品カテゴリーの売上構成比×各商品カテゴリーの粗利益率

$$= \frac{各商品カテゴリーの売上高}{全体売上高} \times \frac{各商品カテゴリーの粗利益}{各商品カテゴリーの売上高} \cdots （ⅰ式）$$

　本問はすべての選択肢を計算して解答を求めると膨大な計算処理量を要することになるため、解答手順を十分に検討してから取り組む必要がある。手順の例は以下のとおりである。

＜手順例＞

　① 　相乗積が関連しない選択肢**ウ**の正誤判断を先に行う（実際に選択肢**ウ**が正解であり、計算処理をまったく行うことなく正解を導くことができた）。

　② 　（仮に①で正解を導けなかった場合）相乗積の分解式（上記ⅰ式）を用いて、各選択肢の条件から変化する要素と変化しない要素に着目をして正誤判断を行う（できる限り計算処理を減らす）。

ア ✕：カテゴリーaおよびカテゴリーbの相乗積は以下のように示される。

$$aの相乗積 = \frac{aの売上高}{全体売上高} \times aの粗利益率（変動なし）= 12.0\%$$

$$bの相乗積 = \frac{bの売上高}{全体売上高} \times bの粗利益率（変動なし）= 5.0\%$$

　aの相乗積はbの相乗積の2.4倍である。ここで、bの売上高が2倍になり、他のカテゴリーの売上高が変わらない場合、aの相乗積はbの相乗積の1.2倍となる（全体売上高の増加率は両式とも同一であり、それぞれの粗利益率に変動がないため）。したがって、**カテゴリーbの相乗積はカテゴリーaより低いままである**。参考までに、変化後の数値は以下の表のとおりである。

商品カテゴリー	売上高	売上構成比	粗利益高	粗利益率	相乗積
カテゴリーa	1,500万円	25.0%	600万円	40.0%	10.0%
カテゴリーb	2,000万円	33.3%	500万円	25.0%	8.3%
〜	〜	〜	〜	〜	〜
全体	6,000万円	100.0%	2,075万円	34.6%	

イ ✕：カテゴリーcの相乗積は以下のように示される。

$$cの相乗積 = \frac{cの売上高}{全体売上高} \times cの粗利益率（変動なし） = 6.0\%$$

ここで、cの売上高が2倍になり、他のカテゴリーの売上高が変わらない場合、**cの相乗積は2倍にはならない**（分子のcの売上高が2倍になると同時に分母の全体売上高も増加するため）。参考までに、変化後の数値は以下の表のとおりである。

商品カテゴリー	売上高	売上構成比	粗利益高	粗利益率	相乗積
〜	〜	〜	〜	〜	〜
カテゴリーc	1,200万円	21.4%	600万円	50.0%	10.7%
〜	〜	〜	〜	〜	〜
全体	5,600万円	100.0%	2,125万円	37.9%	

ウ ○：正しい。全体の粗利益率（36.5%）よりも高い粗利益率（45.0%）であるカテゴリーeの売上高が2倍に増加し、他のカテゴリーの売上高が変わらない場合、全体の粗利益率は押し上げられる。参考までに、変化後の数値は以下の表のとおりである。

商品カテゴリー	売上高	売上構成比	粗利益高	粗利益率	相乗積
〜	〜	〜	〜	〜	〜
カテゴリーe	1,400万円	24.6%	630万円	45.0%	11.1%
全体	5,700万円	100.0%	2,140万円	37.5%	

エ ✕：すべてのカテゴリーの売上高がそれぞれ10%ずつ増えても、各カテゴリーの粗利益率は変化しない。またすべてのカテゴリーの売上高が同じ率で増加するため売上構成比も変わらず、粗利益率と売場構成比の積である**相乗積は変化しない**。

オ ✕：カテゴリーaを例に考える。

$$aの相乗積 = \frac{aの売上高1,500}{全体売上高5,000} \times aの粗利益率（変動なし） = 12.0\%$$

aの売上高が100万円増えると1,500万円→1,600万円（8.3%増）となる。また、すべてのカテゴリーの売上高が100万円ずつ増えるので、全体の売上高は100万円×5＝500万円増加し、5,000万円→5,500万円（10.0%増）となる。分子と分母の増加率が異なるため、**相乗積は変化する**。bを除いた各カテゴリーも同じ結論となる。

259

カテゴリーbは売上高が100万円増えると1,000万円→1,100万円（10.0％増）となり、全体の売上高（10.0％増）と同じ変化率となるため、相乗積は変化しない。参考までに、変化後の数値は以下の表のとおりである。

商品カテゴリー	売上高	売上構成比	粗利益高	粗利益率	相乗積
カテゴリーa	1,600万円	29.1%	640万円	40.0%	11.6%
カテゴリーb	1,100万円	20.0%	275万円	25.0%	5.0%
〜	〜				〜
全体	5,500万円	100.0%	2,015万円	36.6%	

よって、**ウ**が正解である。

第28問

売場における人時生産性に関する問題である。人時生産性とは、時間単位あたりの労働投入に対して生み出された価値の指標であり、下記の式によって導かれる。

$$人時生産性 = \frac{粗利益（※）}{総労働時間}$$

※分子の粗利益は、営業利益、経常利益、付加価値などを採用する場合もある。

粗利益が同額であっても投入した人員が多くなったり1人あたりの労働時間が長くなったりした場合は、人時生産性は低下する。人時生産性を向上させるには、人員数と労働時間の管理が重要となる。

与えられた条件から人時生産性に必要なデータを算出する。

粗利益＝売上高500－仕入高300＝200（万円）

総労働時間＝5（時間）×10（日）×2（人）＝100（時間）

以上より人時生産性を導く。

人時生産性＝200（万円）÷100（時間）＝2（万円/時間）

よって、**イ**が正解である。

第29問

セルフサービス店舗のフロアレイアウトにおけるワンウェイコントロールに関する問題である。ワンウェイコントロールとは、買物客が店舗の入口から出口まで店内の隅々の場所を回遊することで、買上点数および客単価を向上させる動線計画のことである。

ア　✕：売れ筋商品を見やすい位置に陳列することで、買上率が高まり、客単価の向上をもたらす。しかし、**陳列方法はワンウェイコントロールの説明とはならない**。

イ　〇：正しい。物理的な通路設計やマグネットなどを利用して買物客の売場回遊を

促進することは、商品との接点を増やす効果がある。ワンウェイコントロールの考え方であり、客単価の向上をもたらす。

ウ ✕：商品の陳列スペースを最適化して、店員の商品補充頻度を減らすことは、店員の作業効率の向上や従業員動線の短縮をもたらす。しかし、**客動線を長くすることには関係せず**、ワンウェイコントロールの実現には寄与しない。

エ ✕：商品を買い物しやすい順に配置することは買物客の利便性の向上に有効である。しかし、**買物客の店内動線が短くなり、その結果、想起購買や関連購買などの非計画購買が行われにくくなる**。これに対してワンウェイコントロールでは、客動線の長さを最長にすることで非計画購買を促進することを目的としている。

オ ✕：レジ前の売場に低価格商品を陳列して、衝動購買を促進することは客単価の向上をもたらす。しかし、**売場の中の特定の場所における販売促進であり、レイアウトと直接関係する販売促進策ではない**。

よって、**イ**が正解である。

第30問

色彩の効果に関する空欄穴埋め問題である。平成27年度第26問にも同様の問題が出題されている。

空欄A：見たときの確認のしやすさを視認性という。注意を向けている人に遠くからでも見つけやすく、周囲から際立って見えるような色や配色を「視認性が高い」という。

空欄B：図形の細部の知覚のしやすさを明視性という。見つけた対象物の形や細部が認めやすく、意味や情報が細かく判別できるような色や配色を「明視性が高い」という。

なお、解答群にある「識別性」とは、複数の対象の中での区分・識別のしやすさのことであり、各線を色分けしている鉄道の路線図などが識別性の利用例としてあげられる。また「誘目性」とは、道路の危険標識などのように周囲の環境の中から特に目を引く効果のことである。

よって、**イ**が正解である。

第31問

小売業の商品施策・価格政策に関する問題である。

ア ✕：EDLP（Every Day Low Price）政策とは、すべての商品を、毎日いつでも同業他社よりも低価格で販売する政策である。恒常的な低価格販売を実現するためには、高収益低価格商品の開発、オペレーションコストの削減、仕入れ先との情報

共有などの製販同盟やSCM（Supply Chain Management／サプライチェーンマネジメント）の構築が必要となる。CRM（Customer Relationship Management／顧客関係管理）を強化するなど店舗のサービス水準を高めることは、店舗運営には重要な要素であるが、EDLP政策とは関係がない。

イ ✕：小売業が自ら企画し、外部に生産を委託したプライベート・ブランド商品は、仕入原価を低く抑えることができ、価格設定の自由度も高いため、一般的にナショナル・ブランド商品よりも**粗利益率が高い**とされている。

ウ ✕：コンビニエンス・ストアのような小規模な店舗が狭い商圏の顧客を囲いこむためには、**幅広い商品カテゴリー（商品ライン）について奥行きの浅い（商品アイテムを絞り込む）**品揃えを追求する。特定の商品カテゴリーで奥行きの深い品揃えを追求すると専門的（ニッチ）な品揃えとなり、広範囲からの集客が見込める。

エ ◯：正しい。来店促進のために利益が出ないほど安く販売する目玉商品をロスリーダーという。ハイ・ロープライシング政策で用いられる手法である。

よって、**エ**が正解である。

第32問

不当景品類及び不当表示防止法（景品表示法）に関する問題である。景品表示法は、商品やサービスについての不当な景品（過大景品）や表示（誇大表示）を規制する法律であり、景品類の提供に関して以下の規制を設けている。

	取引価額	景品類の最高額	景品類の総額制限
一般懸賞	5,000円未満	取引価額の20倍	売上予定総額の2％
	5,000円以上	10万円	
共同懸賞	金額にかかわらず	30万円	売上予定総額の3％
総付懸賞	1,000円未満	200円	制限なし
	1,000円以上	取引価額の2/10	

一般懸賞とは、商品の購入者を対象としたくじなどの偶然性や、クイズなどによる優劣などをもとに行う懸賞であり、共同懸賞とは商店街の歳末大売り出しのような複数の事業者が集まって企画し実行する懸賞である。本問は、商品の購入者全員に景品類を提供する総付懸賞が問われている。

ア ✕：取引価額が1,000円以上の場合、景品類の最高額は取引価額の**10分の2**である。

イ ◯：正しい。取引価額が1,000円未満の場合、景品類の最高額は200円である。

ウ ✕：取引価額が5,000円以上の場合、1,000円以上に該当するため景品類の最高額

は取引価額の10分の2である。本肢は、一般懸賞の限度額の説明である。

エ ✕：取引価額が5,000円未満の場合、1,000円未満ならば景品類の最高額は200円であるが、1,000円以上5,000円未満であれば取引価額の10分の2となる。

オ ✕：選択肢**エ**の解説のとおりである。

よって、**イ**が正解である。

第33問

小売店舗における在庫管理に関する問題である。

ア ✕：経済的発注量とは、発注業務に係る**発注費用**と、在庫を保有することにより発生する**在庫費用の合計である総費用**を最小にする1回あたりの発注量のことである。

イ ✕：サイクル在庫とは、次の納入までの需要に対応するための在庫であり、1回の発注量の2分の1とされる。サイクル在庫は、定量発注方式の場合、経済的発注量（EOQ）の2分の1であり、**定期発注方式の場合、期間平均需要量の2分の1**とされる。

ウ 〇：正しい。発注点とは、発注点方式において、発注を促す在庫水準のことである。定量発注方式を採用している場合、発注点は調達期間中の推定需要量と安全在庫の和として求められる。なお、調達期間中の推定需要量は、調達リードタイムに調達リードタイム中の1日あたりの平均需要量を乗じて求める。

エ ✕：補充点は、発注する際の発注量を定めるために、現在の有効在庫と発注量の和として設定された値である。棚の容量などによって決定される最大在庫量と考えればよい。

オ ✕：見越在庫とは、あらかじめ予測できる変動への備えとしての在庫である。発注済みであるがまだ手元にない在庫は、発注残である。

よって、**ウ**が正解である。

第34問

需要予測に関する問題である。

ア ✕：移動平均法は、実績値のみを予測値に反映させる需要予測法であり、**過去の変動要因を予測に反映させることはない**。移動平均法の主な算出法に、単純移動平均法、加重移動平均法、指数移動平均法などがある。単純移動平均法は、過去の需要データの単純平均を予測値とする。加重移動平均法は、過去の個々の需要データに一定の基準にしたがって重みづけをし、その加重平均値を予測値とする。指数移動平均法は、指数関数的に重みを減少させ、過去よりも直近の需要データを重視す

解答・解説

29年度

263

る。一般的に、単に移動平均法というと、単純移動平均法を指すことが多い。

イ ✕：季節変動は、季節的な原因により生じる1年を周期とする変動のことである。季節変動は、一般に天候などの自然現象や、いわゆる盆暮れ正月などの慣習、社会制度などに起因する。我が国の場合には、3月や9月の決算期やボーナス時期などの統計の動きに強く現れ、毎年似た動きをする。なお、この季節変動を指数化したものを季節指数という。通常は四半期別または月別の1年間のデータ平均を100とし、それぞれ当該期の四半期別ないしは月別データの季節変動を指数化して表わす。

ウ 〇：正しい。指数平滑法では、次期の予測値の算出方法として、当期の予測値に、当期の実績値と当期の予測値の差（誤差）の a 倍した数値を加える。a は0から1の間の任意の数値で設定され、a が1に近いほど誤差の影響が次期の予測値に大きく反映されることを意味し、0に近いほど誤差の影響が小さく見積もられることを意味する。一般に、この a を平滑化定数（重み）という。

　　次期の予測値＝当期の予測値＋ a（当期の実績値－当期の予測値）

　　a：平滑化定数（$0 < a < 1$）

　　平滑化定数の大きさにより、当期の実績値と当期の予測値のどちらのウェイトを高めるかが決まる加重平均法の一種と考えられている。

エ ✕：重回帰分析とは、多変量解析のひとつであり、独立変数が2つ以上のものをいう。なお独立変数が1つのものを単回帰分析という。単回帰分析が1つの目的変数を1つの説明変数で予測しようとするものであるのに対し、重回帰分析は1つの目的変数を複数の説明変数で予測しようとする。この説明変数間の相関関係、すなわち分散と共分散によって回帰係数が決定される。重回帰分析における**予測値と実際の値の相関係数を重相関係数といい、これを二乗したものを重決定係数という。**一般にこの値が高いほど、重回帰分析の予測の精度が高いといわれる。「**説明変数間の相関**」と数式（モデル）自体の評価は関連しない。

　　よって、**ウ**が正解である。

第35問

国内の輸送手段に関する問題である。

ア ✕：鉄道輸送においても、コンテナ内にパレット積みの荷物を格納することができる。したがって、**鉄道輸送は一貫パレチゼーションを阻害しない。**

イ ✕：鉄道輸送においても、温度管理コンテナの導入が進んでおり、**冷蔵・冷凍など温度管理が必要な荷物を積載できる。**

ウ 〇：正しい。記述のとおりである。

エ ✕：下図のように、貸切便に限らず、**複数の荷主や輸送事業者による混載モーダ**

ルシフトの事例が見られる。

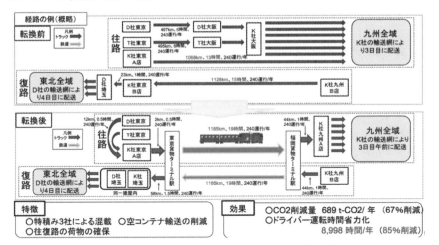

（出典：国土交通省「物流生産性革命に向けた鉄道利用促進に係る取組について」
平成29年2月

URL：http://www.t-renmei.or.jp/info/pdf/zenkokutaikai_12th_01.pdf）

よって、**ウ**が正解である。

第36問

物流におけるユニットロードに関する問題である。

ユニットロードとは、パレットやコンテナなどで複数貨物の大きさを標準化し、機械や器具で荷役しやすいようにまとめ、そのまま輸送などを行うことである。複数貨物をユニットロードにすることで、荷役を機械で行うことが可能となり荷役能率を向上させ、発送から到着まで一貫して保管や輸送を行うことで輸送機関の運用効率を向上させることができる。また貨物の紛失や破損の防止、さらに包装費用の節約が可能になるなど、さまざまなメリットがある。

ア ✕：折畳み容器とは、文字どおり折畳みが可能なコンテナ等の容器のことであり、商品を収納していないときは折畳んだ状態で重ねることが可能なため、輸送効率や保管効率を高めることができる。一方、ネスティング形容器とは、容器の側面に上開きの傾斜がつき、落とし込みによる積み重ねが可能な容器のことである。例として、スーパーマーケットの買い物カゴは、カゴの側面に緩やかな傾斜がついており、カゴ自体を積み重ねることができる。よって、**折畳み容器はネスティング形容器には分類されない**。

イ 〇：正しい。通い容器の運用には、パレットやコンテナを所有する企業と取引先

との間で繰り返し輸送用に利用される「閉鎖型」や、パレットやコンテナをレンタルする企業が利用者とレンタル契約を結び、繰り返し輸送用に利用される「開放型」などがある。

ウ　✕：本肢の前半の記述は正しい。パレチゼーションとは、パレットの上に貨物を積載することで、フォークリフトによる機械荷役を実現する方法である。ただし、パレチゼーションは**輸送量の増加を促すのではなく、荷役能率の向上などに主眼が置かれる**。

エ　✕：クレート（Crate）とはプラスチックなどでできた輸送用のわく箱である。物流クレートの採用によりダンボールが削減できる一方で、小売業各社、メーカー各社ごとに異なる規格のものを使用すると物流効率が低下する。そこで日本チェーンストア協会、新日本スーパーマーケット協会および日本スーパーマーケット協会の３団体により設立された「物流クレート標準化協議会」が**規格を策定し、普及に向けた取り組みを行っている**事例がある。食品通い箱の種類を集約し、再使用できる標準クレートを普及させることで、省資源化と物流効率改善の両立を目指している。

（参考資料：日本ロジスティクスシステム協会「物流機材の一貫利用による物流効率
　　　　　化のための調査研究報告書」2014年３月
　　　　　URL：http://www.meti.go.jp/policy/economy/distribution/pdf/
　　　　　H25chosa-6.pdf）

よって、**イ**が正解である。

第37問

チェーン小売業の物流に関する問題である。

ア　✕：本肢の記述はDC（Distribution Center）、すなわち在庫型センターの説明である。DCが在庫を保有するのに対し、TC（Transfer Center／通過型センター）は在庫を保有しない。そのため商品の保管ではなく、仕分けや積み替えを行う場所としての機能が主である。

イ　✕：多頻度小口配送を行うことにより、店舗側は常時保有する在庫量を削減することができ、在庫管理費用の削減などのメリットが得られる。一方、少量での輸配送となることも多く車両積載効率が低下する、**店舗側の荷受回数が増加する**などのデメリットもある。また、配送業者側の視点に立つと、多頻度小口配送は輸送負担の増加につながるため、物流負荷の過大化を回避する目的で、過度な多頻度小口配送を見直そうという機運も高まっている。

ウ　✕：「取引関係がある仕入先の卸売業」との記述から、委託元は「小売業」であ

266

ると類推される。2013年に公正取引委員会が実施した、小売業者216社から運営委託を受けている物流センター1,072拠点に対する調査では、取引関係がある卸売業者への委託が51.2%あるとされ、**小売業から取引関係がある仕入先の卸売業に対する委託については多数の事例が存在する**とわかる。

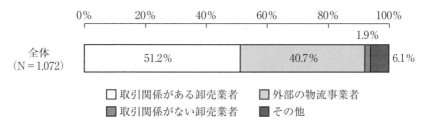

（出典：公正取引委員会「物流センターを利用して行われる取引に関する実態調査報告書」2013年8月
URL：https://www.jftc.go.jp/houdou/pressrelease/h25/aug/130808.files/130808-honbun.pdf）

エ 〇：正しい。店舗の荷受作業の集約化は、物流センターを利用するメリットのひとつである。

オ ✕：流通加工とは、商品の販売に必要な組立て、値札付け、包装などの加工作業のことであり、これらを卸売業や物流業が代行する場合がある。主な目的として、物流の合理化や取引上の利便性の確保などがあげられる。状況によって加工するタイミングはさまざまであり、店頭だけでなく**物流センターで行われることもある**。流通加工を主に行う物流センターを、流通加工型センター（Process Center／PC）という。

よって、**エ**が正解である。

第38問

物流センターの運営に関する問題である。

ア ✕：3PL（Third Party Logistics）とは、荷主企業に代わって、**最も効率的な物流戦略の企画立案や物流システムの構築の提案を行い**、かつ、それを包括的に受託し実行することをいう。荷主でも単なる運送事業者でもなく、第三者として物流を代行し、高度な物流サービスを提供することとされている。本肢の記述のように単に荷主の物流業務を代行するサービスのことではない。

イ ✕：ABC分析とは、多くの在庫品目を管理する際に用いられる重点管理の手法

である。より効率的に管理するために、在庫品目をそれぞれの在庫金額の大きさで区分し、それぞれに異なった管理の仕方を適用する。分類する際に考慮するのは、**単価の高さだけでも、取扱数量の多さだけでもなく、単価と取扱数量の積で求められる金額**である。この金額を大きい順にA、B、Cと区分し、在庫管理の重点を決める。

ウ ✕：本肢の前半の記述は正しい。シングルピッキングとは、出荷先や注文伝票ごとに商品を集品するピッキング方法であり、**摘み取り方式**で行われる。

エ ✕：有効在庫とは、「手持在庫に加えて発注残および引当済みの量（引当量）を考慮した、実質的に利用可能な在庫量　備考：**有効在庫＝手持在庫－引当量＋発注残**」（JIS Z 8141-7307）のことである。

オ 〇：正しい。主なロケーション管理には、保管場所を特定の場所に決めておく方式である「固定ロケーション」や、入庫の都度自由に決定する方式である「フリーロケーション」などがある。固定ロケーションは、在庫管理の手間が比較的抑えられるというメリットがある一方で、在庫がなくても空の場所が保持されるため、一般にスペース効率が悪いというデメリットがある。そのため定番商品の割合が多い場合に向いているとされる。フリーロケーションは、スペース効率が固定ロケーションに比べ良くなる一方で、厳格な在庫管理が求められる。そのため入庫時に最適と判断する場所をシステムが決めそこに格納する、自動倉庫システムが前提になると考えてよい。なお、固定とフリーの中間的な方法として「セミ固定ロケーション」という方法もある。セミ固定ロケーションは、商品グループごとに保管区域（エリア）を固定し、その中ではどこに置いてもよいという方法である。

よって、**オ**が正解である。

第39問

売上データの相関分析を題材とした相関係数に関する問題である。

相関係数とは、2つのデータの関係を示す指標であり、－1から1までの値をとる。相関係数が正の値であれば、2つのデータは同じ傾向をもつことを示し、負の値であれば逆の傾向をもつことを示す。相関係数の絶対値が1に近いほど（大きいほど）、2つのデータの相関性は強くなる。なお相関係数が0の場合は、2つのデータの相関関係がないといえる。

ア ✕：有意水準とは、ある仮説を棄却するかしないかを決める基準の確率である。5％あるいは1％が使用されることが一般的である。有意水準以下の確率をもつことは「稀に発生すること」と判断し、その仮説は棄却される。有意水準5％で検定を行うということは、帰無仮説が実際には真であるのに棄却してしまう「第1種の

過誤」をおかす危険率が5％であることを意味する。相関係数は2つの評価データの相関の度合いを示す値であり、有意水準は示された相関係数が適切（有意）と認められるかを判断する際の基準となる。以上より、**相関係数の値と有意水準は直接的には関連しない**。

- **イ ✕**：相関係数は、**－1から1までの値をとる**。
- **ウ 〇**：正しい。両者の評価が同じ方向に強く類似している場合、相関係数は必ず正の値になり、1に近く（大きく）なる。
- **エ ✕**：両者の評価に関連性がない場合、**相関係数は0**となる。

よって、**ウ**が正解である。

第40問

マーケットバスケット分析に関する問題である。平成28年度に引き続いて出題された論点となった。マーケットバスケット分析とは、消費者の購買行動を分析する手法のひとつであり、どの商品とどの商品が同時に購買されているかを把握するものである。ある商品と同時購買される傾向の強い商品がわかれば、近接して陳列することで、より多くの消費者に同時購買してもらえる売り場を作ることができる。

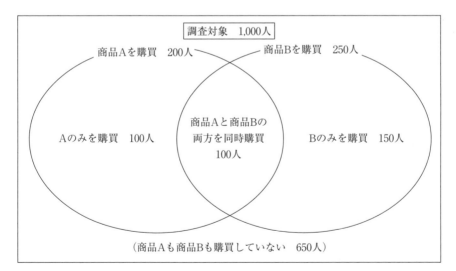

設問1

ア ✕：Jaccard係数は、2つ以上の集合の類似度を表現する。「商品Aを購入した客」の集合を考えた際、商品Aと商品BのJaccard係数が大きい場合、商品Aと

商品Bは同時に買われやすい商品と判定される。

イ ✕：支持度（サポート）とは、あるルールに基づく結果が全体に対してどの程度の割合かを示すものである。支持度が高ければ全体に与える影響が大きくなり、支持度が低ければ全体に与える影響は小さくなる。支持度は以下の式で算出される。

$$支持度（\%）= \frac{商品Aと商品Bを同時購入した人数（人）}{全顧客数（人）} \times 100$$

ウ 〇：正しい。信頼度（コンフィデンス／確信度）とは、データの相関を表す指標のひとつである。信頼度が高ければ組み合わせとして頻出するものと類推され、低ければ組み合わせとして稀であると類推できる。信頼度は以下の式で算出される。

$$信頼度（\%）= \frac{商品Aと商品Bを同時購入した人数（人）}{商品Aを購入した人数（人）} \times 100$$

エ ✕：正答率とは、テストデータ全体に対し、予測結果が正答であった割合である。テストデータがn個あるとき、正答がa個とすれば、$a/n \times 100$（％）で算出される。

オ ✕：リフト値とは、ある商品の購買が他の商品の購買にどの程度相関しているかを表す指標である。本問の場合、「商品Aを購入した顧客の中で、商品Bも同時に購入する顧客の確率（信頼度）が、全顧客のうち商品Bを購入した顧客の割合の何倍あるか」を表す。この値が高ければ商品Aと商品Bは関連がある、つまり同時に購入されることが多いと判断される。なお一般的にはリフト値が2を超えると関連ありとみなされる。また低ければ何らかの理由で商品Bが単独でよく購入されていると考えられるため、商品Aとの因果関係よりも商品B特有の要因が強い、つまり単品で購入されることが多いと判断される。

よって、**ウ**が正解である。

設問2 ●●●●

（設問1）選択肢**ウ**で解説した信頼度の算式に、所与の値を代入して求める。

$$信頼度（\%）= \frac{100（人）}{200（人）} \times 100（\%）= 50（\%）$$

よって、**オ**が正解である。

第41問

流通ビジネスメッセージ標準に関する問題である。

ア ○：正しい。GLN（Global Location Number：企業・事業所識別コード）は、EDI（Electronic Data Interchange：企業間電子データ交換）などに利用できる国際標準の企業・事業所コードである。流通コードの管理および流通標準に関する国際機関GS1（本部：ベルギー／ブリュッセル）が制定し、国内および国際間の企業間取引で、相互に企業や事業所等を識別できる。我が国では一般社団法人流通システム開発センターが「GS1 Japan」としてコードを管理している。

イ ○：正しい。GLNは、全体を「GS1事業者コード」＋「ロケーションコード」＋「チェックデジット」の13桁で表示する。GS1事業者コードは流通システム開発センターから貸与され、ロケーションコードは貸与を受けた各登録事業者が設定する。

【GLNのコード体系列（GS1事業者コード：9桁の場合）】

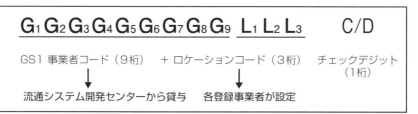

（出典：一般財団法人流通システム開発センター
URL：http://www.dsri.jp/standard/identify/gln/）

ウ ○：正しい。GTIN（Global Trade Item Number：商品識別コード）は、GS1が推進する国際標準の商品識別コードである。現在使われているJANコードの13桁（GTIN-13）や短縮8桁（GTIN-8）、北米で使われるUPCコードの12桁（GTIN-12）、集合包装用商品コード（ITFコード）の14桁（GTIN-14）など、各種の商品識別コードの総称である。

エ ×：選択肢**ウ**の解説のとおり、GTINは4種類存在する。

オ ○：正しい。不定貫商品とは、食肉など、性質上、同じ部位を用いた同じ商品でも、ひとつひとつの形状や重量が違う商品を指す。そのため単価×数量で価格を決定できず、商品を計量して実際の重量を求め、設定する単位重量あたりの単価（kg単価など）にかけあわせて価格を決定する。

よって、**エ**が正解である。

第42問

HACCPに関する問題である。

HACCP（Hazard Analysis and Critical Control Point：危害分析重要管理点）とは、食品の製造・加工工程のあらゆる段階で発生するおそれのある微生物汚染等の危害を

あらかじめ分析し（Hazard Analysis）、その結果に基づいて、製造工程のどの段階でどのような対策を講じればより安全な製品を得ることができるかという 重要管理点（Critical Control Point）を定め、これを連続的に監視することにより製品の安全を確保する衛生管理の手法である。1960年代に米国で宇宙食の安全性を確保するために開発された。HACCPは、従来の抜取検査による衛生管理に比べ、より効果的に問題のある製品の出荷を未然に防ぐことが可能となるとともに、原因の追究を容易にすることが可能になるとされる。HACCPを導入した施設においては、必要な教育・訓練を受けた従業員によって、定められた手順や方法が日常の製造過程において遵守されることが不可欠である。

ア ✕：PRP（Prerequisite Program：一般的衛生管理プログラム）は、食品安全のための前提となるべき条件である（aが該当）。

イ ✕：SSOP（Sanitation Standard Operating Procedures：衛生標準作業手順）は、衛生管理に関する手順で、その内容を「いつ、どこで、だれが、何を、どのようにするか」がわかるように文書化したものである。これらの衛生管理が適切に実施されると、HACCPの導入が容易になるとされる（bが該当）。

ウ 〇：正しい。危害分析で明らかにされた重要な危害要因を管理するために必須の工程をCCP（Critical Control Point：重要管理点）に決める（cが該当）。

エ ✕：CCPのコントロールで、逸脱すると製品の安全性が確保できなくなる値の基準をCL（Critical Limit：管理基準）という。用語の説明に該当するものはない。

オ ✕：CLの説明については、選択肢**エ**の解説のとおりである。なお用語の説明dの内容は、Verification（検証）のものである。

よって、**ウ**が正解である。

第43問

インターネット広告の効果測定に関する問題である。

インターネット広告の効果指標にはさまざまな種類がある。本問で問われたコンバージョンレート（Conversion Rate／CVR）とは、Webサイト訪問者数や広告のクリック数に対する達成されたコンバージョン（そのWebサイトでの商品購入や会員登録等、獲得された成果）の割合である。訪問者から購入者や会員等に転換（Conversion）する割合ともいえる。Webサイトやインターネット広告の投資対効果を測定するうえで重要な指標である。

コンバージョンレートは一般的に下記の式で表される。

$$コンバージョンレート（\%） = \frac{商品購入客数（人）}{クリック顧客数（人）} \times 100$$

したがって本問で与えられた下記図表のうち、「クリック単価」および「広告費」は、処理にあたり不要なデータである。上記の式どおり、各バナー広告のコンバージョンレートを計算する。

バナー広告	クリック単価（円）	クリック顧客数（人）	広告費（円）	商品購買客数（人）	コンバージョンレート（%）※
A	100	600	60,000	7	1.17
B	50	200	10,000	4	2
C	250	100	25,000	1	1
D	200	250	50,000	4	1.6
E	150	150	22,500	4	2.67

※小数点第3位四捨五入

バナー広告のコンバージョンレートは、数値が高いほど「効率的」である。

よって、**オ**が正解である。

解答・解説

29年度

273

平成28年度問題

平成28年度 問題

第1問

　ある機械加工職場における生産リードタイムの短縮を目指した改善活動に関する記述として、最も不適切なものはどれか。

ア　処理を開始してすべての処理を完了するまでの総所要時間を短くするために、ディスパッチングルールを変更した。
イ　流れ線図を作成し、「設備間の距離×物流量の総和」を計算してレイアウトを変更した。
ウ　納期管理を徹底するために、PERTを使ってロットサイズを変更した。
エ　マンマシンチャートを作成し、作業者の作業手順を変更した。

第2問　★重要★

生産形態に関する記述として、最も不適切なものはどれか。

ア　少品種多量生産では、加工・組立の工数を少なくする製品設計が有用である。
イ　少品種多量生産では、工程の自動化が容易で、品種の変化に対するフレキシビリティが高い。
ウ　多品種少量生産では、進捗管理が難しく、生産統制を適切に行わないと納期遵守率が低下する。
エ　多品種少量生産では、汎用設備の活用や多能工化が有用である。

第3問　★重要★

　プッシュ型管理方式およびプル型管理方式に関する記述として、最も適切なものはどれか。

ア　プッシュ型管理方式では、顧客の注文が起点となって順番に製造指示が発生するため、余分な工程間在庫を持つ必要がない。
イ　プッシュ型管理方式では、生産計画の変更は最終工程のみに指示すればよい。
ウ　プル型管理方式では、管理部門が生産・在庫情報を集中的に把握する必要があり、大掛かりな情報システムなどの仕掛けが必要となる。
エ　プル型管理方式では、稼働率を維持するための作りだめなどができないため、過

剰在庫が発生する可能性は少ない。

第4問

VEにおける製品の機能に関する記述として、最も不適切なものはどれか。

ア 貴重機能は製品の使用目的にかかわる機能である。
イ 製品の機能は基本機能と二次機能に分類され、二次機能は基本機能を補助する。
ウ 必要機能はその製品の基本機能になる場合が多いが、貴重機能が基本機能になる場合もある。
エ 不必要機能は製品の二次機能に発生する場合が多い。

第5問

下図は、機械加工設備をロットサイズと製品の種類で分類したものである。空欄①～③にあてはまる設備の組み合わせとして、最も適切なものを下記の解答群から選べ。

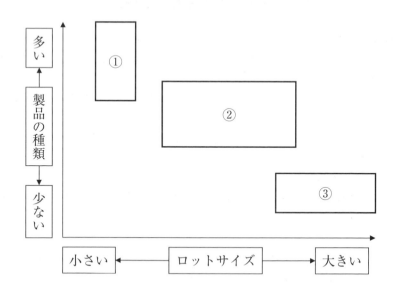

[解答群]

ア ①：ＦＭＳ ②：トランスファーマシン ③：汎用工作機械

イ ①：ＦＭＳ ②：汎用工作機械 ③：トランスファーマシン

ウ ①：汎用工作機械 ②：ＦＭＳ ③：トランスファーマシン

エ ①：汎用工作機械 ②：トランスファーマシン ③：ＦＭＳ

第6問　★重要★

生産ラインの工程編成に関する記述として、最も不適切なものはどれか。

ア　サイクルタイムは、生産ラインに資材を投入する時間間隔を規定する。

イ　正味稼働時間を生産量で除算することにより、サイクルタイムを求めることができる。

ウ　総作業時間を生産速度で除算することにより、最小工程数を求めることができる。

エ　バランスロスは、1から編成効率を減算することで求めることができる。

第7問　★重要★

製番管理方式の特徴に関する記述として、最も適切なものはどれか。

ア　多くの製品に共通して使用する部品の発注に適している。

イ　継続生産における部品の数量統制に適している。

ウ　製造命令書の発行時に在庫中の常備品を引き当てることができる。

エ　納期変更や製品仕様の変更があった場合に、特定の部品の発注指示、生産指示などの変更が容易である。

第8問　★重要★

製品Aは調達ロットサイズが20単位で、リードタイムは2期である（n期の期末に発注したものは、n＋2期の期首に納入される）。各期の所要量は必ず確保することを前提に、期末在庫量が最小になるように各期の発注量を決定する。1期から5期までの所要量などの情報の一部が下表で与えられているとき、1期から3期までの発注量の合計（表の①〜③の合計）として、最も適切なものを下記の解答群から選べ。

期	1	2	3	4	5
所要量	50	10	70	5	30
期首在庫量	10				
受入確定量	40	20			
期末在庫量					
発注量	①	②	③		

[解答群]

　ア　80　　　イ　95　　　ウ　100　　　エ　120

第9問　　★重要★

　下表は、製品Aの部品構成を示している。製品Aを30台組み立てる際に、部品dの所要量として、最も適切なものを下記の解答群から選べ（単位：個）。

製品 A の部品構成表

A		a		c	
子部品	数量（個）	子部品	数量（個）	子部品	数量（個）
a	2	c	2	d	3
b	2	d	2	e	3
c	3	e	2		

[解答群]

　ア　240　　　イ　390　　　ウ　570　　　エ　750

第10問　　★重要★

　下表は、あるプロジェクト業務を行う際の各作業の要件を示している。CPM（Critical Path Method）を適用して、最短プロジェクト遂行期間となる条件を達成したときの最小費用を、下記の解答群から選べ（単位：万円）。

作業名	先行作業	所要期間	最短所要期間	単位当たり短縮費用 （万円）
A	—	5	5	—
B	A	4	3	90
C	A	5	2	50
D	B、C	8	3	120

[解答群]

ア　650　　イ　730　　ウ　790　　エ　840

第11問

工数計画およびそれに対応した余力管理に関する記述として、最も不適切なものはどれか。

ア　各職場・各作業者について手持仕事量と現有生産能力とを調査し、これらを比較対照したうえで手順計画によって再スケジュールをする。

イ　工数計画において、仕事量や生産能力を算定するためには、一般的に作業時間や作業量が用いられる。

ウ　工数計画において求めた工程別の仕事量と日程計画で計画された納期までに完了する工程別の仕事量とを比較することを並行的に進めていき、生産能力の過不足の状況を把握する。

エ　余力がマイナスになった場合に、就業時間の延長、作業員の増員、外注の利用、機械・設備の増強などの対策をとる。

第12問

内外作区分に関連する記述として、最も不適切なものはどれか。

ア　一過性の需要に対応するためには、生産設備を増強して、内作で対応することが好ましい。

イ　自社が特殊な技術を持っており、その優位性を維持するためには、該当する部品を継続的に内作することが好ましい。

ウ　特許技術のような特に優れた技術を他社が持っている場合には、外作することが

問題

28年度

281

好ましい。

エ　秘密性や重要性が低い部品で、自社において稼働率が低く、コストが引き合わないときには外作することが好ましい。

第13問

品質保証活動の中で用いられる品質展開に関する記述として、最も不適切なものはどれか。

ア　顧客の要求や設計者の意図を生産部門まで確実に伝えるために、品質展開を行った。

イ　顧客の要求を技術的な品質特性に変換するために、品質特性展開表を作成した。

ウ　顧客の要求を整理するために、要求品質展開表と構成部品展開表から品質表を作成した。

エ　他社製品との比較や自社製品のセールスポイントを設定するために、品質展開の結果を活用した。

第14問　★重要★

作業管理に利用される「標準作業」に関する記述として、最も不適切なものはどれか。

ア　作業管理者を中心に、IEスタッフや現場作業者の意見を入れて全員が納得した作業でなければならない。

イ　作業者の教育・訓練の基礎資料とするため、熟練作業者であれば実施可能になる最善の作業でなければならない。

ウ　生産の構成要素である4M（Man, Machine, Material, Method）を有効に活用した作業でなければならない。

エ　製品または部品の製造工程全体を対象にした作業順序・作業方法・管理方法・使用設備などに関する基準の規定でなければならない。

第15問　★重要★

作業改善を目的とした時間測定と分析に関する記述として、最も適切なものはどれか。

ア 作業時間が管理状態にあるかどうかを確認するために、pn管理図を作成して
分析した。

イ 作業時間の測定精度を高めるために、やり直しを行った作業等の異常値は記録か
ら除外して測定を行った。

ウ 作業方法の変化を見つけ易くするために、作業の各サイクルに規則的に表れる要
素作業と不規則に表れる要素作業は区別して時間測定を行った。

エ 測定対象となる作業者に心理的な負担を与えないために、測定の実施を事前に通
告せずに作業者から見えない場所で測定を行った。

第16問　★ 重要 ★

1人の作業者が電気部品の組み立てを行っている工程でワークサンプリング
法を実施した結果が下表に示されている。この実施結果から算出される「主体
作業」と「職場余裕」の時間構成比率の組み合わせとして、最も適切なものを
下記の解答群から選べ。

作業項目	度数
ハンダ付け	120
基盤への部品の取り付け	90
基盤のネジ止め	80
組立作業完了後の製品検査（全数）	60
ロット単位での完成部品の運搬	33
不良品の手直し	30
ネジ・ハンダの補充（不定期）	22
部品不足による手待ち	24
打ち合わせ	19
朝礼	12
水飲み	5
用便	5
合計	500

[解答群]

ア	主体作業：58%		職場余裕：11%	
イ	主体作業：58%		職場余裕：12%	
ウ	主体作業：70%		職場余裕：11%	
エ	主体作業：70%		職場余裕：12%	

第17問 ★ 重要 ★

サーブリッグ分析で用いられる記号は、次の３つに分類される。

第１類：仕事を行ううえで必要な動作要素

第２類：第１類の作業の実行を妨げる動作要素

第３類：作業を行わない動作要素

下表は、「部品容器から左手で取り出した部品を右手に持ち換えた後、ある定められた位置に部品を定置する動作」をサーブリッグ分析したものである。この動作の中で第１類に分類される左手の動作要素の数と右手の動作要素の数の組み合わせとして、最も適切なものを下記の解答群から選べ。

部品を取り置く動作のサーブリッグ分析の結果

左手				右手	
部品に手を伸ばす	TE			UD	避け得ぬ遅れ
部品を選ぶ	ST			UD	避け得ぬ遅れ
部品をつかむ	G			UD	避け得ぬ遅れ
部品を運ぶ	TL			UD	避け得ぬ遅れ
部品を保持する	H			G	部品をつかむ
部品をはなす	RL			H	部品を保持する
手元に手を戻す	TE			TL	部品を運ぶ
避け得ぬ遅れ	UD			P	部品を位置決めする
避け得ぬ遅れ	UD			RL	部品をはなす
避け得ぬ遅れ	UD			TE	手元に手を戻す

[解答群]

　ア　左手：3個　　　右手：2個

　イ　左手：4個　　　右手：3個

　ウ　左手：5個　　　右手：4個

　エ　左手：6個　　　右手：5個

第18問　　★重要★

　下表は、ある設備の故障状況に関して、故障後の設備修復が終わってから再び故障に至るまでの故障間隔とその頻度を度数分布表にまとめたものである。設備の修復時間をある一定時間以下に短縮することにより、90%以上のアベイラビリティ（可用率）を達成したい。これを達成するための設備の平均修復時間の最大値として、最も適切なものを下記の解答群から選べ（単位：時間）。

故障間隔の階級値（時間）	度数
70	3
80	5
90	13
100	7
110	2

[解答群]

　ア　6　　　イ　8　　　ウ　10　　　エ　12

第19問

　製品製造のための年間固定費と変動費単価がそれぞれ異なる3つの設備案A、B、Cの中から、年間の総費用が最小となる最適設備を選択することを考える。設備間での生産量に関する優劣分岐点は、以下の値であることが分かっている。設備の年間固定費がA、B、Cの順に高いとき、最適設備の選択に関する記述として、最も適切なものを下記の解答群から選べ。

問題

28年度

1．設備Aと設備Bの生産量に関する優劣分岐点は2,500個／年である。

2．設備Bと設備Cの生産量に関する優劣分岐点は7,500個／年である。

3．設備Aと設備Cの生産量に関する優劣分岐点は5,000個／年である。

［解答群］

　ア　年間の生産量が2,000個のとき、設備Aを選択した。

　イ　年間の生産量が4,000個のとき、設備Bを選択した。

　ウ　年間の生産量が6,000個のとき、設備Aを選択した。

　エ　年間の生産量が8,000個のとき、設備Cを選択した。

第20問　　★重要★

　個別受注生産を行う工場において、次月の計画として下表に示すA〜Eの注文を受注した。すべての注文を社内で処理する（すなわち、内作する）能力がないため、いくつかの注文については外作を行うことを検討している。以下の条件のもとで内外作に割り当てる注文を適切に決定することにより、内作費用と外作費用を合わせた総費用の最小化を考える。総費用の最小値として、最も適切なものを下記の解答群から選べ（単位：万円）。

1．注文を処理するのに必要な処理時間、内作で処理した場合に発生する費用、外作で処理した場合に発生する費用は下表のとおりである。

注文	A	B	C	D	E
処理時間（時間）	10	20	10	20	10
内作費用（万円）	10	10	20	20	9
外作費用（万円）	15	24	22	28	15

2．内作では、2つ以上の注文を同時に処理することはできない。

3．上表の注文の処理に利用できる社内製造時間は30時間である。

［解答群］

　ア　69　　　イ　84　　　ウ　88　　　エ　90

第21問   ★重要★

2段階の直列工程で毎日80個の単一製品を製造する生産ラインを考える。製品1個当たりの前工程での処理時間は4分、後工程での処理時間は5分であり、処理時間のバラツキは両工程ともに十分に小さい。また、前工程から後工程への中間製品の運搬ロットサイズは10個としている。80個の製品の総生産時間を短縮するための方策に関する記述として、最も不適切なものはどれか。

ア　作業改善によって後工程での処理時間を短縮する。

イ　前工程と後工程での担当作業を見直し、生産ラインの編成効率を高める。

ウ　前工程と後工程の間の運搬ロットサイズを小さくする。

エ　前工程の入口と後工程の出口とを「かんばん」で結ぶ。

第22問

工場内で利用される産業用ロボットに関する記述として、最も適切なものはどれか。

ア　運転中の作業者への危険を回避するため、労働安全衛生法の規制対象となる産業用ロボットを運転する際には、柵または囲いを必ず設けなければならない。

イ　垂直多関節型ロボットは、上下方向に部品を強く押し込んだりする作業の自動化に向いている。

ウ　水平多関節型ロボットは、多方向からの複雑な作業の自動化に向いている。

エ　労働安全衛生法の規制対象となる産業用ロボットの可動範囲内において教示等を行う作業者は、同法で定める特別教育を必ず受講しなければならない。

第23問

平成26年に、中心市街地活性化法の一部が改正された。改正前に、内閣官房・中心市街地活性化推進委員会が『中心市街地活性化に向けた制度・運用の方向性（平成25年12月）』をとりまとめた。当該報告書における、平成26年改正前の中心市街地活性化法に基づき認定された中心市街地の状況に関する記述として、最も適切なものはどれか。

ア　認定された中心市街地内における大規模小売店舗の出店件数（大規模小売店舗立地法に基づく届出数）は、認定された中心市街地外と比べて多かった。

イ　認定された中心市街地内の小売業の事業所数・年間販売額は増加していた。

ウ 平成24年度末までに基本計画が終了した市町村において、基本計画に設定された
評価指標のうち、目標を達成した評価指標は全体の5割に達していた。

エ 平成24年度末までに基本計画が終了した市町村において、基本計画に設定された
評価指標別の目標達成率としては、「通行量」、「施設入込数等」が比較的高いのに
対し、「空き店舗等」が低かった。

第24問

小売店舗（一般住居と併用するものは除く）における防火管理に関する記述
として、最も適切なものはどれか。

ア 店舗に設置されている消火器具や火災報知設備などの機器点検は、1年に1回行
わなければならない。

イ 店舗に設置されている非常電源や配線の総合点検は、2年に1回行わなければな
らない。

ウ 店舗は、機器点検・総合点検を行った結果を消防長または消防署長へ3年に1回
報告しなければならない。

エ 店舗は、特定防火対象物である。

第25問

外国人旅行者の状況や外国人旅行者向け免税店制度の内容に関する以下の設
問に答えよ。

設問1 ● ● ● 参考問題

観光庁の『訪日外国人の消費動向 平成27年 年次報告書』から確認でき
る近年の訪日外国人の実態に関する記述として、最も適切なものはどれか。

ア 平成27年の訪日外国人の年間旅行消費額は3兆円を超え、過去最高額を記録し
ている。

イ 平成27年の訪日外国人の年間旅行消費額を費目別にみると、買物代が50％を超
える。

ウ 平成27年の訪日外国人の年間旅行消費額の多い国・地域のトップ3は、米国、
タイ、韓国である。

エ 訪日外国人の年間旅行消費額は、平成22年から平成27年まで毎年連続で増加し
ている。

設問2 ● ● ●

消費税免税店（輸出物品販売場）制度に関する記述として、<u>最も不適切な</u>ものはどれか。

ア　一般物品の免税対象額は、同一の非居住者に対して、同一店舗における１日の一般物品の販売合計額が３千円を超えるものであること。

イ　消耗品においては、免税購入する非居住者から、購入後30日以内に輸出する旨の購入者誓約書を提出してもらうことが免税販売における要件である。

ウ　免税手続きカウンターを設置した商店街と隣接している商店街は、一つの特定商業施設として免税販売手続きが可能である。

エ　輸出物品販売場を経営する事業者は、所定の手続きを踏めば、外航クルーズ船が寄港する港湾の施設内に臨時販売場を設置して免税販売をすることができる。

第26問

経済産業省の『買物弱者応援マニュアルVer.3.0』における「買物弱者」に対する流通業者やサービス業者の取り組みとして、<u>最も不適切な</u>ものはどれか。

ア　郊外での大型店の出店・開発

イ　消費者からの注文に応じて商品を届ける宅配サービス

ウ　消費者の居住地域での仮設店舗の出店

エ　商品を積載した車による移動販売

オ　来店手段となるバス等の運行

第27問　　★ 重要 ★

小売店の商品仕入に関する記述として、<u>最も適切な</u>ものはどれか。

ア　委託仕入では、一定期間店頭で販売し、売れ残った商品だけ小売店が買い取る。

イ　委託仕入では、商品の販売価格は原則として小売店が自由に設定する。

ウ　委託仕入において、店頭在庫の所有権は小売店にある。

エ　消化仕入では、商品の販売時に小売店に所有権が移転する。

オ　消化仕入をすると、小売店の廃棄ロスが発生しやすい。

第28問 ★重要★

小売店の商品管理に関する記述として、最も適切なものはどれか。

ア　ある期間の商品回転率が6である場合、当該期間の売上高は期末在庫高の6倍である。

イ　売上高が減った場合でも、平均在庫高を一定に保てば商品回転率は維持できる。

ウ　売場に商品を補充する際、先入れ先出しをすると必ず商品回転率が高まる。

エ　売れ筋商品の品ぞろえを増やして売上高が増加すれば、平均在庫高が増えたとしても必ず商品回転率が高まる。

オ　需要期後に売れ残った季節商品を値引きや廃棄して処分すると、その処分をしないよりも商品回転率は高まる。

第29問 ★重要★

下表は、商品Aから商品Eの5商品の販売棚における陳列数と最近1か月の売上数量を示したものである。これらの5商品の商品単価と商品パッケージのサイズは同じで商品棚に陳列できる最大フェイス数は20とした場合、棚全体の売上数量を増やすために商品棚割を改善する考え方に関する記述として、最も適切なものを下記の解答群から選べ。なお、期間中に品切れは発生していなかったものとする。

	商品 A	商品 B	商品 C	商品 D	商品 E
販売棚のフェイス数	8	6	2	3	1
売上数量	120	50	50	60	20

［解答群］

ア　売場面積あたりの生産性が最も高い商品Aのフェイス数を増やす。

イ　商品Dと商品Eのフェイス数を2ずつにそろえる。

ウ　商品補充の作業性の面で最も効率が悪い商品Dのフェイス数を増やす。

エ　フェイス数を1つ増やしたときに売上数量が増えるフェイス効果は、商品Aより商品Eの方が高い。

第30問

消費者の購買慣習からみた商品分類として、最寄品、買回品、専門品という分類がある。これら3つの分類と分類にあてはまる商品の一般的な特徴に関する次のa～cの記述の組み合わせとして、最も適切なものを下記の解答群から選べ。

a　消費者は商品へのこだわりがあり、複数の店舗を比較して買う。

b　消費者は手近にある情報により、買うことを決める。

c　消費者は時間をかけることを惜しまずに、遠方の店舗でも買いに行く。

[解答群]

ア　買回品 ― b

イ　専門品 ― b

ウ　専門品 ― c

エ　最寄品 ― a

オ　最寄品 ― c

第31問　★ 重要 ★

下表の条件で3種類の商品を仕入れ、販売単価を設定したとき、3商品全体の売価値入率（小数点第2位を四捨五入）として、最も適切なものを下記の解答群から選べ。

	仕入単価 （円）	販売単価 （円）	仕入数量 （個）
商品 A	60	100	300
商品 B	70	140	100
商品 C	90	120	200

[解答群]

ア　36.8%　　　イ　38.3%　　　ウ　61.7%　　　エ　63.2%

第32問　★重要★

小売業の販売促進の方法と主な目的に関する記述として、最も適切なものはどれか。

ア　売り場におけるクロスマーチャンダイジングは、関連する商品同士を並べて陳列することで、計画購買を促進する狙いがある。

イ　エンドなどにおける大量陳列は、商品の露出を高めて買い忘れを防止するなど、計画購買を促進する狙いがある。

ウ　会計時に発行するレシートクーポンは、次回来店時の計画購買を促進する狙いがある。

エ　試食販売などのデモンストレーション販売は、リピート購買を促進する狙いがある。

オ　新聞折り込みチラシは、お買い得商品の情報を伝えて、想起購買を促進する狙いがある。

第33問　★重要★

小売店舗における在庫管理に関する記述として、最も適切なものはどれか。

ア　あらかじめ設定した発注点に基づいて発注すると、発注間隔は必ず一定になる。

イ　安全在庫は、需要の変動に備えて過剰在庫を防止するために設定する在庫量のことである。

ウ　需要の変動に備えて安全在庫を見込む場合でも、定期発注方式で発注量を算定するときには安全在庫を含めない。

エ　発注から補充までの期間が短いほど、安全在庫量を少なくすることができる。

第34問

物流ネットワークに関する記述として、最も適切なものはどれか。

ア　商品回転率が低い商品は、多くの物流拠点に分散在庫するよりも、少数の物流拠点に集中在庫する方が望ましい。

イ　複数の物流拠点を水平的に統合すると、通常、物流段階数が少なくなる。

ウ　物流活動は、販売活動を行う各営業所がそれぞれ物流拠点を設けて行わなければならない。

エ　物流拠点の数は、輸配送コスト以外に物流サービスだけを考慮すれば合理的に決

定することができる。

第35問 ★重要★

輸配送管理に関する用語の記述として、最も適切なものはどれか。

ア 一貫パレチゼーションは、積載効率を高め、輸送効率を向上させる。

イ パレチゼーションは、自家用物流施設内では行われず、自家用物流施設と社外物流施設間において行われる。

ウ プールパレットとは、自家用物流施設内で商品を保管することを主目的としたパレットのことである。

エ 複合一貫輸送とは、ある輸送単位の貨物を組み替えることで、異なる輸送機関を組み合わせて行う輸送のことである。

オ ユニットロードとは、複数の物品又は包装貨物を、機械及び器具による取扱いに適するように、パレット、コンテナなどを使って一つの単位にまとめた貨物のことである。

第36問 ★重要★

共同物流に関する記述として、最も適切なものはどれか。

ア 共同物流とは、複数の企業が物流機能を共同化することであり、同業種の企業同士で行われ、異業種の企業同士では行われない。

イ 共同物流は、複数の企業にとって、配送先の店舗や物流拠点が共通しているときに行われ、配送先が異なるときには行われない。

ウ 共同物流を担う物流事業者を指定するのは発荷主であり、着荷主が指定することはない。

エ 複数の企業が共同配送を行うと、各企業がそれぞれ配送していたときに比べて、配送車両の積載効率が高まることはあるが、各企業にとっての配送数量が減ることはない。

オ 複数の企業がそれぞれ所有する商品を共同で配送することはあるが、同じ物流拠点に共同で保管することはない。

第37問 ★重要★

物流センターの機能に関する記述として、最も適切なものはどれか。

ア　クロスドッキングとは、物流センターの荷受場で、入荷品を事前出荷通知に基づき保管するか出荷するかを識別して、出荷品を出荷場に通過させることである。

イ　店舗に対して一括物流を行うには、物流センターで在庫を持つ必要がある。

ウ　店舗の発注から店舗への納品までの期間は、一般的に、在庫を持たない物流センターを経由して納品する方が、在庫を持つ物流センターを経由して納品するよりも短い。

エ　包装は、内装と外装に大別され、前者を商業包装、後者を工業包装ともいう。

オ　保管機能とは、商品を一定の場所で、品質、数量の保持など適正に管理し、空間的懸隔と時間的懸隔を克服するものである。

第38問 ★重要★

物流センターの運営に関する記述として、最も適切なものはどれか。

ア　仕分けとは、物品を品種別、送り先方面別、顧客別などに分ける作業のことであり、シングルピッキングの後に行われ、トータルピッキングの後には行われない。

イ　棚卸方法の一つである循環棚卸は、実在庫量と理論在庫量の差異を補正するために行われる。

ウ　荷主は、物流センターの運営を物流事業者に委託するとき、委託先の物流事業者が所有する物流センターを利用しなければならない。

エ　ピッキングとは、保管場所から必要な物品を取り出す作業のことであり、ピッカーが保管場所まで移動しなければならない。

第39問 ★重要★

ある小売店の一定期間におけるID-POSデータを用いて、100人のある顧客セグメントに対するマーケットバスケット分析を行ったところ、商品aと商品bの購買に関して、下表のような結果が得られたとする。

このとき、以下の設問に答えよ。

294

購買した商品群	購買した顧客数
商品 a	20
商品 b	40
商品 a かつ 商品 b	10

設問1 ●●●

支持度（サポート）に関係する記述として、最も不適切なものはどれか。

ア　商品aのみを購買した顧客数は10人である。

イ　商品bのみを購買した顧客数は30人である。

ウ　商品aと商品bを共に購買した顧客数は10人である。

エ　商品aも商品bも購買していない顧客数は40人である。

オ　商品aも商品bも購買していない顧客数は、商品bのみを購買した顧客数より多い。

設問2 ●●●

リフト値（lift（商品a ⇒ 商品b））の値として、最も適切なものはどれか。

ア　0.25

イ　0.50

ウ　1.00

エ　1.25

オ　2.50

第40問　★重要★

従来のバーコードでは実現が困難であった高度な商品等の管理や業務の効率化を実現するツールとして、近年、電子タグ（ICタグ、RFタグ、無線タグなど）が注目されている。この電子タグの特徴に関する記述として、最も不適切なものはどれか。

ア　電子タグのICチップには、メモリが搭載されており、識別情報などを記録することができる。

イ　電子タグは、金属で被覆しても、通常非接触で読み取り可能である。

ウ　電子タグは、必要に応じて、メモリに書き込まれたデータを保護し、セキュリティを強化することができる。

エ　電子タグは、無線を使って通信するため、非接触で読み取り可能である。

オ　電子タグは、用途に応じてカード型やボタン型の形状が存在し、小型化や薄型化も進んでいる。

第41問

流通システム開発センターが定める「GTINアロケーション（設定）ガイドライン（2009年版）」によると、個々にGTINを設定すべき要素として、最も不適切なものはどれか。

ア　商品の正味量

イ　商品の等級

ウ　商品の販売店舗

エ　商品ブランド名

オ　商品名

第42問

「個人情報の保護に関する法律についての経済産業分野を対象とするガイドライン（平成26年12月）」の対象となっている個人情報として、最も不適切なものはどれか。

ア　企業が保有している雇用管理情報

イ　企業の財務情報等、法人等の団体そのものに関する情報

ウ　特定個人を識別できる情報ではないが、周知の情報の補完によって個人を識別できる情報

エ　日本国民ではない外国人の個人に関する情報

オ　防犯カメラに記録された情報等本人が判別できる映像情報

第43問

　ある共同購入クーポンサイトで、出品数、購入条件、販売期間、取引成立量を限定し、高割引率を設定するフラッシュマーケティングを活用してクーポン（商品・サービス）を販売する場合、その期待する効果として、<u>最も不適切な</u><u>ものはどれか</u>。

ア　初回限定のトライアル利用商品の販売を通じた新規顧客の獲得

イ　ソーシャルメディアでの情報拡散を通じた商品や店舗の宣伝

ウ　提供サービス閑散期における稼働率の上昇

エ　リピーターの増大

平成28年度
解答・解説

nswers

平成28年度 解答

問題	解答	配点	正答率	問題	解答	配点	正答率	問題	解答	配点	正答率
第1問	ウ	3	B	第16問	ウ	3	D	第30問	ウ	2	A
第2問	イ	2	A	第17問	ウ	3	D	第31問	ア	2	C
第3問	エ	2	B	第18問	ウ	2	C	第32問	ウ	2	C
第4問	ア	2	B	第19問	ウ	2	C	第33問	エ	2	A
第5問	ウ	2	D	第20問	イ	2	B	第34問	ア	2	B
第6問	ウ	2	C	第21問	エ	2	C	第35問	オ	3	C
第7問	エ	2	C	第22問	エ	2	D	第36問	エ	2	C
第8問	ウ	3	D	第23問	エ	2	D	第37問	ア	2	E
第9問	エ	3	D	第24問	エ	2	E	第38問	イ	2	C
第10問	ウ	2	C	第25問 (設問1)	ア	2	D	第39問 (設問1)	エ	2	B
第11問	ア	3	D	第25問 (設問2)	ア	3	D	第39問 (設問2)	エ	3	E
第12問	ア	2	A	第26問	ア	2	A	第40問	イ	2	B
第13問	ウ	2	D	第27問	エ	2	B	第41問	ウ	2	C
第14問	イ	2	B	第28問	オ	3	B	第42問	イ	2	B
第15問	ウ	2	D	第29問	エ	2	A	第43問	エ	2	B

※TACデータリサーチによる正答率
　正答率の高かったものから順に、A～Eの5段階で表示。
A：正答率80％以上　　　　　B：正答率60％以上80％未満　　　C：正答率40％以上60％未満
D：正答率20％以上40％未満　E：正答率20％未満

解答・配点は一般社団法人中小企業診断協会の発表に基づくものです。

平成28年度 解説

第1問

生産リードタイムの短縮を目指した改善活動について、知識を横断的に問う問題である。

ア ○：正しい。ディスパッチングルールとは「待ちジョブの中から、次に優先して加工するジョブを決めるための規則」（JIS Z 8141-3314）と定義されている。優先度を基に作業順を決定することで、すべてのジョブの処理を行う総所要時間を短縮することができる。

イ ○：正しい。流れ線図とは設備や建屋の配置図に工程図記号を記入したものをいい、各工程図記号の位置関係を把握することができる。また、工程図記号間の位置関係を把握することができ、設備間の運搬距離と物流量を分析し、効率的なレイアウトの検討を行うことで、生産リードタイムを短縮することができる。

ウ ✗：PERTとは順序関係が存在する複数のアクティビティ（作業）で構成されるプロジェクトを、効率よく実行するためのスケジューリング手法である。クリティカルパスメソッドにより、最小の投下費用でプロジェクト全体の最大期間短縮を実現することはできるが、ロットサイズ変更とは直接的には関係はない。

エ ○：正しい。マン・マシンチャート（人－機械分析図）とはIEの連合作業分析に用いられるツールの一種である。人と機械の作業がどのように関連しているかを時間的な経過の面から分析する。マン・マシンチャートの作成により、人や機械の手待ちや停止などの非稼動を把握することができる。そして非稼動を解消し、生産リードタイムを短縮するために、作業者の作業手順を変更し、最も効率的な人と機械の作業の組み合わせを検討していく。

よって、**ウ**が正解である。

第2問

生産形態に関する問題である。

ア ○：正しい。各製品の生産数量が少ない多品種少量生産と比較し、同じ製品を繰り返し大量に生産する少品種多量生産においては、工数管理、材料仕入管理、作業管理等のあらゆる側面で規模の経済が大きく働きやすいことから、効率化を図ることがより強く望まれる。そのため、製品設計による加工・組立の工数の削減につながる生産工程の簡素化を図ることは有用といえる。

イ ✗：少品種多量生産では、一定の工程を繰り返し行うため、工程の自動化が容易

という点は正しい。しかし、工程を自動化することで、専用設備を用いた連続生産に近い形態をとることとなるため、**品種や部品、工程の変更に伴う臨機応変な対応は困難でありフレキシビリティは低い。**

ウ　〇：正しい。多品種少量生産では、生産リードタイムが異なるさまざまな製品を生産するため少品種多量生産と比較して進捗管理が難しい。また、納期遅れが発生すれば当然納期遵守率が低下してしまう。そのため、生産統制を適切に行う必要性が高いといえる。

エ　〇：正しい。多品種少量生産では、生産経路や工程が異なるさまざまな製品を生産するため、特定の工程に特化した専用設備の導入には、稼働率の確保、投資資金の回収、設置スペースの確保などについて困難を伴う。そのため、汎用設備の活用や、多様な工程に対応可能な多能工化が有用となる。

よって、**イ**が正解である。

第3問

管理・生産方式に関する問題である。プッシュ型管理方式（プッシュ・システム）は「あらかじめ定められたスケジュールに従い、生産活動を行う管理方式」（JIS Z 8141-4201）と定義されている。プッシュ型管理方式では、管理部門が生産計画を作成し、生産、配送、在庫状況などを集中的に管理する。

対して、プル型管理方式（プル・システム）は「後工程から引き取られた量を補充するためにだけ、生産活動を行う管理方式」（JIS Z 8141-4202）と定義されている。プル型管理方式では、顧客の注文が入った時点で最終工程から上流工程に遡る形で生産指示が出される。

ア　✕：プッシュ型管理方式における生産指示はあらかじめ定められた生産計画に基づくものであり、必ずしも顧客の注文が起点となるわけではない。顧客の注文が起点となって最終工程から順番に製造指示が発生するのは**プル型管理方式**である。また、プッシュ型管理方式では、稼働率を確保するための生産量の設定や、工程間の負荷のバラツキなどにより、余分な工程間在庫が発生することもある。

イ　✕：生産計画の変更を最終工程のみに指示するのは**プル型管理方式**の特徴である。

ウ　✕：管理部門が生産・在庫情報を集中的に把握する必要があり、大掛かりな情報システムなどの仕掛けが必要となるのは**プッシュ型管理方式**を用いる場合である。

エ　〇：正しい。プル型管理方式では顧客の注文によって後工程から生産指示が出されるため、原則的にあらかじめ作りだめをすることはない。そのため、過剰在庫が発生するリスクは小さい。一方、工程の流れを安定させるために最終工程の生産量

の平準化(平準化生産)などが必要となる。
よって、**エ**が正解である。

第4問

VEにおける製品の機能に関する問題である。
VEにおいては、製品の機能は下図のように分類される。

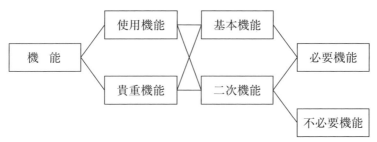

ア ×:本肢の記述は**使用機能**の説明である。貴重機能とは、製品のデザインや外観など、使用者に魅力を感じさせる機能のことである。

イ ○:正しい。VEの対象機能である使用機能、貴重機能は、それぞれ重要性の観点から基本(一次)機能と二次(補助)機能とに分類することができる。二次機能は、基本機能を達成するための手段的、補助的な機能のことである。

ウ ○:正しい。必要機能は、使用者が必要とする機能のことであり、製品の重要な機能である基本機能と合致することが多い。しかし、装飾品等のように、使用者に魅力を感じさせる機能である貴重機能が基本機能となる場合もある。

エ ○:正しい。使用者が必要としない機能である不必要機能は、基本機能ではなく二次機能に発生する場合が多い。

よって、**ア**が正解である。

第5問

機械加工設備と製品品種およびロットサイズ(生産量)に関する問題である。
各選択肢に示されている機械加工設備の特徴は以下のとおりである。
・汎用工作機械:さまざまな種類の加工に対応することができる工作機械である。さまざまな種類の製品加工が可能であり、**多品種少量生産**に適している。
・FMS(Flexible Manufacturing System(柔構造製造システム):
「ある製品群・部品群を想定し、品種と生産量の変更に容易に対処できる自動加工システム」(JIS Z 8141-2301備考)と定義され

ている。その柔軟性からさまざまな製品種類への対応が可能であるが、複数の加工工程をカバーすることから加工対象となる製品の類似性を要件とし、**汎用工作機械と比較すると生産できる製品種類が多いとはいえない**。また、複数の比較的高価な設備で構成されるシステムであるため、**一定以上の生産量を見込めるときに導入が検討される**（中品種中量生産）。

・トランスファーマシン：

連続する複数工程に使用する専用加工設備をベルトコンベアなどの自動搬送装置で連結した一連の設備のことである。連続生産、**少品種多量生産**に適している。

以上より、製品種類が多くロットサイズが小さい①が汎用工作機械であり、製品種類が少なくロットサイズが大きい③がトランスファーマシンであり、①と③の中間である②がFMSと判断できる。

よって、**ウ**が正解である。

第6問

ライン生産方式に関する用語や計算式に関する問題である。

ア 〇：正しい。サイクルタイムは「生産ラインに資材を投入する時間間隔」（JIS Z 8141-3409）と定義されている。通常、製品が産出される時間間隔に等しい。結果的に、要素作業時間の最長時間に相当する。

イ 〇：正しい。選択肢**ア**の解説のとおり、サイクルタイムは製品が産出される時間間隔に等しい。正味稼働時間を生産量で除すことで、製品産出間隔（＝サイクルタイム）を求めることができる。

例として、正味稼働時間を8時間（＝480分）、生産量を80個とすると、

正味稼働時間8時間（＝480分）÷生産量80個＝製品産出間隔0.1時間（＝6分）／個となる。

これは、6分おきに製品を産出すれば（6分ごとに生産ラインに資材を投入すれば）、480分で80個の生産量を確保できる、と考えるとよい。

ウ ✕：1つの製品の総作業時間を**サイクルタイム**で除算することにより、最小工程数を求めることができる。

例として、1つの製品の総作業時間を12分とし、サイクルタイムを6分とすると、

総作業時間12分÷サイクルタイム6分＝最小工程数2となる。

選択肢**ア**の解説のとおり、サイクルタイムは要素作業時間（各工程における作業時間）の最長時間に相当する。12分作業すれば完成する製品を生産する場合、6分

ずつ作業する 2 つの工程に分割することが可能、と考えることができる。

なお、本肢にある生産速度はサイクルタイムの逆数となる。選択肢**イ**の解説にある例を用いると、

生産量80個÷正味稼働時間 8 時間＝生産速度10個／時となる。

エ ○：正しい。編成効率はラインバランス効率ともよばれ、ラインにおける作業編成の効率性を表す。一方、バランスロス(率)＝100－編成効率(%)で算出することができ、編成効率とバランスロス(率)を加えると100(%)となる。

よって、**ウ**が正解である。

第 7 問

製番管理方式に関する問題である。製番管理方式とは「製造命令書を発行するときに、その製品に関するすべての加工と組立の指示書を準備し、同一の製造番号をそれぞれにつけて管理を行う方式」(JIS Z 8141-3211) と定義されている。製番とは、オーダーごとに付される番号である。製番管理方式では、全ての生産管理業務をこの製番単位で行う。

ア ×：製番管理方式では、製品を構成する部品や材料に関してもその製品のひも付きとして同じ製番が付される。よって、同じ種類の部品を発注しても、製番が異なれば異なる部品として管理されるため、**多くの製品に共通して使用する部品の発注に適しているとはいえない**。

イ ×：製番管理方式では、製番ごとに部品・材料の発注が行われるため、**個別生産**や、品種ごとの月間生産量の少ない場合のロット生産に適している。

ウ ×：選択肢**イ**の解説のとおり、製番管理方式は、主に個別生産や品種ごとの月間生産量の少ない場合のロット生産に適用され、製造命令書に基づき指示書に記載されている数だけを生産する。よって部品も必要分だけを発注するため、**基本的には常備品在庫を保有しない**。

エ ○：正しい。製番管理方式では顧客の注文ごとに製番で管理するため、顧客から納期や製品仕様の変更依頼が入っても、特定部品の発注指示や生産指示の変更が容易となる。

よって、**エ**が正解である。

第 8 問

設問条件やデータから、生産計画における発注量を算出する問題である。落ち着いて設問条件を読み取っていけば、単純な計算で解答可能な問題であった。

解答の手順を以下に示す。

305

1）1期の期末在庫量を算出する。

　　期末在庫量は、以下の式（ア）から算出できる。

　　期末在庫量＝（期首在庫量＋受入確定量）－所要量　…（ア）

　　　1期の各数値を式（ア）に代入すると、1期の期末在庫量＝（10＋40）－50＝0

　　期末在庫量は、次期の期首在庫量と等しいことから、2期の期首在庫量も0である。

2）同様に、2期の期末在庫量を算出する。

　　2期の各数値を式（ア）に代入すると、2期の期末在庫量＝（0＋20）－10＝10

3）1期の発注量①を算出する。

　　設問条件に「(n期の期末に発注したものは、n＋2期の期首に納入される)」とあるので、1期の発注量①は、3期の受入確定量と等しくなる。

　　3期の期首在庫量は、2期の期末在庫量と等しいため、10である。

　　設問条件に「調達ロットサイズは20単位」かつ「各期の所要量は必ず確保することを前提に、**期末在庫量が最小になるように各期の発注量を決定する**」とあるため、期末在庫量を仮に0とし、受入確定量をxとおいて、式（ア）に代入して算出すると、

　　　0＝（10＋x）－70　　　x＝60

　　したがって、1期の発注量①は60となる。

　　3期の期末在庫量は、（10＋60）－70＝0となる。

4）2期の発注量②を算出する。

　　設問条件より、2期の発注量②は、4期の受入確定量と等しくなる。

　　4期の所要量は5、期首在庫量は3期の期末在庫量と同じく0となるため、期末在庫量が最小になる受入確定量は20となる（調達ロットサイズが20であるので、**必要な5だけ発注することはできず、発注量が20となる**点に注意が必要である）。

　　4期の期末在庫量は、（0＋20）－5＝15となる。

5）3期の発注量③を算出する。

　　設問条件より、3期の発注量③は、5期の受入確定量と等しくなる。

　　5期の所要量は30、期首在庫量は4期の期末在庫量と同じく15となるため、期末在庫量が最小になる受入確定量は20となる。

上記の結果を表にすると、以下のようになる。

期	1	2	3	4	5
所 要 量	50	10	70	5	30
期首在庫量	10	**0**	**10**	**0**	**15**
受入確定量	40	20	**60**	**20**	**20**
期末在庫量	**0**	10	**0**	15	5
発 注 量	**60…①**	**20…②**	**20…③**	－	－

したがって、発注量の合計は①+②+③=60+20+20=**100**である。
よって、**ウ**が正解である。

第9問

部品構成表に関する問題である。部品構成表とは「各部品（製品も含む）を生産するのに必要な子部品の種類と数量を示すリスト」(JIS Z 8141-3307)と定義されている。本問は、与えられた部品構成表からストラクチャ型部品表を作成することで、必要な部品数量を求める内容であった。子部品aに含まれる子部品cをさらに展開することができたかがポイントとなる。

本問の部品構成表からストラクチャ型部品表を作成すると、下図のようになる。

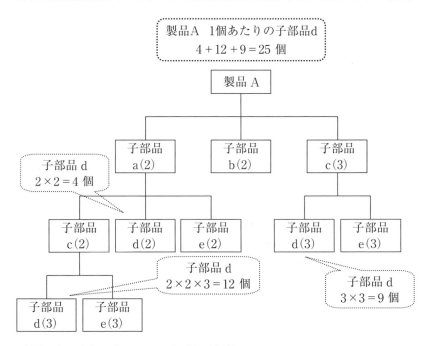

製品Aを1台組み立てるのに必要な子部品dは、
$2 \times 2 \times 3 + 2 \times 2 + 3 \times 3 = 25$個となる。
製品Aを30台組み立てるのに必要な子部品dは、
$25 \times 30 = 750$個となる。
よって、**エ**が正解である。

第10問

PERTにおけるCPM（クリティカル・パス・メソッド）に関する問題である。解答の手順は、次のようになる。

① 与えられた作業一覧表の最短所要期間を基に、アローダイヤグラムを作成する。
② クリティカルパスを認識する。
③ クリティカルパス以外の作業の余裕日数（最短所要期間まで短縮する必要がない日数）を検討する。
④ それぞれの必要短縮期間を算出し、単位あたり短縮費用をかけた総和を算出する。

この場合、③の手順がポイントとなる。

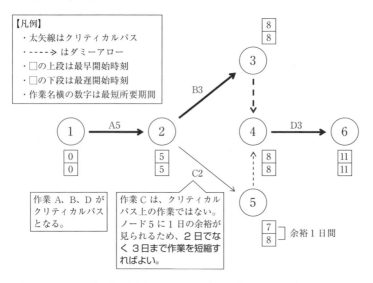

作業名	先行作業	所要期間 （①）	最短所要期間 （②）	必要短縮期間 （③=①-②）	単位あたり 短縮費用（万円） （④）	短縮費用（万円） （⑤=③×④）
A	−	5	5	−	−	−
B	A	4	3	1	90	90
C	A	5	2→3	2	50	100
D	B、C	8	3	5	120	600
計	−	−	−	−	−	790

よって、**ウ**が正解である。

第11問

工数計画と日程計画の関係や、余力管理に関する知識を問う問題である。

ア ✕：各職場や各作業者につき、手持仕事量と現有生産能力とを調査し、これらを

比較対照したうえで、もしも当初の生産計画と実績にギャップが生じるおそれが出てきた場合は、生じている余力または不足がどれほどあるかを検討し、適宜**工数計画**によって再スケジュールを行う。この一連の活動を余力管理という。

手順計画とは、「製品を生産するにあたり、その製品の設計情報から、必要作業、工程順序、作業順序、作業条件を決める活動」（JIS Z 8141-3303）を指す。つまり、手順計画は、工数計画に先立って策定されるものであり、本肢の記述にあるように、手持仕事量と現有生産能力に応じて再スケジュールを行うような性質のものではない。

イ ○：正しい。作業時間とは「各作業ステーションに割り付けられた要素時間の総和」（JIS Z 8141-1229）と定義されている。また、作業量は「作業密度と作業時間の積」（JIS Z 8141-5310）と定義されており、作業量の単位としては工数（man hour）が用いられる。

ウ ○：正しい。日程計画で算定された「製品の納期までに必要とされる仕事量」と、工数計画で算定された「日程計画で算定された仕事量を達成するために必要な人員や機械設備」とを並行して比較し、さらに現有の生産能力とも照合することで生産能力の過不足を把握する。生産能力が仕事量より不足する場合は、余力不足による納期遅れを防止する対策を取る必要があり、逆に仕事量より生産能力が大幅に上回る場合は、コストの増大を招かないよう生産能力の調整を図る必要がある。

エ ○：正しい。余力がマイナスとなった場合、選択肢**ウ**の解説にあるように、生産能力の不足による納期遅れが懸念される。これを防ぐ対策としては、就業時間の延長や作業員の増員、外注の利用による人員面からの生産能力の補充、機械・設備の増強による生産能力の補充がある。

よって、**ア**が正解である。

（参考文献：日本経営工学会編『生産管理用語辞典』日本規格協会）

第12問

内外作区分に関する問題である。内外作区分（内外製区分）は「内作にするか、外注にするかを決める活動」（JIS Z 8141-7105）と定義されている。決定するポイントとして、自社（他社）で生産するほうが品質・価格・数量・納期面で有利か、自社に生産設備や既存設備の稼働余力があるか、自社にない専門技術を要するか、生産することによるリスクの程度等を考慮する。

ア ✕：一過性の需要に対応するために生産設備を増強してしまうと、需要が減退した場合に生産設備が遊休化してしまい、投資資金の回収が困難になる。したがって、一過性の需要には、**外注**で対応することが望ましい。

イ ○：正しい。優位性をもつ特殊技術を用いた部品の生産は、技術漏洩や、技術や優位性の強化の観点から継続的に内作することが望ましい。

ウ ○：正しい。自社が保有する技術より優れた技術を他社が保有している場合は、外作によってその優位性を活用することが望ましい。

エ ○：正しい。機密性や重要性が低く、自社で生産した場合に稼働率が低くコスト面で割に合わない部品であれば、情報漏洩等のリスクが低く、コスト改善につながる外作を選択することが望ましい。

よって、**ア**が正解である。

第13問

品質（機能）展開に関する問題である。品質（機能）展開とは、顧客・市場のニーズを製品・サービスの設計品質を表す代用特性へ変換し、さらに構成品部品の特性や工程の要素・条件へと順次系統的に展開していく方法である。顧客・市場のニーズは日常用語によって表現されるものが少なくなく、これを設計者や技術者の言葉である工学的特性に置き直すことが必要である。このプロセスを図表化し、目に見える形にしたのが品質（機能）展開である。

ア ○：正しい。上記のとおり、顧客ニーズを設計や生産の担当者に正確に伝えるための翻訳、見える化を行うことが、品質展開である。

イ ○：正しい。品質展開では以下のような各種表を用いる。

表 名	内 容
要求品質展開表	顧客・市場のニーズを系統図的に整理した表
品質特性展開表	製品・サービスに関する工学的特性を整理した表
品質表	上記2表（要求品質展開表・品質特性展開表）を二元表の形にまとめた表
QA表	品質保証上の重点を設計から製造に伝達するための表
工法展開表	製品の製造方法を展開した表

本肢の「顧客の要求を技術的な品質特性に変換する」という記述は、品質特性展開表の目的と合致していると判断できる。

ウ ×：選択肢**イ**の解説のとおり、品質表は、要求品質展開表と**品質特性展開表**を表にまとめたものである。

エ ○：正しい。品質展開を行うことで、顧客ニーズや製品品質を整理することができるため、他社製品との比較や、自社製品の分析に活用することが可能である。

よって、**ウ**が正解である。

（参考文献：日本経営工学会編『生産管理用語辞典』日本規格協会）

第14問

IEのうち、標準作業の定義や設定方法に関する問題である。

ア ○：正しい。標準作業の作成にあたっては、作業管理者やIEスタッフのみならず、現場の作業者の意見も取り入れたうえで、全員が納得するような内容の規定を定める必要がある。

イ ✕：標準作業は、作業者の教育・訓練の基礎資料となる規定であるため、仕事に対する標準的な適性をもっている**すべての作業者が実施可能になる最善の作業でなければならない**。熟練作業者でなければ実施できないような内容の標準作業では、一般的な作業者は作業標準を守れないことになり、生産計画と実績の間の乖離をもたらす原因となるおそれがある。

ウ ○：正しい。標準作業の設定目的は、「良い品質」の製品または部品を、「より安く」「より早く」「より安定的に」生産することにある。そのためには、生産の構成要素である4M（人…Man、機械…Machine、材料…Material、生産方法…Method）を有効に活用した作業でなければならない。

エ ○：正しい。「製品または部品の製造工程全体を対象にした、作業条件、作業順序、作業方法、管理方法、使用材料、使用設備、作業要領などに関する基準の規定」（JIS Z 8141-5501）というJISにおける標準作業の定義に即した記述である。

よって、**イ**が正解である。

（参考文献：日本経営工学会編『生産管理用語辞典』日本規格協会）

第15問

作業改善に関する複合的な知識を問われる問題である。

ア ✕：pn管理図（np管理図）は「不適合品数を用いて工程を評価するための管理図」（JIS Z 8101-2-5.22）であり、管理対象は不良品の数であるため、作業時間の管理状態を把握するのには適さない。作業時間が管理状態にあるかどうかを確認するためには、**X管理図や$\bar{X}$－R管理図など、計量値を管理対象とする管理図を用いる**。

イ ✕：すでに定められている作業標準に対する作業改善を目的とした時間測定において、やり直し作業などの異常値を記録から除外してしまうと、改善対象となるべき要素作業を正しく把握することができなくなるおそれがあるため、**異常値も記録を行ったうえで、標準時間から除外すべき要素か否か、あるいは余裕時間に含めるか否かを検討する**。

ウ ○：正しい。作業の各サイクルにおいて規則的に表れる要素作業と不規則に表れる要素作業を区別して時間測定を行い、出現傾向を見定めることによって作業方法の変化の発見も容易になると考えられる。

エ ✕：すでに定められている作業標準をベースに、作業改善を目的とした時間測定を実施するにあたっては、**測定の実施を事前に通告し、十分な監督のもとで、定められている標準作業を作業者に意識させながら測定を行うのが望ましい。**なお、ワークサンプリング法で作業と余裕の割合を把握するために作業観測する際は、作業者に観測を意識させないことが望ましいが、本肢の内容はストップウォッチなどで作業時間を観測するものであり、作業者に観測を意識させることが望ましいと考えられる。

よって、**ウ**が正解である。

第16問

ワークサンプリング法による稼働分析における、作業分類に関する問題である。主体作業と職場余裕の定義や具体的な作業項目例に関する正確な知識が問われる問題であった。

ワークサンプリング法とは、作業者や機械が瞬間的に「何をしているか」を観察して記録・集計し、そのデータに基づいて作業状態の発生の割合を統計的に分析する手法であり、繰り返し作業の分析に用いられる。作業項目の出現頻度は「度数」として記録され、度数を基にして各作業項目の出現率を算出する。

稼働分析の作業分類は、以下のとおりである。

作業の分類			性　質	例
作業		準備段取作業	ロットごと、始業の直後および終業の直前に発生する準備、後始末、段取、運搬などの作業時間	材料の準備、治具や固定具の段取など
	主体作業（作業サイクルごと、または一定周期ごとに発生する作業時間）	主作業	仕事の直接的な目的である材料、部品の変形、変質など、対象の変化そのものに直接的に寄与している作業	切削、穴空け、組立などの実質的作業
		付随作業	主作業に付随して規則的に発生するが、材料の取付け、取外しなど、仕事の目的に対し間接的に寄与する作業	材料や工具の取付け、取外し、寸法検査など
余裕	管理余裕	作業余裕	主作業を行う中で不規則的・偶発的に発生する作業や状況	図面読み、機械の調整、掃除、注油、材料運搬
		職場余裕	作業の管理のために不規則的・偶発的に発生する作業や状況	打合せ、報告、材料待ち、朝礼、終業時の清掃、停電、機械故障など
	人的余裕	疲労余裕	疲労を回復するための遅れ	休憩など
		用達余裕	人間として普通に発生する生理的欲求	トイレ、水飲み、汗ふきなど
非作業			個人的理由による非作業。業務としては本来存在しないもの	遅刻、雑談、手休め、作業中の喫煙など

主体作業とは、作業サイクルごと、または一定周期ごとに発生する作業時間であり、さらに「主作業（仕事の目的に対し直接的に寄与する作業）」と「付随作業（仕事の

312

目的に対し間接的に寄与）」に下位分類される。

　また、「職場余裕」とは、余裕（作業に関して不規則的・偶発的に発生する必要な行動で、作業を遂行するうえで避けられない遅れ）の一分類であり、作業の管理のために発生する作業や状況のことを指す。

　設問の表で掲げられている各作業項目の分類は、下表のとおりである。

作業項目	度数	作業分類
ハンダ付け	120	主体作業（主作業）
基盤への部品の取付け	90	主体作業（主作業）
基盤のネジ止め	80	主体作業（主作業）
組立作業完了後の製品検査（全数）	60	主体作業（付随作業）
ロット単位での完成部品の運搬	33	（準備段取作業）
不良品の手直し	30	（作業余裕）
ネジ・ハンダの補充（不定期）	22	（作業余裕）
部品不足による手待ち	24	職場余裕
打ち合わせ	19	職場余裕
朝礼	12	職場余裕
水飲み	5	（用達余裕）
用便	5	（用達余裕）
合　　計	500	―

　上記より、主体作業および職場余裕の時間構成比率は、以下のように算出できる。

（主体作業の時間構成比率）

　ハンダ付け＋基盤への部品の取付け＋基盤のネジ止め＋組立作業完了後の製品検査（全数）

　＝120＋90＋80＋60＝350　350÷500×100＝**70%**

（職場余裕の時間構成比率）

　部品不足による手待ち＋打ち合わせ＋朝礼＝24＋19＋12＝55

　55÷500×100＝**11%**

よって、主体作業：70%、職場余裕：11%となり、**ウ**が正解である。

第17問

　サーブリッグ分析（微動作分析）における動素の分類に関する知識を問う問題である。

　サーブリッグ分析とは、あらゆる作業に共通する基本動作を18種類の動素（サーブリッグ）に分解して分析する手法である。アメリカのF.B.ギルブレスによって考案さ

れた方法で、それぞれの動素記号は、問題文で言及されているように、第1類（仕事を行ううえで必要な動作要素）、第2類（第1類の作業の実行を妨げる動作要素）、第3類（作業を行わない動作要素）の3種類に大別される。

分類	名　称		略字	記号	記号の意味
第1類	手を伸ばす	transport empty	TE	⌣	空の皿の形
	つかむ	grasp	G	∩	ものをつかむ形
	運ぶ	transport loaded	TL	ᴗ	皿にものを載せた形
	組み合わす	assemble	A	♯	ものを組み合わせた形
	使う	use	U	∪	使う（use）の頭文字
	分解する	disassemble	DA	♯	組合せから1本取り去った形
	放す	release load	RL	⌢	皿からものを落とす形
	調べる	inspect	I	◊	レンズの形
第2類	探す	search	SH	⊂⊃	眼でものを探す形
	見出す	find	F	⊙	眼でものを探し当てた形
	位置決め	position	P	9	ものが手の先にある形
	選ぶ	select	ST	→	指し示した形
	考える	plan	PN	♀	頭に手を当てて考える形
	前置き	pre-position	PP	⌓	ボーリングのピンを立てた形
第3類	保持	hold	H	⌂	磁石がものを吸い付けた形
	休む	rest	R	⌎	人が椅子に腰掛けた形
	避けられない遅れ	unavoidable delay	UD	⌒	人がつまずいて倒れた形
	避けられる遅れ	avoidable delay	AD	⌐○	人が寝た形

（日本経営工学会編『生産管理用語辞典』日本規格協会）

設問で与えられた「部品を取り置く動作のサーブリッグ分析の結果」より、各動作の分類は以下のようになる。

左手			右手			
部品に手を伸ばす	TE	⌣	**第1類**	第3類	⌒	UD	避け得ぬ遅れ
部品を選ぶ	ST	→	第2類	第3類	⌒	UD	避け得ぬ遅れ
部品をつかむ	G	∩	**第1類**	第3類	⌒	UD	避け得ぬ遅れ
部品を運ぶ	TL	⌣	**第1類**	第3類	⌒	UD	避け得ぬ遅れ
部品を保持する	H	⌓	第3類	**第1類**	∩	G	部品をつかむ
部品をはなす	RL	⌒	**第1類**	第3類	⌓	H	部品を保持する
手元に手を戻す	TE	⌣	**第1類**	**第1類**	⌣	TL	部品を運ぶ
避け得ぬ遅れ	UD	⌒	第3類	第2類	9	P	部品を位置決めする
避け得ぬ遅れ	UD	⌒	第3類	**第1類**	⌒	RL	部品をはなす
避け得ぬ遅れ	UD	⌒	第3類	**第1類**	⌣	TE	手元に手を戻す

上表より、第1類に分類される動作要素の数は、**左手が5個、右手が4個**である。よって、**ウ**が正解である。

第18問

与えられた度数分布表のデータを基に、目標とするアベイラビリティ（可用率）を達成するための設備の平均修復時間（MTTR）を算出する問題である。可用率と平均修復時間、平均故障間隔（MTBF）の関係を正しく理解していれば、解答は難しくない問題であった。

アベイラビリティ（可用率）とは、設備の運転を行おうとするときに、その設備が使える状態（稼働中、または運転可能な状態）である確率のことを指し、次のような式で表すことができる。

$$\text{アベイラビリティ（可用率）} = \frac{\text{平均故障間隔（MTBF）}}{\text{平均故障間隔（MTBF）} + \text{平均修復時間（MTTR）}}$$

ここで、平均故障間隔（MTBF）とは、故障した設備が修復されてから次に故障するまでの動作時間の平均値を指す。つまり、設備が稼働中、または運転可能な状態である時間の平均値であることを意味する。

また、平均修復時間（MTTR）とは、故障した設備を修復する際に必要な時間の平均値を指す。

本問の解法としては、まず、平均故障間隔（MTBF）を算出する。

度数分布表では「故障間隔の階級値（時間）」と各階級値の「度数」（頻度）が与えられているため、各階級値の加重平均を算出すれば、以下のように平均故障間隔が求

められる。

$$平均故障間隔（MTBF）= \frac{（各階級の「故障間隔の階級値」×「度数」）の合計}{各階級の「度数」の合計}$$

$$= \frac{（70×3）+（80×5）+（90×13）+（100×7）+（110×2）}{3+5+13+7+2}$$

$$= \frac{2,700}{30} = 90$$

アベイラビリティ90％を達成するための設備の平均修復時間の最大値を x と置き、各数値を上記のアベイラビリティの式に代入すると、以下のようになる。

$$アベイラビリティ = \frac{平均故障間隔}{平均故障間隔 + 平均修復時間} → 0.9 = \frac{90}{90 + x}$$

これを解くと、$x = 10$ となる。

よって、**ウ**が正解である。

第19問

　設備案の固定費・変動費による分析に関する問題である。このような問題は、所与の条件をグラフなどの図式に置き換えて考えると解答が導きやすくなる。

　なお、本問の「（前者）と（後者）の生産量に関する優劣分岐点」とは、生産量が優劣分岐点を超えた場合、総費用は前者のほうが後者より少なくなる（設備案として優れている）という意味である。例として、以下の数値で検討する。

	固定費（円）	変動費単価（円／個）
設備A （高固定費・低変動費）	1億1千万	8,000
設備B （低固定費・高変動費）	1億	12,000

優劣分岐点は、以下のように算出する。

$$優劣分岐点 = \frac{固定費の差}{変動費単価の差}$$

$$= \frac{（1億1千万円 - 1億円）}{（12,000円 - 8,000円）／個} = 2,500（個）$$

　一定の生産量に至るまでは、低固定費（高変動費）の設備案が有利であるが、一定の生産量を超えると固定費の分散が図れ、変動費の上昇度合いが小さい高固定費の設備案のほうが有利となる。この一定の生産量を、優劣分岐点とよぶ。

　本問は、数値を計算する必要はなく、設問条件1～3をグラフ化し、視覚的に検討する。

316

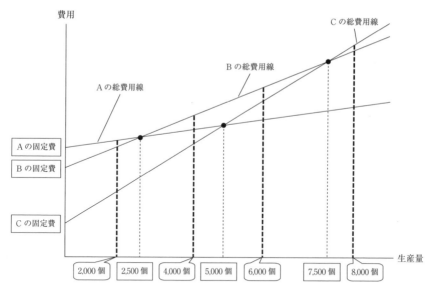

- **ア ✗**：上図より、年間の生産量が2,000個のとき、総費用が最小になるのは**設備C**である。
- **イ ✗**：上図より、年間の生産量が4,000個のとき、総費用が最小になるのは**設備C**である。
- **ウ ○**：正しい。上図より、年間の生産量が6,000個のとき、総費用が最小になるのは設備Aであることがわかる。
- **エ ✗**：上図より、年間の生産量が8,000個のとき、総費用が最小になるのは**設備A**である。

よって、**ウ**が正解である。

第20問

　内外作区分に関する計算問題である。加工処理を内作で行うか、外注するかを、制約条件（製造時間）やコストによって判断する内容となっているが、正解を導出する際に内外作区分の知識を活用する必要はない。制約時間あたりのコスト差と制約時間（社内製造時間、もしくは外注処理時間）の2つの条件を考慮し、有利な組み合わせを判断することとなる。

　本問の設定を整理し、留意する点は以下のとおりである。

・図表より総製造時間は70時間であり、条件3より社内製造時間が30時間である（40時間分の注文を外注する必要がある）。
・図表よりすべての注文で外作費用が内作費用を上回っている。

・注文により処理時間が異なるため、1時間あたりの外作費用と内作費用の差を算出し、この差が大きい注文を可能な限り内作する（この差が小さい注文を必要なだけ外注する）。

注　文	A	B	C	D	E
処理時間（時間）（①）	10	20	10	20	10
内作費用（万円）（②）	10	⑩	20	20	⑨
外作費用（万円）（③）	⑮	24	㉒	㉘	15
外作費用と内作費用の差 （④＝③－②）	5	14	2	8	6
1時間あたりの外作費用と内作費用の差 （⑤＝④÷①）	0.5	⓪.⑦	0.2	0.4	⓪.⑥

1時間あたりの外作費用と内作費用の差が大きい注文Bと注文Eを内作すると、社内製造時間30時間を満たすこととなる。その他の注文については外注することとし、それぞれの費用を合算する。

　　総費用＝A（外作）15＋B（内作）10＋C（外作）22＋D（外作）28＋E（内作）9

　　　　　＝84（万円）

　　よって、**イ**が正解である。

第21問

ライン生産の生産効率を高める手法に関する問題である。問題に細かい数値設定が付されているが、それらを詳細に検討する必要はなく、各選択肢の取り組みが生産時間の短縮につながるかどうか、知識的対応で解答が可能である。

ア　○：正しい。後工程の方が前工程より処理時間が長いため、後工程の処理時間を短縮することができれば、サイクルタイムを短縮することができ、総生産時間を短縮することができる。

イ　○：正しい。前工程と後工程での担当作業を見直し、工程間の作業負荷のバラツキを抑えることで、サイクルタイムの短縮化や手待ちによるロスタイムの低減が実現し、生産ラインの編成効率は高まり、結果的に総製造時間が短縮化する。

ウ　○：正しい。前工程と後工程の運搬ロットサイズを小さくすることにより、後工程の生産着手が早まり、総生産時間は短縮化する。

エ　×：本肢の出題意図を把握することは難しい。アの「各工程の作業時間の短縮」、イの「工程間の負荷調整」、ウの「ロットサイズの小型化」などは明確に生産リードタイムの短縮化につながるが、「かんばん」を導入しただけで生産リードタイムが短縮されることはない。

　　よって、**エ**が正解である。

　　なお、参考として選択肢**ア**～**ウ**によって具体的にどのように生産時間が短縮される

318

か、図示する。この検証を試験時間中に行う必要はなく、あくまでも参考にとどめてほしい。

|改善前|

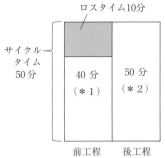

*1　4分／個×10個＝40分
*2　5分／個×10個＝50分
*3　50分×8＝400分

（編成効率＝$\frac{40+50}{50\times 2}\times 100 = 90$（％））

|　ア　|（後工程の処理時間を4分に短縮した場合）

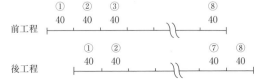

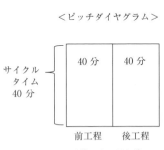

*1　40分×8＝320分

（編成効率＝$\frac{40+40}{40\times 2}\times 100 = 100$（％））

319

イ （前工程、後工程の処理時間を4分30秒ずつとした場合）

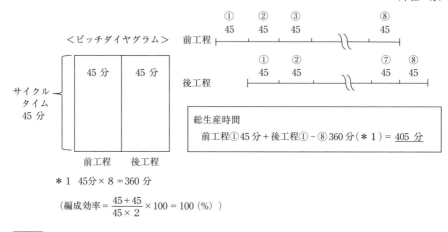

（編成効率＝ $\dfrac{45+45}{45 \times 2} \times 100 = 100$ （％））

ウ （運搬ロットサイズを5個とした場合）

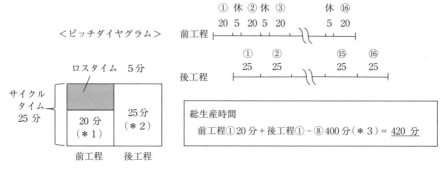

* 1 4分／個 × 5個 ＝ 20分
* 2 5分／個 × 5個 ＝ 25分
* 3 25分 × 16 ＝ 400分

（編成効率＝ $\dfrac{20+25}{25 \times 2} \times 100 = 90$ （％））

第22問

　産業用ロボットの種類や労働安全衛生法上の規定に関する問題である。産業用ロボットは、長期にわたって日本が世界のシェアトップを維持しており、政府（経済産業省）も日本の基幹産業のひとつに成長させるべく、産業育成に向けた支援施策を推進している、近年注目を浴びつつある分野である。本問は労働安全衛生法上の細かい規

定についての正誤が問われており、解答の絞り込みに苦慮した受験者も多かったと思われる。

ア ✕：労働安全衛生規則第150条の4において、「事業者は、産業用ロボットを運転する場合（中略）において、当該産業用ロボットに接触することにより労働者に危険が生ずるおそれのあるときは、さく又は囲いを設ける等当該危険を防止するために必要な措置を講じなければならない。」と規定されている。ただし、平成25年12月24日付基発1224第2号通達により、産業用ロボットを使用する事業者が、労働安全衛生法第28条の2による危険性等の調査（リスクアセスメント）に基づく措置を実施し、産業用ロボットに接触することにより労働者に危険の生ずるおそれがなくなったと評価できるときは、本条の「労働者に危険が生ずるおそれのあるとき」に該当しない、つまり、**柵または囲いの設置が免除される場合も有り得る**ことが規定された。したがって、「柵または囲いを必ず設けなければならない」わけではない。

イ ✕：上下方向に部品を強く押し込んだりする作業の自動化に向いているのは、**水平多関節型ロボット**である。水平多関節型ロボットとは、その名のとおり水平方向にアームが作動する4軸構成のロボットであり、上下方向の剛性が高いため、上下方向の部品の押し込み作業に適している。

ウ ✕：多方向からの複雑な作業の自動化に向いているのは、**垂直多関節型ロボット**である。垂直多関節型ロボットとは、垂直方向に作動する人間の腕のような形状のアームをもつロボットのことを指す。3次元空間における作業に必要な6軸構成が主流であり、**搬送、溶接、塗装、組立**など幅広い工程での複雑な作業の自動化に適している。

エ ◯：正しい。労働安全衛生法第59条、および労働安全衛生規則第36条31号の規定に則り、事業者は、産業用ロボットの可動範囲内において教示等を行う作業者に対し、安全や衛生に関する特別教育を行わなければならない。

よって、**エ**が正解である。

（出所：厚生労働省HP掲載資料『産業用ロボットと人との協働作業が可能となる安全基準を明確化しました。（労働安全衛生規則第150条の4関係)』）

第23問

中心市街地活性化法に関する、「中心市街地活性化に向けた制度・運用の方向性」に記載されている中心市街地の状況を問う問題である。「中心市街地活性化に向けた制度・運用の方向性」とは、中心市街地の活性化に関する法律の現状と課題を分析した報告書である。本報告書において、中心市街地の衰退に歯止めが掛かっていない現状が報告されたことを受けて、平成26年に中心市街地活性化法は一部改正された。

ア ✕：大規模小売店舗の中心市街地内への出店件数は少なく、ロードサイドを含めた中心市街地外や隣接市町村への立地が増加している。

イ ✕：認定された中心市街地内の小売業の事業所数・年間販売額は**減少**し、空き店舗率は増加していた。

ウ ✕：中心市街地活性化法の基本計画では、各市町村は、通行量、居住人口、空き店舗率等の評価指標を用いて数値目標を設定する。平成18年の同法改正から平成24年度末までに基本計画が終了した市町村において、基本計画に設定された評価指標のうち、**目標を達成した評価指標は全体の29%**であり、目標達成状況は芳しくない状況にあった。

エ 〇：正しい。平成18年の同法改正から平成24年度末までに基本計画期間が終了した市町村において、目標の達成率は、「通行量」、「施設入込数」等が比較的高いのに対し、「販売額」、「空き店舗率」等の商業振興による活性化をテーマにした評価指標の達成率が低い傾向にあった。

よって、**エ**が正解である。

第24問

消防法第17条の3の3に基づく消防用設備等点検報告制度に関する問題である。同法により消防用設備等を設置することが義務づけられている建物の関係者（所有者・管理者・占有者）は本規定に基づき、設置した消防用設備等を定期的に点検し、その結果を消防長又は消防署長に報告する義務がある。点検が必要な消防用設備等とは、消火器具、屋内消火栓設備、火災報知設備、スプリンクラー設備、誘導灯等である。点検には、外観または簡単な操作により確認する「機器点検」と、消防用設備等の全部または一部を作動させ総合的な機能を確認する「総合点検」がある。

ア ✕：機器点検は、6か月に1回行わなければならない。なお、消火器具や火災報知設備などは機器点検のみを行えばよい。

イ ✕：総合点検は、1年に1回行わなければならない。なお、非常電源は機器点検と総合点検を行わなければならないが、配線は総合点検のみを行えばよい。

ウ ✕：機器点検・総合点検を行った結果は、消防長または消防署長へ報告しなければならない。報告の期間は、特定防火対象物は1年に1回、非特定防火対象物は3年に1回である。店舗は特定防火対象物に該当するため、1年に1回報告しなければならない。

エ 〇：正しい。選択肢**ウ**の解説にあるように、店舗は特定防火対象物であり、店舗のほかにホテル、病院、映画館等がある。特定防火対象物とは、店舗やホテル、旅館、地下街といった不特定多数の者が利用する建物等、または病院や社会福祉施設、

幼稚園など行動力にハンディキャップがあり、火災が発生した場合に人命に及ぼす危険性が高い施設などをいう。非特定防火対象物には、工場、事務所、図書館、駅、駐車場、倉庫などがある。

よって、**エ**が正解である。

第25問

訪日外国人の消費動向や外国人旅行者向け免税店制度に関する問題である。

設問1 ●●●

「訪日外国人消費動向調査」は、観光庁が平成22年より実施している統計調査である。日本を出国する訪日外国人を対象に、四半期ごとに行われる。本問は、平成27年年次調査報告からの出題である。

ア ○：正しい。平成27年の訪日外国人旅行消費額は3兆4,771億円であり、3兆円を超えて過去最高額となっている。

イ ✕：3兆4,771億円の内訳は、買物代41.8%、宿泊料金25.8%、飲食費18.5%、交通費10.6%、娯楽サービス費3.0%、その他0.3%である。よって買物代は、**50%を下回っている**。

ウ ✕：平成27年の訪日外国人旅行消費額を国籍・地域別に見ると、トップ3は**中国、台湾、韓国**である。実際の消費額は、中国が1兆4,174億円、台湾が5,207億円、韓国が3,008億円となっている。

エ ✕：訪日外国人の年間旅行消費額は、下表のとおりである。平成23年は東日本大震災の影響を受け平成22年を下回っており、平成22年から平成27年まで**毎年連続では増加していない**。ただし、「訪日外国人消費動向調査」は、平成22年4-6月期から実施されており、実施前の平成22年1-3月期は、4-12月期の国籍別旅行支出を用いて推計している。

訪日外国人旅行消費額の推移

暦　　年	訪日外国人旅行消費額	前年比
平成 22 年	1 兆 1,490 億円	―
平成 23 年	8,135 億円	▲29.2 %
平成 24 年	1 兆 846 億円	+ 33.3 %
平成 25 年	1 兆 4,167 億円	+ 30.6 %
平成 26 年	2 兆 278 億円	+ 43.1 %
平成 27 年	3 兆 4,771 億円	+ 71.5 %

よって、**ア**が正解である。

設問2 ●●●●

消費税免税店（輸出物品販売場）制度に関する問題である。消費税免税店とは外国人旅行者などの非居住者に対して特定の物品を一定の方法で販売する場合に消費税を免除して販売できる店舗のことであり、店舗ごとに納税地を所轄する税務署長の許可が必要である。また「非居住者」とは、外国人をはじめ、日本人であっても外国にある事務所に勤務する目的で出国し外国に滞在する者、2年以上外国に滞在する目的で出国し外国に滞在する者なども含む。

ア ✕：一般物品の免税対象額は、同一の非居住者に対して、同一店舗における1日の一般物品の販売合計額が**5千円以上**である。従来は1万円超であったが、平成28年5月1日より改正されている。なお、一般物品とは、家電、バッグ、衣料品などである。飲食料品、医薬品、化粧品などは消耗品として扱われ、5千円以上50万円以下の販売額が免税対象となる。

イ ◯：正しい。非居住者が免税購入するためには、パスポートなどの提示と購入者誓約書の提出が必要である。購入者誓約書には、購入後30日以内に輸出することを誓約する旨が記載されている。

ウ ◯：正しい。平成27年の改正により、手続委託型輸出物品販売場制度が創設された。これにより免税手続きカウンターを設置した商店街と隣接している商店街は、ひとつの特定商業施設として免税販売業務が可能となった。なお、免税手続きカウンターを設置して他の事業者が経営する販売場の免税手続きの代理をしようとする事業者は、「承認免税手続事業者」として納税地の所轄税務署長の承認を受ける必要がある。

エ ◯：正しい。平成27年の改正により、事前承認港湾敷地内における輸出物品販売場に係る届出制度が創設された。これにより輸出物品販売場を経営する事業者は、外航クルーズ船が寄港する港湾の施設内に臨時販売場を設置して免税販売をすることができるようになった。そのためには臨時販売場を設置する日の前日までに納税地の所轄税務署長に届出書を提出する必要がある。

よって、**ア**が正解である。

第26問

買物弱者問題に対する取り組みに関する問題である。

経済産業省『買物弱者応援マニュアルVer.3.0』において、買物弱者とは「流通機能や交通網の弱体化とともに、食料品等の日常の買物が困難な状況に置かれている人々」と定義されている。同マニュアルでは、買物弱者問題に対する取り組みの概要として、

① 家まで商品を届ける

② 近くにお店を作る

③ 家から出かけやすくする

④ コミュニティ形成

⑤ 物流の改善・効率化

をあげている。

ア ✕：郊外での大型店の出店・開発は、広域商圏から自動車を運転しての来店を想定していることが一般的である。これは、同マニュアルの「②近くにお店を作る」と相反する取り組みといえる。

イ ◯：正しい。「①家まで商品を届ける」に該当する。

ウ ◯：正しい。「②近くにお店を作る」に該当する。

エ ◯：正しい。「②近くにお店を作る」に該当する。

オ ◯：正しい。「③家から出かけやすくする」に該当する。

よって、**ア**が正解である。

第27問

小売店の商品仕入に関する問題である。

ア ✕：委託仕入とは、契約などでサプライヤーが商品の販売を小売店に委託する際の仕入方式である。小売店は、サプライヤーから販売を委託されているにすぎず、所有権の移転を伴わないため、販売数量にかかわらず**商品の買い取り義務を負う**ことはない。

イ ✕：選択肢**ア**の解説のとおり、小売店は販売を委託されているにすぎないため、原則として**販売価格はサプライヤーが設定する**ことが一般的である。

ウ ✕：委託仕入では、小売店が商品を販売した時点で、商品の所有権がサプライヤーから消費者に移転する。そのため、仕入から販売の各段階において、**小売店に所有権が移転されることは一度もない**。

エ ◯：正しい。消化仕入とは、小売店に陳列する商品の所有権をサプライヤーに残しておき、小売店で売上が計上されると同時に、販売（消化）した分だけ仕入が計上されるという仕入方式である。

オ ✕：消化仕入においては、小売店の店頭在庫の所有権はサプライヤー側にある。商品の売れ残り時には、原則的に**小売店はサプライヤーに返品することが可能であり、小売店の廃棄ロスは発生しにくい**。

よって、**エ**が正解である。

解答・解説

28年度

第28問

　小売店の商品管理に用いられる指標のうち、商品回転率に関する問題である。商品回転率は、売価法、原価法、数量法などの計算方法がある。

$$売価法による商品回転率 = \frac{売上高}{平均在庫高（売価）}$$

$$原価法による商品回転率 = \frac{売上原価}{平均在庫高（原価）}$$

$$数量法による商品回転率 = \frac{売上数量}{平均在庫高（数量）}$$

ア　✕：上記計算式の売価法による商品回転率についての記述であり、分母は期末在庫高ではなく**平均在庫高（売価）**を用いる。なお平均在庫高（売価）は、期首在庫高（売価）と期末在庫高（売価）の平均によって求めることができる。

イ　✕：上記計算式からもわかるように、売上高が減った場合に平均在庫高（売価）が一定であれば、**商品回転率は低下する**。

ウ　✕：在庫の補充方法を先入先出し法にしても、**必ず商品回転率が高まるわけではない**。在庫補充方式の変更と、上記計算式にかかる分子（売上高、売上原価、売上数量）もしくは分母（平均在庫高）の変化には、明確な因果関係があるとはいえない。

エ　✕：売れ筋商品の品揃えを増やして売上高が増加した場合、商品回転率が高まるのは、分子である売上高の増減率が分母である平均在庫高（売価）の増加率を上回る場合のみである。したがって、**必ず商品回転率が高まるとはいえない**。

オ　○：正しい。需要期後に売れ残った季節商品を値引き販売した場合、売上高は増加し平均在庫高（売価）が減少することから商品回転率は高まる。また廃棄処分をした場合、売上高は変化しないが平均在庫高（売価）が減少することから商品回転率は高まる。

　よって、**オ**が正解である。

第29問

　陳列棚における販売効率を向上させる考え方に関する問題である。5種の商品単価と商品パッケージサイズが同じであることから、フェイスあたりの売上数量を求めることで解答を導くことができる。下表は問題にある図表に商品Aから商品Eの1フェイスあたりの売上数量を加えたものである。

	商品 A	商品 B	商品 C	商品 D	商品 E
販売棚のフェイス数	8	6	2	3	1
売上数量	120	50	50	60	20
1フェイスあたりの売上数量 （売場面積あたりの生産性）	15	8.33	25	20	20

ア ✕：棚の面積を売場面積としてとらえた場合、1フェイスあたりの売上数量が売場面積あたりの生産性を意味する。したがって売場面積あたりの生産性が最も高いのは**商品C**である。

イ ✕：現在のフェイス数での売上数量は、商品Dが60、商品Eが20であり合計は80である。ここで、商品Dと商品Eのフェイス数を2ずつに揃えた場合、双方の商品ともフェイス数の増減により1フェイスあたりの売上数量は多少変化するであろうが、それを考慮せずにとらえれば期待できる売上数量は、商品Dが40、商品Eが40となり合計80となるので、**売上数量の増加は期待できない**。

ウ ✕：商品補充の作業面で効率が悪い商品とは、商品補充回数が多い商品と考えられる。商品Dよりも効率が悪い商品として、1フェイスあたりの売上数量が多い**商品C**や、1フェイスあたりの売上数量が商品Dと同じであるが陳列数量の少ない**商品E**などが考えられる。いずれにしても、**商品Dが商品補充の作業性の面で最も効率が悪いとはいえない**。

エ 〇：正しい。フェイス数を1つ増やしたときに売上数量が増えるフェイス効果は、フェイス数が多くなるほどその効果が逓減するとされる（フェイス効果逓減の法則）。現在のフェイス数は、商品E（1）の方が商品A（8）よりも少なく、1フェイスあたりの売上数量は商品E（20）のほうが商品A（15）よりも多いため、商品Eのほうが商品Aよりも、1フェイス増加させることによる売上数量増大効果が大きい、と考えられる。

よって、**エ**が正解である。

第30問

消費財の分類に関する問題である。主な消費財の分類として以下のようなものがある。

分類	内　　容
最寄品	消費者の購買頻度が高く、購買に関する意思決定時間が短い消費財
買回品	消費者が購買に際して、品質・価格などの比較に時間をかける消費財
専門品	高額品であり、買回品より購買頻度が低く、品質、デザイン、性能などの多様な観点について強い関心をもって購買を行う消費財

a：本肢の記述は、買回品、専門品に該当し得る内容であるが、複数の店舗（ブランド）の比較の観点が強調されている点や、cの記述内容がより専門品の内容に近いとい

327

う点から、買回品であることが判断できる。

b：本肢の記述は、最寄品の特徴である。

c：本肢の記述は、買回品、専門品に該当し得る内容であるが、より長い時間をかけ、より遠方まで出かけてでも特定の商品を購買する専門品の特徴と考えられる。

以上より、最寄品がb、買回品がa、専門品がcとなる。

よって、**ウ**が正解である。

第31問

値入高予算における売価値入率に関する問題である。商品が３種類あり、一見、難しそうに見えるが基本的な知識で十分対応できる。まず与えられているデータから、各商品の仕入原価総額と設定販売総額を求め、それぞれの仕入原価総額と設定販売総額を合計したうえで、３商品全体の売価値入率を算出する。

	仕入原価総額	設定販売総額
商 品 A	60円×300 個＝18,000 円	100 円×300 個＝30,000 円
商 品 B	70円×100 個＝ 7,000 円	140 円×100 個＝14,000 円
商 品 C	90円×200 個＝18,000 円	120 円×200 個＝24,000 円
合 計	43,000 円	68,000 円

売価値入率は、次の計算式で求める。

$$売価値入率（\%）＝ \frac{値入額}{売価} ×100$$

値入額＝設定販売総額－仕入原価総額＝68,000－43,000＝25,000

売価値入率＝25,000÷68,000×100（％）＝36.76…≒36.8％

よって、**ア**が正解である。

第32問

小売店の販売促進に関する問題である。選択肢**オ**の新聞折り込みチラシは、店外からの顧客の来店を促す施策であるが、選択肢**ア**から**エ**までは店内施策であり、インストア・マーチャンダイジングの取り組みといえる。選択肢にある販売促進手法とその内容・目的、購買の分類は以下のとおりである。

328

販売促進手法	内容・目的
クロスマーチャンダイジング	カテゴリーにこだわらず関連商品を併せて陳列することにより、売上拡大を図る手法。関連購買を促す効果がある。
エンド陳列	来店客の通過率が高いゴンドラ棚などの端（エンド）に商品を陳列することで、立寄率や視認率を高め、非計画購買を促す効果がある。
レシートクーポン	会計時に購買商品の内容や顧客データに基づいて、次回来店時に購買が期待できる商品の値引きクーポンを発行することで、顧客の再来店や買上点数の増加が期待できる。
デモンストレーション販売	新商品などの実演、試食などを伴って販売する手法。顧客の試用購買や次回以降の継続購買を期待することができる。
新聞折り込みチラシ	住居やオフィスなどに配達される新聞にチラシを折り込んで配布する手法である。特定商品の計画購買を促すことができる。

購買の種類		内容
計画購買		来店時から購買する意思をもって、購買に至る購買行動
非計画購買		来店時には購買する意図がなかったが、店頭の商品などを見て、購買の意思決定をする購買行動
	想起購買	家庭内の在庫切れなど、店頭で商品や POP を見て商品の必要性を思い出し購入する購買行動
	関連購買	他の購入商品との関連性から店舗内で必要性を認識し、商品を購入する購買行動
	条件購買	来店時には明確な購買意図をもっていないが、値引きなどの条件により、店頭で購買の意向が喚起され、商品を購入する購買行動
	衝動購買	商品の新奇性や衝動により、商品を購入する購買行動

ア ✕：本肢の前半の記述は正しいが、クロスマーチャンダイジングの主な目的は、**非計画購買（関連購買）を促進する**ことである。

イ ✕：本肢の前半の記述は正しいが、エンドにおける大量陳列の主な目的は、**非計画購買（想起購買）を促進する**ことである。

ウ ◯：正しい。特定商品についてレシートクーポンを発行することで、次回来店時の計画購買を促進することができる。

エ ✕：デモンストレーション販売を行うことで、**非計画購買（衝動購買）を促進す**ることができる。リピート購買は、すでに購買経験がある商品を再購買することを指す。

オ ✕：新聞折り込みチラシを配布することで、特定商品の**計画購買を促進する**ことができる。

よって、**ウ**が正解である。

（参考文献：流通経済研究所『インストア・マーチャンダイジング』日本経済新聞出版社）

第33問

発注方式および資材管理・在庫管理に関する問題である。

ア ✕：ある一定水準（発注点）まで在庫が減少した際に発注を行う方式を発注点方

329

式という。**発注点方式では在庫消費速度の変動により、発注間隔も変動する。**

イ ✕：安全在庫は、あらかじめ予測することが困難な需要の変動に対応するために保有する在庫のことであり、計画外に需要が増加した際の**欠品防止**のために保有するものである。

ウ ✕：定期発注方式の発注量は以下のように算出する。

発注量＝在庫調整期間における予想消費量－（現在の在庫量＋発注残）＋**安全在庫**

※在庫調整期間＝発注サイクル＋調達リードタイム

定期発注方式の発注量には、**安全在庫を含める。**

エ 〇：正しい。発注から補充までの期間（調達リードタイム）が短いほど、需要予測の精度を高めることができ、安全在庫の量を少なくすることができる。

よって、**エ**が正解である。

第34問

物流ネットワークに関して、物流拠点をどのように設置するかを問う問題である。

ア 〇：正しい。商品回転率の高い商品であれば頻繁に入出庫が発生するため、各店舗に近い物流拠点に分散して在庫するほうが配送効率は向上する。しかし、商品回転率の低い商品を分散して在庫してしまうと、入出庫頻度が低い商品を保管するためのスペースをわざわざ各物流拠点に確保しなければならず、商品保管スペースの効率低下を招くおそれがある。また、実際の需要量に対して総在庫量が多くなるリスクも高まる。したがって、商品回転率の低い商品は、少数の物流拠点に集中在庫するほうが望ましいといえる。

イ ✕：物流段階数は、製造業者から小売業者までどれだけの卸売業者が介在するかによって決まる。介在する卸売業者の数が多くなるほど物流段階数は多くなる。複数の物流拠点を**垂直的**に統合すると、介在する卸売業者が少なくなり、物流段階数が少なくなる。複数の物流拠点を水平的に統合しても、物流拠点の規模が増すだけであり、**物流段階数に変化はない。**

ウ ✕：販売活動を行う各営業所にそれぞれ物流拠点を設けると、物流拠点への投資が大きくなり、また総在庫量も過大になる。輸送する運搬車両も多く必要となり、その分燃料費等の費用も大きくなる。物流拠点は、各営業所の地理的関係を考慮して設けるべきであり、**各営業所にそれぞれ物流拠点を設ける必要はない。**

エ ✕：物流拠点の数を決定するにおいて、輸配送コストはもちろん、保管・流通加工等の物流サービスを考慮する必要がある。しかし、物流サービス以外にも**配送のリードタイムやBCP（Business Continuity Plan：事業継続計画）などの観点から、多面的に検討を行う必要がある。**

330

よって、**ア**が正解である。

第35問

物流戦略に関連する用語の知識を問う問題である。

ア ✕：一貫パレチゼーションとは、荷物を出発地から到着地まで同一のパレットに乗せたまま輸送・保管することである。パレットの積み替えなどの作業が不要な分、荷役などの作業効率が向上し、輸送効率の向上に寄与する。また、輸送中の荷物が損傷を受けにくいというメリットも有する。一方、配送車両などの輸送機関にパレットも合わせて積載するため、**積載効率は低下する場合がある**。

イ ✕：パレチゼーションは、パレット単位で輸送物の荷姿の標準化を行って機械による作業を効率化できる物流システムのことで、**自家用物流施設内、社外物流施設間を問わず活用可能である**。

ウ ✕：プールパレットとは、遠方に荷物の輸配送をした場合に着荷主に到着して空いたパレットを到着地付近の荷主が発荷主として利用できるよう、**パレットを到着地にプールし複数の荷主で共同利用する効率化のためのシステム**である。

エ ✕：複合一貫輸送とは、特定の貨物を鉄道や海運など複数の異なる輸送機関を組み合わせて輸送することであり、**必ずしも輸送単位を組み替える必要はない**。

オ ◯：正しい。ユニットロードとは、輸送貨物をパレットやコンテナなどのあるひとつの単位（ユニット）にまとめることをいう。荷扱いの単位を大きく標準化することで多様な近代的物流システムの活用が可能となり、積載効率や配送効率向上のメリットが期待できる。

よって、**オ**が正解である。

第36問

共同物流に関する問題である。共同物流とは、個別の企業が独自に行っていた物流機能（輸送、保管、荷役など）を、複数企業が共同で行うことである。物流の合理化を図ることができ、コスト削減効果が期待できる。

ア ✕：本肢の前半の記述は正しい。同業種の企業同士で共同物流を行えば、取扱商品や配送先などの共通性が大きく、より大きなコスト削減効果を期待することができる。ただし、異業種の企業同士でも、配送先、保管倉庫、配送車両などの共通点があれば物流の合理化効果が見込まれるため、異業種間の共同物流も実際に行われている。

イ ✕：配送先の店舗や物流拠点が共通していれば、共同物流に着手しやすいことは事実であるが、配送先が異なっていても物流拠点や配送車両の共通化を図ることが

解答・解説

28年度

331

できれば物流の合理化につながるため、共同物流を行うことは可能である。

ウ ✕：共同物流は、第三者である物流業者に委託して行われることがある。物流業者の指定については、複数のメーカーなどの発荷主が行う場合もあれば、**小売業などの着荷主が複数のサプライヤーに対して行う場合もある。**

エ 〇：正しい。共同物流に取り組むことで、1台の配送車両に積載する荷物が多くなり、配送車両の積載効率を高めることができる。しかし、各企業の配送数量は、配送手段とは関連しないため、共同物流によって配送数量が減ることはない。

オ ✕：上記の解説のとおり、共同物流は、複数企業が輸送、保管、荷役などの物流機能を共同化することである。

よって、**エ**が正解である。

第37問

物流センターの機能に関して、広く知識を問う問題である。

ア 〇：正しい。クロスドッキングとは、商品が倉庫や配送センターに届けられたとき、保管することなく小売店舗に配送できる仕組みである。この仕組みを実現するためには、商品の入荷時に倉庫に保管するか、配送車両に積載して出荷するかを識別する必要がある。この識別に利用されるのが事前出荷通知（ASN：Advanced Shipping Notice）である。

イ ✕：一括物流センターには、在庫をもつDC型と、**在庫をもたず店別仕分けや流通加工を行うTC型がある。**したがって、物流センターに在庫をもたずに一括物流を行うことも可能である。

ウ ✕：在庫をもつDC型であれば、店舗からの注文に応じて、保有する商品在庫を即時に出荷することができる。しかし、在庫をもたないTC型では、店舗からの注文を受けるたびに製造業者や卸売業者から商品を取り寄せる必要がある。したがって、在庫をもたない物流センターを経由して納品するほうが、在庫をもつ物流センターを経由して納品するよりも、店舗の発注から店舗への納品までの期間は長い。

エ ✕：包装は、個装、内装、外装に大別される。また、**個装は商業包装、内装と外装は工業包装**とよばれる。個装は、個々の物品に対する包装であり、商品を購入するときの包装である。内装は個装された商品をいくつかまとめて梱包したものであり、外装は内装をダンボール箱などに収めた流通作業単位の包装である。

オ ✕：空間的懸隔とは、生産地と消費地との隔たりのことを指し、時間的懸隔とは、生産時期と消費時期との隔たりのことを指す。物流にはこれらの懸隔を埋める役割がある。物流機能のひとつである保管機能は、時間的懸隔を埋めることができる機能である。農産物のように生産に季節性があるものやアパレル製品のように消費に

332

季節性があるものなどは、保管することで時期を問わず安定した供給、消費が可能となる。一方、**空間的懸隔は保管では埋めることができない。空間的懸隔を埋めるのは輸配送機能**である。

よって、**ア**が正解である。

第38問

物流センターの運営に関する出題である。

ア ✕：本肢の前半の記述は正しい。顧客や注文別に商品を集品するシングルピッキングにおいても、集品後にカテゴリー別や売場別などの仕分けが必要になることがあるが、**出荷する商品をまとめて集品するトータルピッキングでは、集品後に顧客別などに仕分けすることが不可欠**である。

イ 〇：正しい。棚卸とは、手元にある商品、原材料、部品などの種類、数量、品質を調査し、その価値を確認する作業である。棚卸の方法には、対象となる物品について全域にわたって一斉に行う「一斉棚卸法」や、倉庫内、棚区域を適当な量で区切って循環式に行う「循環棚卸法」がある。また、年2回、月1回などのように定期的に行う「定期棚卸法」や、毎日行う「常時棚卸法」がある。いずれの方法においても、実在庫量と理論在庫量（帳簿在庫量）の差異を確認し、補正することは棚卸の目的に合致する。

ウ ✕：メーカーや小売業などの荷主は、物流センターの運営委託時に、委託先の物流事業者が所有する物流センターを利用することもあるが、**荷主が所有する物流センターの運営業務のみを委託することも一般的**である。

エ ✕：本肢の前半の記述は正しい。近年の物流センターは、**自動倉庫システム**を導入していることが多く、注文データと保管場所データを活用し、**コンベアなどで自動的に集品する**ことが多くなっている。

よって、**イ**が正解である。

（参考文献：日本経営工学会編『生産管理用語辞典』日本規格協会）

第39問

　マーケットバスケット分析の結果を評価する問題である。マーケットバスケット分析とは、消費者の購買行動を分析する手法のひとつであり、どの商品とどの商品が同時に購買されているかを把握するものである。ある商品と同時購買される傾向の強い商品がわかれば、近接して陳列することで、より多くの消費者に同時購買してもらえる売り場を作ることができる。与えられたデータの中で「商品aかつ商品b」は、商品aと商品bを同時購買した消費行動を意味する。

設問1

　支持度（サポート）とは、あるルールに基づく結果が全体に対してどの程度の割合かを示すものである。支持度が高ければ全体に与える影響が大きくなり、支持度が低ければ全体に与える影響は小さくなる。

ア ○：正しい。商品aを購入した顧客は20人であり、商品aと商品bを同時購買した顧客は10人である。したがって、商品aのみを購入した顧客数は10人である。

イ ○：正しい。商品bを購入した顧客は40人であり、商品aと商品bを同時購買した顧客は10人である。したがって、商品bのみを購入した顧客数は30人である。

ウ ○：正しい。商品aと商品bを同時購買した顧客数は10人である。

エ ×：商品aのみを購買した顧客は10人、商品bのみを購買した顧客は30人である。つまり商品aか商品bのどちらかを購買した顧客は40人である。また商品aと商品bの両方を同時購買した顧客は10人いる。40人と10人を合わせた50人が購買した顧客数である。100人に対してマーケットバスケット分析を行ったのであるから、商品aも商品bも購買していない顧客数は100人から50人を差し引いた50人である。これを図示すると以下のようになる。

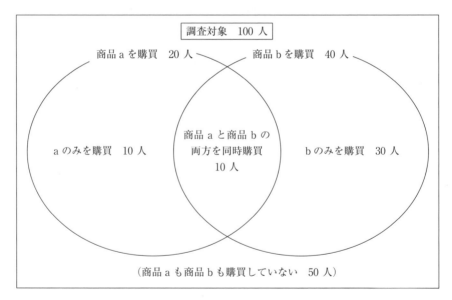

オ ○：正しい。選択肢**イ**および**エ**の解説のとおり、商品aも商品bも購買していない顧客数は50人、商品bのみを購買した顧客数は30人である。したがって、商品aも商品bも購買していない顧客数は、商品bのみを購買した顧客数より多い。
　よって、**エ**が正解である。

設問2 ●●●

リフト値とは、ある商品の購買が他の商品の購買にどの程度相関しているかを表す指標である。リフト値が大きいほど2商品の関連が深いと考えられ、一般的にはリフト値が2を超えると関連ありとみなされる。問題文に（lift（商品a ⇒ 商品b））と記載されているので、商品aの購買が商品bの購買にどの程度相関しているかが問われている。

リフト値は以下の式で求めることができる。

$$リフト値 = \frac{確信度}{商品bが購買される確率}$$

式中の確信度とは、商品aが購買されたときに商品bも購買される確率であり、以下の式で求めることができる。

$$確信度 = \frac{商品aかつ商品bを購買した顧客数}{商品aを購買した顧客数}$$

参考までに、リフト値が大きくなる（商品aと商品bの関連が深くなる）ためには、分子の確信度が大きくなるか、分母の商品bの購買確率が小さくなるか、が必要となる。

リフト値が大きい状態のイメージは、全顧客の中で商品bを購買した人の確率が低い（分母が小さい）、つまり商品bがさほど売れていないにもかかわらず、商品aを購買した顧客の多くが商品bも購入している（分子が大きい）というものである。

本問の数値にあてはめて算出すると、以下のようになる。

確信度 = 10 ÷ 20 = 0.5

商品bが購買される確率 = 40 ÷ 100 = 0.4

リフト値 = 0.5 ÷ 0.4 = **1.25**

よって、**エ**が正解である。

第40問

電子タグの特徴に関する問題である。電子タグは、物体の識別に利用される微小な無線ICチップのことであり、近年、低価格化が進みさまざまな場面で利用が進んでいる。電子タグには下記のようなさまざまな特徴がある。

◆スピーディで効率的な読み取り
電子タグは無線を使って通信するため、離れたところから読み取りができ（非接触）、リーダと電子タグの間に遮蔽物（金属を除く）があっても読み取りが可能です（被覆可能）。
また、1つ1つにユニークな識別番号が付いていることで、二度読みの心配もなく、短時間で大量の読取りが可能です。

非接触　　短時間で大量読取り

◆さまざまな形状に加工できる
電子タグは、用途にあわせて、ラベル型やカード型、ボタン型などさまざまな形状に加工されます。取り付けられるモノの特性に応じて、小型化・薄型化も進んでいます。
光学的に読み取るバーコードに比べ、表面の汚れに強い等の耐久性を持っていますが、さらに屋外など使用する環境の特性に応じて、長期間の使用や耐衝撃性を持たせる（堅牢加工）ことも可能です。

小型化・薄型化　　堅牢加工

◆用途に合わせた情報の書き込み
電子タグのチップには、取り付けたモノに関する情報を格納するメモリがあります。識別番号のみが書き込めるものから、関連するさまざまな情報を書き込める大容量のものまで、メモリの容量にもバリエーションがあります。
一度書き込んだ情報に新たな情報を加えたり、書き換えたりすることもできます（書換可能）。必要に応じて、書き込まれたデータを保護してセキュリティを強化することも可能です。

小型化・薄型化　　セキュリティ

（出所：流通システム開発センター「電子タグ」http://www.dsri.jp/standard/epc/rfid.html）

ア ◯：正しい。本肢の記述のとおり、電子タグのICチップには、メモリが搭載されており、識別情報などを記録することができる。これにより流通の各段階で情報の読み書きが可能となり、トレーサビリティにも活用できる。

イ ✕：通常、電子タグを金属で被覆すると、リーダーからの電波が金属に反射し、タグからの応答波が金属からの反射波に邪魔されて**読み取ることができない**。近年では金属対応タグも開発されており、金属被覆にも対応するタグも存在するが、本肢の「通常非接触で読み取り可能」という表現は適切とはいえない。

ウ ◯：正しい。電子タグでは、利用者が知らないうちに情報を読み取られたり、書き換えられたりするリスクがある。このため、必要に応じて電子タグに暗号化技術、認証機能をもたせてセキュリティを強化している。

エ ◯：正しい。本肢の記述のとおり、電子タグは、無線を使って通信するため、非接触で読み取りが可能である。また複数の電子タグを一度に読み取ることができる。

オ ◯：正しい。近年、電子タグの低価格化、小型化、薄型化に伴い利用場面が増えており、カード型、ボタン型などさまざまな形状が存在する。

よって、**イ**が正解である。

第41問

　GTINとは、国際標準の商品識別コードの総称であり、具体的にはJANコード（GTIN-13）や集合包装用商品コード（GTIN-14）などが含まれる。
　「GTINアロケーション（設定）ガイドライン（2009年版）」は、GS1が定めた国際標準のGTINアロケーションルール（商品アイテムコード設定基準）に準拠して作成されている。流通システム開発センターが制定してきたJANコードや集合包装用商品コードの付番ルールに替わるものである。その中でGTIN設定の原則として、商品の基本的な要素が異なる場合には個々にGTINを設定することが定められており、下記

のような場合が該当する。

① 商品名、商品ブランド名、商品銘柄・等級が異なる場合

② 商品のタイプと種類（希望小売価格、色、味、香り、原材料、サイズ、販売単位など）が異なる場合

③ 商品の正味量（重量、容量など）が異なる場合

④ セット商品で価格または中身の商品組み合わせが異なる場合

　上記のように、商品の正味量、商品の等級、商品ブランド名、商品名は、個々にGTINを設定する要素であるが、**商品の販売店舗は個々にGTINを設定する要素ではない。**

　なお、GTIN設定ガイドラインは2018年版がリリースされているが、本問の内容に変わりはない。

　よって、**ウ**が正解である。

第42問

　「個人情報の保護に関する法律についての経済産業分野を対象とするガイドライン」に関する問題である。個人情報漏えい事件が後を絶たず、サイバー攻撃による漏えい事件も顕在化している状況をふまえ、事業者による個人情報の適正な取扱いや利活用推進を支援することを目的として、平成26年12月にガイドラインの見直しが行われた。主な改正点は、

① 委託先の監督の強化

② 社内の安全管理措置の強化

③ 第三者からの適正な取得の徹底

④ 新たな脅威に備えたセキュリティ対策手法の例示を追加

⑤ 共同利用制度の趣旨の明確化

⑥ 消費者等本人に対するわかりやすい説明のための参考事項の追記、などである。

　この中で対象となっている個人情報は下記のとおりである。

　生存する「個人に関する情報」であって、特定の個人を識別することができるもの（他の情報と容易に照合することができ、それにより特定の個人を識別することができるものを含む。）をいう。「個人に関する情報」は、氏名、性別、生年月日等個人を識別する情報に限られず、個人の身体、財産、職種、肩書等の属性に関して、事実、判断、評価を表すすべての情報であり、評価情報、公刊物等によって公にされている情報や、映像、音声による情報も含まれ、暗号化されているかどうかを問わない。

　なお、死者に関する情報が、同時に、遺族等の生存する個人に関する情報でもある場合には、当該生存する個人に関する情報となる。

また、「生存する個人」には日本国民に限られず、外国人も含まれるが、法人その他の団体は「個人」に該当しないため、法人等の団体そのものに関する情報は含まれない（ただし、役員、従業員等に関する情報は個人情報）。

ア ○：正しい。企業が保有している雇用管理情報は従来のガイドラインにも明記されていたが、平成26年の改定で「病歴、収入、家族関係等の機微に触れる情報」が追記されている。

イ ✕：企業の財務情報等、法人等の団体そのものに関する情報は「個人」の情報ではなく、ガイドラインの対象となる個人情報には含まれない。

ウ ○：正しい。ガイドラインに個人情報の事例として明記されている。

エ ○：正しい。上記解説文のとおりである。

オ ○：正しい。防犯カメラに記録された本人が判別できる映像情報は、上記解説文の「映像や音声による情報」に該当する。

よって、**イ**が正解である。

第43問

フラッシュマーケティングに関する問題である。

フラッシュマーケティングとは、特典付きのクーポンを販売時間や数量などに関する条件を付加しオンライン上で販売する手法でECの一形態である。アメリカで発祥し、国内でも多くの参入企業が存在する。

クーポンの最低販売数が設定されており先着順で購入できる点や、販売されるクーポンには1～数日といった購入期限がある点が特徴である。

フラッシュマーケティングのメリットとしては、情報拡散により多くのユーザーの目に留まることで新規顧客獲得につながる、インターネットを活用した広告費の削減、あらかじめ設定した人数に達さなければクーポンが無効になる等のルールでリスクを抑えることが可能といったことがあげられる。

ア ○：正しい。消費者にとって、割引率が高い共同購入クーポンを利用することで未知の商品・サービスの購買に対するハードルが下がり、トライアル需要を喚起することができる。また、クーポンの購入にリミットが設けられているためユーザー同士の競争が発生し、より多くの新規顧客へのリーチを促すことができる。

イ ○：正しい。現在、国内でフラッシュマーケティングの手法を取り入れるにあたりソーシャルメディアを活用している企業が大半である。フラッシュマーケティングは購入期限を設けるという特性から、多くのユーザーにリーチするだけの高い瞬発力が必要である。その瞬発力の高い情報拡散の過程で多くのユーザーの目にとどまることで商品・サービスの宣伝効果も発生する。

ウ ○：正しい。クーポンを出すタイミングや内容は企業側で設定することができる。そのため、提供している商品・サービスに時期による需要変動の要素がある場合は、閑散期に割引率の高いクーポンを提供することで、企業全体としての稼働率の平準化を図ることが可能である。

エ ✕：フラッシュマーケティングの利点は、多くのユーザーに短期的にリーチする情報拡散力と、新規顧客獲得費用が抑えられるコスト優位な点にあり、**割安な値段での既存顧客の再利用を期待するものではない。**

よって、**エ**が正解である。

参考資料 出題傾向分析表

参考資料 出題傾向分析表

第1編　生産管理

		H28	H29
第1章	生産管理の基礎	多品種少量生産と少品種多量生産 2 生産の4M 14	生産の評価指標 1 ECRSの原則と改善手法 15 生産現場の改善施策 20
第2章	工場の設備配置		工場レイアウト 5
	生産方式	プッシュ型管理方式とプル型管理方式 3 ライン生産方式 6 製番管理方式 7 ラインバランシング 21 かんばん方式 21	モジュール生産方式 4 かんばん方式 9 生産現場の改善施策 20
	製品の開発・設計とVE	VEにおける製品機能 4	製品開発・製品設計 3
	生産技術	汎用設備 2 汎用工作機械 5	
	生産計画と生産統制	ディスパッチングルール 1 PERT 1 進捗管理 2 PERT（CPM）10 工数計画と余力管理 11	需要予測 34
	資材管理	ストラクチャ型部品表 9	
	在庫管理・購買管理	購買管理 8 内外製区分 12 内外製区分による費用最小化 20 小売店舗の発注管理 33	購買・外注管理 11 在庫管理指標 12 最適発注量の決定 19 小売店舗における在庫管理 33
第3章	IE (Industrial Engineering)	流れ線図 1 マンマシンチャート 1 作業標準 14 時間測定 15 作業分類 16 サーブリッグ分析 17	基本図記号 6 ECRSの原則と改善手法 15 作業分類 7 標準時間 10 マテリアルハンドリング 13 作業改善のPDCA 14 レイティングと余裕率 16
	品質管理	品質展開 13	管理図 17 HACCP 42
	設備管理	平均修復時間 18 優劣分岐点 19	設備総合効率 18
	廃棄物等の管理		
第4章	生産情報システム	FMS 5 産業用ロボット 22	生産情報システム 2 自動生産・生産情報管理 8 3Dプリンター 21
	製造業における情報システム		

※ 出題領域の区分は、弊社「2021年度版　最速合格のためのスピードテキスト」に準拠したものです。
※ 表中の項目名とともに付されている白抜き数字は、本試験における問題番号となります。

342

H30	R元	R2
PQCDSME[1] 多品種少量生産[2]	管理指標[1] 生産形態[2] 5S[17]	管理目標[1] 生産の合理化[21]
機能別レイアウト[2] 工場レイアウト（P－Q分析）[3]	SLP（フロムツウチャート）[3]	SLP（実施手順）[3] DI分析[15]
ライン生産方式[2] トヨタ生産方式[11] セル生産方式[11] 製番管理方式[11] 生産現場の改善施策[20]	ライン生産方式[5] 生産座席予約方式[6]	製番管理方式[8] ライン生産方式[16]
	加工技術[4]	立体造形[5]
ディスパッチングルール[4] PERT[6] 基準日程計画の作成[7] 需要予測[12] 現品管理[14]	需要予測[8] ジョンソン法[9] 余力管理[15]	需要予測[9] PERT（CPM）[11] 線形計画法[12] 需要予測[35]
MRP[2] MRP[11] MRP[13]	ストラクチャ型部品表[7]	
資材の発注[13] 最適発注計画[17] 小売店舗における在庫管理[31]	経済的発注量[10] 小売店舗における在庫管理[33]	エシェロン在庫[2] 最適生産量の決定[10] 発注方式[13] 小売店舗における在庫管理[34]
連合作業分析[8] 製品工程分析（基本図記号）[10] PTS法[15] ワークサンプリング[18]	運搬分析[12] 工程分析（基本図記号）[13] 標準時間設定[14] PTS法[16] 動作経済の原則[21]	工程分析（基本図記号）[7] 標準時間設定[17] 作業分析[18] 生産の合理化[21]
管理図[8] QC7つ道具[9] 仮説検定[16] HACCP[38]	QC7つ道具[11]	品質表[4] ヒストグラム[6] 仮説検定[14]
設備故障と保全活動[19]	生産保全[18] 投資回収計算[19] TPM[20]	保全体制と保全費[19] 設備総合効率[20]
	食品リサイクル法[26]	環境保全[22]
マシニングセンタ[5]		

第2編　店舗・販売管理

		H28	H29
第1章	店舗施設に関する法律知識	中心市街地活性化法23 外国人旅行者の状況、制度25	都市計画法23 流通政策24 大規模小売店舗立地法26
	店舗立地と出店	消防法24 買物弱者応援マニュアル26	
	商業集積		商店街実態調査報告書22 ショッピングセンターの実態25
第2章	店舗施設の機能		
	店舗設計	フェイス管理29 エンド陳列32	ワンウェイコントロール29
	店舗の照明と色彩		色彩30
第3章	マーチャンダイジング・商品管理・商品予算計画	商品回転率28 値入率計算31	粗利益率と相乗積27 人時生産性28
	商品計画	商品分類30	
	商品調達・取引条件	委託仕入と消化仕入27	
	価格設定と販売促進	販売促進方法32	商品政策・価格政策31 景品表示法32
第4章	物流機能	物流機能37	
	物流戦略	物流ネットワーク34 輸配送管理の用語35 共同物流36 一括物流センター37 物流センターの運営38	輸送手段35 ユニットロード36 チェーン小売業の物流（物流センター）37 物流センターの運営38
第5章	販売流通情報システムの概要	ID-POS データ分析39 電子タグ40 GTIN 41 個人情報保護法42 フラッシュマーケティング43	相関係数39 ID-POS データ分析40 流通ビジネスメッセージ標準（国際標準コード）41 インターネット広告の効果測定（CVR）43
	販売流通業における情報システム		

※ 出題領域の区分は、弊社「2021 年度版　最速合格のためのスピードテキスト」に準拠したものです。
※ 表中の項目名とともに付されている白抜き数字は、本試験における問題番号となります。

H30	R元	R2
まちづくり三法㉑	都市計画法㉓ 都市再生特別措置法㉔ 消防法㉕	大規模小売店舗立地法㉓ 都市計画法（立地適正化計画）㉔ 建築基準法㉗
商圏分析（ライリーの法則）㉓		商圏分析（ライリー＆コンバースの法則）㉕
商店街実態調査報告書㉒ 地域商店街活性化法㉕	ショッピングセンターの実態㉒ 商店街空き店舗実態調査報告書㉗	商店街実態調査報告書㉖ 商業動態統計㉘
		陳列手法㉙
照明㉔		
人時生産性㉖ 小売店の品揃え㉗ 売価、売上原価、粗利益率の計算㉘	粗利益率と相乗積㉘	売価と売価値入率㉘ 商品予算計画㉜
	委託仕入㉚	
売場づくりの考え方㉙ ISP ㉚ 小売店舗の在庫管理㉛	酒類や医薬品などの販売制度㉙ ビジュアルマーチャンダイジング㉛ 食品表示法㉜	景品表示法㉛ 商品政策・価格政策㉝
セービング法㉜ ユニットロード㉝ 物流センターの機能㉞ 物流センターの運営㉟	輸送手段の特徴㉞ 自動車による輸送形態㉟ 物流センターの機能㊱ 物流センターの運営㊲	輸送手段の特徴㊱ ユニットロード㊲ 物流センターの運営㊳
相関係数㊱ ソースマーキングとインストアマーキング㊲ マーケットバスケット分析㊴ オープンデータ㊵	QR 決済㊳ FSP ㊴ PI 値㊵ GTIN ㊶ 資金決済法㊷ データの尺度水準㊸	GS1事業者コードとJANコード㊴ QR コード㊵ 割賦販売法㊶ 流通ビジネスメッセージ標準㊷ 個人情報保護法㊸ RFM 分析㊹
		ASN ㊳

345

中小企業診断士　2021年度版
最速合格のための第1次試験過去問題集　③　運営管理

（2005度版　2005年3月15日　初版　第1刷発行）
2020年11月28日　初　版　第1刷発行

編 著 者	Ｔ Ａ Ｃ 株 式 会 社	
	（中小企業診断士講座）	
発 行 者	多　田　敏　男	
発 行 所	ＴＡＣ株式会社　出版事業部	
	（ＴＡＣ出版）	

〒101-8383
東京都千代田区神田三崎町3-2-18
電話　03（5276）9492（営業）
FAX　03（5276）9674
https://shuppan.tac-school.co.jp

印　　刷	株式会社　ワコープラネット	
製　　本	株式会社　常 川 製 本	

Ⓒ TAC 2020　　Printed in Japan

ISBN 978-4-8132-9399-6
N.D.C. 335

本書は，「著作権法」によって，著作権等の権利が保護されている著作物です。本書の全部または一
部につき，無断で転載，複写されると，著作権等の権利侵害となります。上記のような使い方をされ
る場合，および本書を使用して講義・セミナー等を実施する場合には，小社宛許諾を求めてください。

乱丁・落丁による交換，および正誤のお問合せ対応は，該当書籍の改訂版刊行月末日までとい
たします。なお，交換につきましては，書籍の在庫状況等により，お受けできない場合もござ
います。
また，各種本試験の実施の延期，中止を理由とした本書の返品はお受けいたしません。返金も
いたしかねますので，あらかじめご了承くださいますようお願い申し上げます。

中小企業診断士への関心が高まった方へおすすめ

2021合格目標 1次「財務・会計」先どり学習講義

1次試験「財務・会計」試験、2次試験「事例Ⅳ」とも数値計算をする問題が出題されます。当講義は頻出領域に絞って解説しながらインプットし、問題を解きながらアウトプットする学習をしていきます。
「財務・会計」が得意になると、2次試験「事例Ⅳ」の学習でも大きなアドバンテージを得られます。早期に対策を行うことで、「財務・会計」をぜひ得意科目にしてください!

カリキュラム

第1回	□ 会計種類 □ B/S(貸借対照表)、P/L(損益計算書)の概要とつながり □ B/S、P/Lの一般的な項目	□ 簿記(仕訳)の基礎、仕訳の練習、減価償却 □ B/S、P/L作成練習 □ キャッシュフロー計算書
第2回	□ 経営分析(総合収益性、収益性、効率性、安全性)	□ 1次過去問題演習　□ 2次過去問演習
第3回	□ CVP分析(損益分岐点、損益分岐点比率、安全余裕率、利益計画、利益差異、感度分析) □ 1次過去問題演習　□ 2次過去問演習	
第4回	□ 投資の経済性計算(正味現在価値法、内部収益率法、収益性指数法、単純回収期間法) □ 1次過去問題演習　□ 2次過去問演習	

学習メディア
●ビデオブース講座　●Web通信講座

教材
オリジナルテキスト1冊

講義時間
140分/回

フォロー制度
質問メール:3回まで(受講生専用サイトにて受付)

受講料

コース	学習メディア	通常受講料
1次「財務・会計」先どり学習講義	ビデオブース講座	¥15,000
	Web通信講座	¥14,000

※左記は入会金不要
※受講料は教材費・消費税10%が含まれます。

中小企業診断士試験の受講を検討中でもっといろいろなことをお知

これから始める相談ダイヤル
ライセンスアドバイザーまで
お気軽にご相談ください。

通話無料 0120-443-411　受付時間　月～金／9:30～19:00　土・日・祝／9:30～18:00

資格の学校 TAC

2021合格目標 1次パック生 [直前編]

全7科目のアウトプットを中心に直前期の総仕上げをしたい方におすすめです。TACオリジナル問題の答練・公開模試を受験することで、得点力が向上します。

カリキュラム 全21回（内Web受講7回）+1次公開模試

	2021年5月～7月
1次完成答練 [14回]	本試験の予想問題に取り組み、これまでの学習の成果を確認します。ここで間違えてしまった問題は、確実にマスターすることが重要です。
1次公開模試 [2日間]	本試験と同様の形式で実施する模擬試験です。自分の実力を正確に測ることができます。これまでの学習の成果を発揮してください。
1次最終講義 [各科目1回／全7回]	1次試験対策の最後の総まとめ講義です。法改正などのトピックも交えた最新情報をお伝えします。

学習メディア
●教室講座　●ビデオブース講座　●Web通信講座　●DVD通信講座

フォロー制度
質問メール：10回まで（受講生専用サイトにて受付）

受講料

コース	学習メディア	開講月	通常受講料	
1次パック生（直前編）	教室講座	2021年5月	¥80,000	2021年 2月1日(月)より お申込みいただけます。
	ビデオブース講座			
	Web通信講座	2021年4月	¥72,000	
	DVD通信講座		¥88,000	

※0から始まる会員番号をお持ちでない方は、受講料のほかに別途入会金￥10,000（消費税込）が必要です（ただし、￥30,000未満のコースは不要）。
※受講料は教材費・消費税10%が含まれています。

なりたい方は、下記のサービス（無料）をお気軽にご利用ください！

これから始める相談メール

メール相談は24時間受付中！

TAC 資格例　検索

中小企業診断士講座のご案内

現役の中小企業診断士が"熱く"語る！
講座説明会&個別相談コーナー 予約不要！ 参加無料！

試験制度や学習方法、資格の魅力等について、現役の中小企業診断士が語ります。予約不要、参加無料です。直接会場にお越しください。
ガイダンス終了後には、学習を始めるにあたっての疑問や不安を、講師や合格者等に質問できる「個別相談コーナー」も開催します。

＞＞ガイダンス日程は、TAC中小企業診断士講座パンフレットまたはTACホームページにてご確認ください。

▶▶▶ | TAC 診断士 ガイダンス | 検索

TACの講義を体感！
無料体験入学制度 体験無料！

TACではお申込み前に講義を無料で体験受講いただけます。
講義の雰囲気や講師・教材をじっくり体験してからお申込みください！

教室で体験

各コースの第1回目の講義の開始前に各校舎の受付窓口にてお手続きください。
予約不要です。

ビデオブースで体験

TACのビデオブースで第1回目の講義を受講できます。ご都合の良い日時を下記よりご予約ください。

03-5276-8988 [受付時間] 月〜金／9:30〜19:00　土・日・祝／9:30〜18:00

インターネットで体験

TACホームページ内の「TAC動画チャンネル」より体験講義のご視聴が可能です。

▶▶▶ | TAC 診断士 動画チャンネル | 検索

当ページでご紹介しているサービスは、全て無料です。ぜひご活用ください！

資格の学校 TAC

各種セミナー・体験講義を見たい！
TAC動画チャンネル　視聴無料！

資格の概要や試験制度・TACのカリキュラムをご説明する「講座説明会」、実務の世界や戦略的な学習方法、試験直前対策などをお話する「セミナー」等、多様なジャンルの動画を無料でご覧いただけます！

▶▶▶ | TAC 診断士 動画チャンネル | 検索

読者にオススメの動画！

ガイダンス

中小企業診断士の魅力とその将来性や、効率的・効果的な学習方法等を紹介します。ご自身の学習計画の参考として、ぜひご覧ください！

主なテーマ例
- ▶ 中小企業診断士の魅力
- ▶ 試験制度
- ▶ 初学者向けコースガイダンス
- ▶ 無料体験講義（Web視聴）

各種セミナー

各種情報や教室で開催したセミナーを無料配信しています。中小企業診断士受験生に役立つ情報が盛りだくさんです！

主なテーマ例
- ▶ 1次直前対策セミナー
- ▶ 2次直前対策セミナー
- ▶ 2次口述試験対策セミナー
- ▶ キャリアアップ＆起業・創業・独立開業セミナー　等

開講コースのご案内

1次上級単科生（応用＋直前編）
学習したい科目のみのお申込みができる、学習経験者向けカリキュラム

- ☐ 必ず押さえておきたい論点や合否の分かれ目となる論点をピックアップ！
- ☐ 実際に問題を解きながら、解法テクニックを身につける！
- ☐ 習得した解法テクニックを実践する答案練習！

カリキュラム
※講義の回数は科目により異なります。

1次応用編 2020年10月〜2021年4月		1次直前編 2021年5月〜		
1次上級講義 ［財務5回／経済5回／中小3回／その他科目各4回］ 講義140分/回 過去の試験傾向を分析し、頻出論点や重要論点を取り上げ、実際に問題を解きながら知識の再確認をするとともに、解法テクニックも身につけていきます。 ［使用教材］ 1次上級テキスト(上・下巻) →INPUT←	**1次上級答練** ［各科目1回］ 答練60分＋解説80分 1次上級講義で学んだ知識を確認・整理し、習得した解法テクニックを実践する答案練習です。 ［使用教材］ 1次上級答練 ←OUTPUT←	**1次完成答練** ［各科目2回］ 答練60分＋解説80分/回 重要論点を網羅した、TAC厳選の本試験予想問題による答案練習です。 ［使用教材］ 1次完成答練 ←OUTPUT←	**1次最終講義** ［各科目1回］ 講義140分/回 1次対策の最後の総まとめです。法改正などのトピックを交えた最新情報をお伝えします。 ［使用教材］ 1次最終講義レジュメ →INPUT←	1次試験［2021年7月（推定）］
1次養成答練 ［各科目1回］ ※講義回数には含まず。 基礎知識の確認を図るための1次試験対策の答案練習です。 配布のみ・解説講義なし・採点あり ←OUTPUT←				

さらに！
「1次基本単科生」の教材付き！（配付のみ・解説講義なし）
◇基本テキスト　◇講義サポートレジュメ　◇1次養成答練　◇トレーニング　◇1次過去問題集

学習メディア

教室講座

ビデオブース講座

Web通信講座

DVD通信講座

開講予定月
◎企業経営理論／10月　　◎財務・会計／10月　　◎運営管理／10月　　◎経営学・経済政策／10月
◎経営情報システム／10月　　◎経営法務／10月　　◎中小企業経営・政策／11月

1科目から申込できます！ ※詳細はホームページまたはパンフレットをご覧ください。

資格の学校 **TAC**

本試験を体感できる！実力がわかる！
2021(令和3)年合格目標　公開模試

受験者数の多さが信頼の証。全国最大級の公開模試！

中小企業診断士試験、特に2次試験においては、自分の実力が全体の中で相対的にどの位置にあるのかを把握することが非常に大切です。独学や規模の小さい受験指導校では把握することが非常に困難ですが、TACは違います。規模が大きいTACだからこそ得られる成績結果は極めて信頼性が高く、自分の実力を相対的に把握することができます。

1次公開模試 2019年度受験者数 **3,278名**

2次公開模試 2019年度受験者数 **2,374名**

TACだから得られるスケールメリット！
規模が大きいから正確な順位を把握し効率的な学習ができる！

TACの成績は全国19の直営校舎にて講座を展開し、多くの方々に選ばれていますので、受験生全体の成績に近似しており、**本試験に近い成績・順位を把握**することができます。
さらに、**他のライバルたちに差をつけられている、自分にとって本当に克服しなければいけない苦手分野を自覚することができ**、より効率的かつ効果的な学習計画を立てられます。

規模の小さい受験指導校で得られる成績・順位よりも…

この母集団で今の成績なら大丈夫！

規模の大きい**TAC**なら、本試験に近い成績が分かる！

実施予定

1次公開模試：2021年5/29(土)・30(日)実施予定
2次公開模試：2021年9/5(日)実施予定

詳しくは公開模試パンフレットまたはTACホームページをご覧ください。

1次公開模試：2021年2月中旬完成予定　2次公開模試：2021年7月上旬完成予定

https://www.tac-school.co.jp/　｜ TAC　診断士 ｜ 検索

TAC出版 書籍のご案内

TAC出版では、資格の学校TAC各講座の定評ある執筆陣による資格試験の参考書をはじめ、資格取得者の開業法や仕事術、実務書、ビジネス書、一般書などを発行しています！

TAC出版の書籍

*一部書籍は、早稲田経営出版のブランドにて刊行しております。

資格・検定試験の受験対策書籍

- 日商簿記検定
- 建設業経理士
- 全経簿記上級
- 税理士
- 公認会計士
- 社会保険労務士
- 中小企業診断士
- 証券アナリスト
- ファイナンシャルプランナー(FP)
- 証券外務員
- 貸金業務取扱主任者
- 不動産鑑定士
- 宅地建物取引士
- マンション管理士
- 管理業務主任者
- 司法書士
- 行政書士
- 司法試験
- 弁理士
- 公務員試験(大卒程度・高卒者)
- 情報処理試験
- 介護福祉士
- ケアマネジャー
- 社会福祉士　ほか

実務書・ビジネス書

- 会計実務、税法、税務、経理
- 総務、労務、人事
- ビジネススキル、マナー、就職、自己啓発
- 資格取得者の開業法、仕事術、営業術
- 翻訳書（T's BUSINESS DESIGN）

一般書・エンタメ書

- エッセイ、コラム
- スポーツ
- 旅行ガイド（おとな旅プレミアム）
- 翻訳小説（BLOOM COLLECTION）

TAC出版

(2018年5月現在)

書籍のご購入は

1 全国の書店、大学生協、ネット書店で

2 TAC各校の書籍コーナーで

資格の学校TACの校舎は全国に展開！
校舎のご確認はホームページにて

資格の学校TAC ホームページ
https://www.tac-school.co.jp

3 TAC出版書籍販売サイトで

CYBER BOOK STORE TAC出版書籍販売サイト

TAC出版 で 検索

24時間ご注文受付中

https://bookstore.tac-school.co.jp/

- 新刊情報をいち早くチェック！
- たっぷり読める立ち読み機能
- 学習お役立ちの特設ページも充実！

TAC出版書籍販売サイト「サイバーブックストア」では、TAC出版および早稲田経営出版から刊行されている、すべての最新書籍をお取り扱いしています。
また、無料の会員登録をしていただくことで、会員様限定キャンペーンのほか、送料無料サービス、メールマガジン配信サービス、マイページのご利用など、うれしい特典がたくさん受けられます。

サイバーブックストア会員は、特典がいっぱい！（一部抜粋）

通常、1万円(税込)未満のご注文につきましては、送料・手数料として500円(全国一律・税込)頂戴しておりますが、1冊から無料となります。

専用の「マイページ」は、「購入履歴・配送状況の確認」のほか、「ほしいものリスト」や「マイフォルダ」など、便利な機能が満載です。

メールマガジンでは、キャンペーンやおすすめ書籍、新刊情報のほか、「電子ブック版TACNEWS(ダイジェスト版)」をお届けします。

書籍の発売を、販売開始当日にメールにてお知らせします。これなら買い忘れの心配もありません。

2021年度 中小企業診断士試験 （第1次試験・第2次試験）

TAC出版では、中小企業診断士試験（第1次試験・第2次試験）にスピード合格を目指される方のために、科目別、用途別の書籍を刊行しております。資格の学校TAC中小企業診断士講座とTAC出版が強力なタッグを組んで完成させた、自信作です。ぜひご活用いただき、スピード合格を目指してください。

※刊行内容・刊行月・装丁等は変更になる場合がございます。

基礎知識を固める

▶ みんなが欲しかった!シリーズ

**みんなが欲しかった!
中小企業診断士
合格へのはじめの一歩** 好評発売中

A5判

● フルカラーでよくわかる、「本気でやさしい入門書」試験の概要、学習プランなどのオリエンテーションと、科目別の主要論点の入門講義を収載。

**みんなが欲しかった!
中小企業診断士の教科書**

上:企業経営理論、財務・会計、運営管理
下:経済学・経済政策、経営情報システム、経営法務、中小企業経営・政策

A5判　10〜11月刊行　全2巻

● フルカラーでおもいっきりわかりやすいテキスト
● 科目別の分冊で持ち運びラクラク
● 赤シートつき

**みんなが欲しかった!
中小企業診断士の問題集**

上:企業経営理論、財務・会計、運営管理
下:経済学・経済政策、経営情報システム、経営法務、中小企業経営・政策

A5判　10〜11月刊行　全2巻

● 診断士の教科書に完全準拠
● 各科目とも論点別に約50問収載
● 科目別の分冊で持ち運びラクラク

▶ 最速合格シリーズ

科目別 全7巻
①企業経営理論
②財務・会計
③運営管理
④経済学・経済政策
⑤経営情報システム
⑥経営法務
⑦中小企業経営・中小企業政策

**最速合格のための
スピードテキスト**

A5判　9月〜12月刊行

● 試験に合格するために必要な知識のみを集約。初めて学習する方はもちろん、学習経験者も安心して使える基本書です。

科目別 全7巻
①企業経営理論
②財務・会計
③運営管理
④経済学・経済政策
⑤経営情報システム
⑥経営法務
⑦中小企業経営・中小企業政策

**最速合格のための
スピード問題集**

A5判　9月〜12月刊行

● 「スピードテキスト」に準拠したトレーニング用問題集。テキストと反復復習していただくことで学習効果を飛躍的に向上させることができます。

1次試験への総仕上げ

**最速合格のための
第1次試験過去問題集**

A5判　11月刊行

● 過去問は本試験攻略の上で、絶対に欠かせないトレーニングツールです。また、出題論点や出題パターンを知ることで、効率的な学習が可能となります。5年分の本試験問題を科目別にまとめた本書は、丁寧な解説つきで、理解もぐんぐん進みます。

科目別 全7巻
①企業経営理論　③運営管理　⑤経営情報システム　⑦中小企業経営・中小企業政策
②財務・会計　④経済学・経済政策　⑥経営法務

受験対策書籍のご案内　　TAC出版

要点整理と弱点補強

全2巻
1日目
（経済学・経済政策、財務・会計、
企業経営理論、運営管理）
2日目
（経営法務、経営情報システム、
中小企業経営・中小企業政策）

最速合格のための
要点整理ポケットブック
B6変形判　1月刊行

● 第1次試験の日程と同じ科目構成の「要点まとめテキスト」です。コンパクトサイズで、いつでもどこでも手軽に確認できます。買ったその日から本試験当日の会場まで、フル活用してください！

好評発売中

集中特訓 財務・会計 計算問題集 第7版
B5判

● 財務・会計を苦手とする受験生の「計算力」を飛躍的に向上することを目的として、第1次試験の基礎的なレベルから、第2次試験の応用レベルまでを広くカバーした良問を厳選して収載しました。集中特訓で苦手科目脱却を図りましょう。

2次試験への総仕上げ

最速合格のための
**第2次試験
過去問題集**
B5判　1月刊行

● 過去5年分の本試験問題を収載し、問題文の読み取り方から解答作成まで丁寧に解説しています。抜き取り式の解答用紙付きです。最高の良問である過去問題に取り組んで、合格をたぐりよせましょう。

**集中特訓 診断士
第2次試験 第2版**
B5判

● 本試験と同様の4つの事例を4回分、計16問の問題を収載。実際に問題を解き、必要な確認・修正を行い、次の問題に取り組むことを繰り返すことで、2次試験への対応力を高めることができます。

好評発売中

TACの書籍は
こちらの方法で
ご購入いただけます

1 全国の書店・大学生協　**2** TAC各校 書籍コーナー　**3** インターネット

CYBER BOOK STORE　TAC出版書籍販売サイト
アドレス https://bookstore.tac-school.co.jp/

・2020年8月現在　・価格等詳細は、決定しだい上記のサイバーブックストアに掲載されますのでご参照ください

書籍の正誤についてのお問合わせ

万一誤りと疑われる箇所がございましたら、以下の方法にてご確認いただきますよう、お願いいたします。

なお、正誤のお問合わせ以外の書籍内容に関する解説・受験指導等は、**一切行っておりません。**
そのようなお問合わせにつきましては、お答えいたしかねますので、あらかじめご了承ください。

1 正誤表の確認方法

TAC出版書籍販売サイト「Cyber Book Store」の
トップページ内「正誤表」コーナーにて、正誤表をご確認ください。

CYBER TAC出版書籍販売サイト
BOOK STORE

URL：https://bookstore.tac-school.co.jp/

2 正誤のお問合わせ方法

正誤表がない場合、あるいは該当箇所が掲載されていない場合は、書名、発行年月日、お客様のお名前、ご連絡先を明記の上、下記の方法でお問合わせください。
なお、回答までに1週間前後を要する場合もございます。あらかじめご了承ください。

文書にて問合わせる
● 郵 送 先 　〒101-8383 東京都千代田区神田三崎町3-2-18   TAC株式会社 出版事業部 正誤問合わせ係

FAXにて問合わせる
● FAX番号 　**03-5276-9674**

e-mailにて問合わせる
● お問い合わせ先アドレス 　**syuppan-h@tac-school.co.jp**

※お電話でのお問合わせは、お受けできません。また、土日祝日はお問合わせ対応をおこなっておりません。
※正誤のお問合わせ対応は、該当書籍の改訂版刊行月末日までといたします。

乱丁・落丁による交換は、該当書籍の改訂版刊行月末日までといたします。なお、書籍の在庫状況等により、お受けできない場合もございます。
また、各種本試験の実施の延期、中止を理由とした本書の返品はお受けいたしません。返金もいたしかねますので、あらかじめご了承くださいますようお願い申し上げます。

TACにおける個人情報の取り扱いについて
■ お預かりした個人情報は、TAC(株)で管理させていただき、お問い合わせへの対応、当社の記録保管および当社商品・サービスの向上にのみ利用いたします。お客様の同意なしに業務委託先以外の第三者に開示、提供することはございません(法令等により開示を求められた場合を除く)。その他、個人情報保護管理者、お預かりした個人情報の開示等及びTAC(株)への個人情報の提供の任意性については、当社ホームページ(https://www.tac-school.co.jp)をご覧いただくか、個人情報に関するお問い合わせ窓口(E-mail:privacy@tac-school.co.jp)までお問合せください。

(2020年10月現在)